Moxter

Bilanzlehre · Band I: Einführung in die Bilanztheorie

Bilanzlehre

Band I: Einführung in die Bilanztheorie

Von

Dr. Adolf Moxter

Professor der Betriebswirtschaftslehre
an der Universität Frankfurt am Main

Dritte, vollständig umgearbeitete Auflage

GABLER

CIP-Titelaufnahme der Deutschen Bibliothek

Moxter, Adolf:
Bilanzlehre / von Adolf Moxter. – Wiesbaden: Gabler.
Bd. 1. Einführung in die Bilanztheorie. – 3., vollst.
umgearb. Aufl., Nachdr. – 1991
    ISBN 3-409-11605-2

1. Auflage 1974
2. Auflage 1976
3. Auflage, Band I 1984
Nachdruck 1987
Nachdruck 1991

Der Gabler Verlag ist ein Unternehmen der Verlagsgruppe Bertelsmann International.

©Betriebswirtschaftlicher Verlag Dr. Th. Gabler GmbH, Wiesbaden 1984

Dieses Buch ist auf säurefreiem und chlorarm gebleichtem Papier gedruckt.

Gesamtherstellung: Lengericher Handelsdruckerei, Lengerich / Westf.
Printed in Germany

ISBN 3-409-11605-2

Vorwort

Dicke Bücher lehren vor allem das Fürchten: Grund genug, diese Einführung mit der Neuauflage in zwei (voneinander unabhängige) Bände zu teilen, einen bilanztheoretischen und einen bilanzrechtlichen. Der Text mußte infolge der raschen Fortentwicklung von Bilanztheorie und Bilanzrecht neu geschrieben werden; doch sind alle Charakteristika der Vorauflage beibehalten worden, insbesondere hinsichtlich der Didaktik: Halbverstandenes führt zwar, wie man auch aus dem Bilanzschrifttum weiß, zu kraftvollen Überzeugungen, aber nicht zu Urteilsvermögen. Bei der Stoffauswahl habe ich mich unverändert an Goethes Verdikt gehalten: „Die Wissenschaft wird dadurch sehr zurückgehalten, daß man sich abgibt mit dem, was nicht wissenswert, und mit dem, was nicht wißbar ist" (Maximen und Reflexionen).

Zu Dank verpflichtet bin ich Karen Scharrer für die engagierte Betreuung des Manuskripts, Hanna Bender, Dietrich Burckhardt, Roland Euler, Bernd Frankenberger und Rudolf Münzinger für wertvolle Hilfe beim Korrekturlesen, meiner Frau für umfassendes Nachsehen in jeglichem Wortsinne.

Frankfurt am Main, August 1984   ADOLF MOXTER

Inhaltsverzeichnis

Zweites Kapitel

Einführung in die moderne Bilanztheorie

Drittes Kapitel

Bilanztheorie als Theorie der Bilanz im Rechtssinne

Abkürzungsverzeichnis

AfA	Absetzung für Abnutzung
AktG	Aktiengesetz
BB	Betriebsberater
BewG	Bewertungsgesetz
BFH	Bundesfinanzhof
BFuP	Betriebswirtschaftliche Forschung und Praxis
DB	Der Betrieb
DBW	Die Betriebswirtschaft
EStG	Einkommensteuergesetz
GE	Geldeinheiten
GenG	Genossenschaftsgesetz
GmbHG	GmbH-Gesetz
GoB	Grundsätze ordnungsmäßiger Buchführung
GVR	Gewinn- und Verlustrechnung
HGB	Handelsgesetzbuch
HWB	Handwörterbuch der Betriebswirtschaft
HWR	Handwörterbuch des Rechnungswesens
JbFfSt	Jahrbücher der Fachanwälte für Steuerrecht
RAP	Rechnungsabgrenzungsposten
StbJb	Steuerberater-Jahrbuch
StuW	Steuer und Wirtschaft
WPg	Wirtschaftsprüfung
ZfB	Zeitschrift für Betriebswirtschaft
ZfbF	Zeitschrift für betriebswirtschaftliche Forschung
ZfhF	Zeitschrift für handelswissenschaftliche Forschung
ZGR	Zeitschrift für Unternehmens- und Gesellschaftsrecht

Einführung

Inhaltsübersicht

1. Bilanzen sind Gegenüberstellungen von Aktiven und Passiven, vornehmlich zu dem Zwecke, Vermögen und (oder) Gewinn zu ermitteln. Was dabei als Aktivum, was als Passivum zu gelten hat und wie diese Aktiven und Passiven zu bewerten und zu gliedern sind, hängt davon ab, wozu die Vermögens- bzw. Gewinnermittlung erfolgen soll. Die Bilanztheorie lehrt, welchen Sinn und Zweck Vermögens- und Gewinnermittlungen haben können und welche Bilanznormen eine sinn- und zweckadäquate Bilanzierung gewährleisten.

2. Man mag fragen, ob bilanzielle Vermögens- und Gewinnermittlungen ein Maß gedanklicher Durchdringung erfordern, das die Bezeichnung „Theorie" rechtfertigt. Handelt es sich nicht lediglich um Techniken, die sich ebenso zwingend wie offenkundig aus der Natur der Sache ergeben? Ist Bilanztheorie nicht Luxus, ein gefährlicher dazu? Mancher Nurpraktiker behauptet, Bilanztheorie erzeuge hauptsächlich Irrungen und Wirrungen; an Stelle eines geschlossenen, überzeugenden Lehrgebäudes finde man eine schwer übersehbare Vielfalt konkurrierender Theoriegebilde; die ständige Fehde unter den Bilanztheoretikern erinnere an Theologengezänk, an pseudowissenschaftliches Gehabe. Im besten Falle lassen diese Nurpraktiker Bilanztheorie als Verbrämung gesunden Menschenverstandes gelten.

Man kann nicht leugnen, daß es (vereinzelt) Autoren gibt, die unablässig bemüht erscheinen, das Zerrbild mancher Nurpraktiker von der Bilanztheorie zu aktualisieren. Aber solche Quellen sind nicht repräsentativ für das Fach; Bilanztheorie ist nicht Metaphysik. Wenn die ersten, vor vielen Jahrzehnten entstandenen bilanztheoretischen Lehrgebäude noch gewisse Mängel aufweisen, so muß man die Ursache hierfür in der Komplexität der Materie suchen, nicht in der Eitelkeit, intellektuellen Rauflust oder gar Beschränktheit ihrer Vertreter. Es trifft zu, daß diese Väter der Bilanztheorie zu Bilanzierungsanweisungen gelangten, die zum Teil erheblich voneinander abweichen, und bornierte Geister haben das immer als Ausdruck von Borniertheit der Bilanztheoretiker beklagt. In Wirklichkeit schlagen sich in diesen unterschiedlichen Bilanzierungsanweisungen unterschiedliche Bilanzaufgaben nieder: In den frühen Meinungsverschiedenheiten unter den Bilanztheoretikern manifestiert sich die Fruchtbarkeit einer differenzierten Bilanzbetrachtung.

Die Unterschiedlichkeit der Bilanzaufgaben und die hierdurch bedingte Unterschiedlichkeit der (aufgabenadäquaten) Bilanzierungsnormen zwingen zu einer

wissenschaftlichen Durchdringung der Bilanzlehre: Bilanznormen zu entdek-
ken, die einer einzelnen Bilanzaufgabe wirklich durchgehend gerecht werden, ist
bereits schwierig genug; schon insoweit tappt der Nurpraktiker unbewußt von
Falle zu Falle. Hat man aber, wie in der Realität, mehrere, unterschiedliche
Bilanzierungsnormen erfordernde Bilanzaufgaben zu berücksichtigen, ist es mit
undifferenziertem Denken endgültig vorbei: Man sieht sich einem zunächst
unentwirrbar erscheinenden Netz von Zusammenhängen gegenüber; die Gewinnung von Bilanzierungsnormen erfordert jetzt die behutsame Klärung dieser
Interdependenzen und die sorgfältigste Rangbildung. Die blinde Forschheit des
Nurpraktikers muß hier, von allereinfachsten betrieblichen Verhältnissen abgesehen, zu höchst fragwürdigen Bilanzen führen; aber noch schlimmer ist, daß
der Nurpraktiker mit diesen seinen Bilanzen ganz falsche Vorstellungen zu
verknüpfen pflegt: Er neigt zu einer Interpretation der ermittelten Vermögens-
und Gewinngrößen, die bei ihm ein bedenklich verzerrtes Bild von der wirtschaftlichen Lage des Unternehmens hervorrufen muß; Fehler in der finanziellen Unternehmensführung sind dann beinahe unausweichlich.

Theorieverachtende Nurpraktiker gibt es überall: Unter Ökonomen wie unter
Juristen oder Technikern, unter Kaufleuten wie unter Richtern oder Betriebs-
wirtschaftsprofessoren. Akademische Ausbildung schützt hiervor ebensowenig
wie etwa das Fehlen akademischer Ausbildung den Nurpraktiker charakterisiert. Das Merkmal des Nurpraktikers ist Handeln trotz Undifferenziertheit des
Denkens; der Nurpraktiker ist nicht in der Lage oder nicht willens, der Komplexität der Realität mit komplexen Denkstrukturen zu begegnen. Diese Verweige-
rung hat sehr verschiedene Ursachen; ein Studium der Bilanztheorie ist – so
trivial das klingen mag – nur sinnvoll, wenn man bereit und fähig ist zu lernen.

3. In diesem Buch werden zunächst, im ersten Kapitel, die traditionellen Bilanztheorien relativ ausführlich dargestellt: Statik (§ 1), Dynamik (§ 2) und Organik
(§ 3). Noch immer gibt es keinen besseren Zugang zur Bilanztheorie als über ihre
Dogmengeschichte, und noch immer spielen statische, dynamische und organische Bilanzierungskonzeptionen eine wichtige Rolle, auch im modernen Bilanzrecht. Viele Mißverständnisse in der gegenwärtigen Bilanzrechtsdiskussion
wären vermeidbar, wenn man diese Klassiker der Bilanztheorie nicht nur unablässig zitierte, sondern gelegentlich auch einmal ernsthaft studierte. Selbst bei
(sonst) angesehenen Autoren finden sich geradezu haarsträubende Thesen
insbesondere darüber, was Statik und Dynamik unterscheidet.

Das zweite Kapitel des Buches dient der Einführung in die moderne Bilanztheorie. Diese ist, ungleich stärker als die traditionellen Bilanztheorien, aufgaben-
orientiert: Man analysiert die möglichen Bilanzaufgaben und ermittelt (erst)
dann die (aufgabenadäquaten) Bilanzierungsnormen. Die Ordnung des Stoffes
folgt didaktischen Gesichtspunkten; die Darstellung schreitet von einfachen
Bilanzaufgaben und entsprechend einfachen Bilanzinhalten fort zu komplizier-
teren Bilanzaufgaben und -inhalten: Zunächst wird die Bilanzierung zum

Zwecke der Dokumentation beschrieben (§ 4); es folgt die Bilanzierung zum Zwecke der Schuldendeckungskontrolle (§ 5). Dann werden die gesetzlichen Ausschüttungsbemessungsaufgaben der Bilanz berücksichtigt: Bilanzierung zum Zwecke der Ausschüttungssperre (§ 6) und Bilanzierung zum Zwecke der Gewinnverteilung (§ 7). Es folgen die Bilanzaufgaben, die eine Messung wirtschaftlicher Leistungsfähigkeit erfordern: Bilanzierung zum Zwecke der Einkommensbesteuerung (§ 8), Bilanzierung zum Zwecke der Anteilsbewertung (§ 9) und Bilanzierung zum Zwecke der Leistungsfähigkeitsbeeinflussung oder, wie man auch sagt, zum Zwecke der Betriebssteuerung (§ 10). Diesen sieben Bilanzaufgaben werden sieben (verschiedene) Bilanztypen zugeordnet.

Im dritten, zusammenfassenden Kapitel des Buches werden Rangkriterien für Bilanzaufgaben und damit für Bilanznormen erörtert. Das geschieht getrennt für die rein betriebswirtschaftliche Bilanz (§ 11) und für die Bilanz im Rechtssinne (§ 12). Es wird gezeigt, welche Grenzen einer rein betriebswirtschaftlichen Bilanz gezogen sind, inwieweit eine effiziente Unternehmensführung andere Rechenwerke als die rein betriebswirtschaftliche Bilanz erfordert. Unentbehrlich bleibt dagegen die Bilanz im Rechtssinne; das hat dazu geführt, daß sich die Bilanztheorie heute, wie in ihren Anfängen, weitgehend als Theorie der Bilanz im Rechtssinne darstellt.

4. Dieses Buch ist für denjenigen geschrieben, der in die Bilanztheorie eingeführt, mit Grundbegriffen und Grundproblemen vertraut werden will. Wer nur Vertiefung sucht, greift besser zu einem Fortgeschrittenenlehrbuch wie etwa meiner „Betriebswirtschaftlichen Gewinnermittlung" (Tübingen 1982); dort findet er auch eine erschöpfende Anführung (und Würdigung) der neueren Bilanzliteratur. Doch sollte man sich im Bilanzwesen nicht voreilig zu den Fortgeschrittenen rechnen: Es gibt kein anderes Fach, die Medizin selbstverständlich ausgenommen, auf dem man so viele Scheinexperten beobachtet, professionelle und unprofessionelle, und es sind gerade die Grundlagen des Faches, die am wenigsten bekannt sind.

Erstes Kapitel

Klassische Bilanztheorie

§ 1. Statische Bilanztheorie

A. Statischer Bilanzzweck

1. Begründer der Statik: *Herman Veit Simon,* ein Berliner Anwalt, hat zum erstenmal ein ebenso umfassendes wie detailliertes System von Bilanzierungsnormen beschrieben. Sein Buch „Die Bilanzen der Aktiengesellschaften und der Kommanditgesellschaften auf Aktien" erschien 1886 in Berlin in erster Auflage, 1898 in zweiter, umgearbeiteter Auflage und dann unverändert in dritter Auflage 1899 und in vierter Auflage 1910. Es ist noch immer die beste Darstellung „statischer" Bilanzauffassung.[1]

Simons Lehre wird im folgenden Abschnitt dargestellt. Sie hat sich bis heute in wichtigen Teilen des geltenden Bilanzrechts erhalten; es gibt keinen rascheren, zuverlässigeren Weg zum Verständnis dieser Teile des Bilanzrechts.

2. Vermögensbilanz: Nach statischer Auffassung wird in der jährlichen Bilanz das *Vermögen* des Kaufmanns ermittelt. Dieser Bilanzinhalt gilt unter Statikern als selbstverständlich: Die jährliche Bilanz ist *Vermögensbilanz.* Die Vermögensbilanz dient in statischer Sicht freilich auch der Gewinnermittlung; denn Gewinnermittlung ist, statisch betrachtet, ein zwangsläufig anfallendes Nebenprodukt der jährlichen Vermögensermittlung: *Gewinn* wird statisch als *Vermögenszuwachs* verstanden.

Ein Kernsatz der statischen Lehre lautet: Wer den *Gewinn* richtig ermitteln will, muß das *Vermögen* richtig ermitteln. Dieser Kernsatz erscheint trivial: Wenn Gewinn als Vermögenszuwachs verstanden wird, erfordert eine richtige Gewinnermittlung eine richtige Vermögensermittlung; Fehler in der Vermögenser-

---

1 Eine ausführliche Zusammenstellung der Literatur zur statischen Bilanztheorie findet sich in Adolf Moxter: Bilanztheorie, statische. In: Handwörterbuch des Rechnungswesens, 2. Aufl., hrsg. von Erich Kosiol u. a., Stuttgart 1981, Sp. 294–303. Zur Würdigung der älteren statischen Ansätze vgl. z. B. Adolf Moxter: Betriebswirtschaftliche Gewinnermittlung, Tübingen 1982, S. 126–141.

mittlung müssen sich dann als Gewinnermittlungsfehler auswirken. Bei einem zutreffend errechneten Anfangsvermögen von 10 Mio. DM und einem zutreffend errechneten Endvermögen von 12 Mio. DM ergibt sich ein Geschäftsjahrsgewinn von 2 Mio. DM; wird z. B. das Endvermögen falsch, mit 13 Mio. DM, ausgewiesen, so ist auch der Geschäftsjahrsgewinn (von dann 3 Mio. DM) falsch.

In Wahrheit ist der statische Kernsatz „Wer den Gewinn richtig ermitteln will, muß das Vermögen richtig ermitteln" alles andere als trivial; denn Gewinn braucht nicht als Vermögenszuwachs verstanden zu werden. Der Kernsatz der als Antistatik auftretenden *dynamischen* Bilanztheorie lautet: „Wer den Gewinn richtig ermitteln will, muß das Vermögen *falsch* ermitteln"; auf diesen Gegensatz wird unten, § 2, im einzelnen einzugehen sein.

3. Fortführungs- und Zerschlagungsstatik: Die statische Bilanzauffassung tritt in zwei Varianten auf. Die *Zerschlagungsstatiker* wollen das Vermögen unter der Fiktion einer Unternehmenszerschlagung ermittelt wissen; die *Fortführungsstatiker* gehen bei der Vermögensermittlung dagegen von der Annahme der Unternehmensfortführung aus. Simon wandte sich gegen die damals wenn nicht herrschende, so mindestens sehr verbreitete Zerschlagungsstatik; er propagierte die Fortführungsstatik.

Simon meinte, die Zerschlagungsstatiker ermittelten mit dem Zerschlagungsvermögen ein bloßes *Gläubigerzugriffsvermögen:* Das Zerschlagungsvermögen bezeichnet den Betrag, der den Gläubigern bei Konkurslage zur Deckung ihrer Ansprüche verfügbar ist (Zerschlagungsbruttovermögen); das Zerschlagungsnettovermögen (Zerschlagungsreinvermögen) ergibt sich, wenn man vom Zerschlagungsbruttovermögen die Zerschlagungsschulden (die Gläubigeransprüche bei Konkurslage) absetzt. Nach Simon interessiert sich der Kaufmann bei der jährlichen Bilanzziehung nicht dafür, was sein Vermögen für seine Gläubiger wert ist, welches Gläubigerzugriffsvermögen das Unternehmen also bei Konkurslage verkörpert. Der Kaufmann wolle vielmehr wissen, was das Unternehmen für *ihn* wert ist, welches Vermögen das Unternehmen für *ihn* verkörpert; nicht das Gläubigerzugriffsvermögen, sondern das *Kaufmannsvermögen* sei bei der jährlichen Bilanzziehung gesucht. Deshalb dürfe bei der jährlichen Bilanzziehung nicht von der Fiktion einer Unternehmenszerschlagung ausgegangen werden; solange die Unternehmensfortführung eine realistische Annahme bilde, müsse sie der Vermögensermittlung zugrunde gelegt werden.

Die Annahme der Unternehmensfortführung („going concern") hat sich durchgesetzt. Nach geltendem Bilanzrecht wird die Jahresbilanz nur dann als Zerschlagungsbilanz aufgemacht, wenn mit einer Unternehmensauflösung zu rechnen ist.

1. Die statische Bilanztheorie wurde zu Ausgang des 19. Jahrhunderts von Herman Veit Simon begründet.

2. In statischer Sicht dient die jährliche Bilanzziehung der Vermögensermittlung; der Geschäftsjahrsgewinn ergibt sich, statisch gesehen, als Vermögenszuwachs (durch „Vermögensvergleich").

3. Die Zerschlagungsstatiker gehen von einer fiktiven Konkurslage aus; sie verstehen das Bilanzvermögen als Gläubigerzugriffsvermögen im Sinne eines Zerschlagungsvermögens.

4. Simon propagierte die Fortführungsstatik: Das Kaufmannsvermögen (Vermögen für den betreffenden Kaufmann, nicht für dessen Gläubiger) sei zu ermitteln; das Kaufmannsvermögen müsse unter der Annahme der Unternehmensfortführung bestimmt werden.

B. Statische Bilanznormen

I. Aktivierungsregeln

1. Ertragswertbeitrag: Das Fortführungsvermögen, das ein Unternehmen verkörpert, wird bestimmt durch den potentiellen Preis des ganzen Unternehmens. Dieser potentielle Preis besagt grundsätzlich, welchen Betrag man bei einem Erwerb des ganzen Unternehmens aufzuwenden hätte (bzw. bei der Veräußerung des ganzen Unternehmens erlösen könnte). Man nennt den potentiellen Preis des ganzen Unternehmens kurz *„Unternehmenswert"*.

Der Unternehmenswert hängt ab von den erwarteten Reinerträgen des Unternehmens: die *künftigen* Reinerträge sind es, die der Markt im Preis des Unternehmens vergütet. Man spricht deshalb statt vom Unternehmenswert auch vom *„Ertragswert"* des Unternehmens (womit immer der Wert der *Rein*erträge gemeint ist).

Wenn sich, wie gerade dargestellt, das Fortführungsvermögen im Ertragswert ausdrückt, müssen die positiven Bestandteile des Fortführungsvermögens, also die Aktiven, als *Ertragswertkomponenten* verstanden werden. Aktivum ist so gesehen alles, was einen positiven *Ertragswertbeitrag* leistet, was künftige Reinerträge alimentiert, in diesem Sinne *„ertragswirksam"* ist.

Im Rahmen der Fortführungsstatik, also der bilanziellen Bestimmung des Fortführungsvermögens, steht man vor dem sehr schwierigen Problem, die Ertragswertkomponenten und damit die Aktiven zu konkretisieren. In der *Zerschlagungsstatik* ist diese Aktivenkonkretisierung entschieden einfacher; denn die Komponenten des Zerschlagungsvermögens sind greifbarer als die Komponenten des Fortführungsvermögens: Komponente des Zerschlagungsvermögens ist alles, was einen Beitrag zu dem vom Unternehmen insgesamt verkörperten Zerschlagungserlös verspricht, und dieser Beitrag ist unmittelbar daran zu erkennen, daß das betreffende Objekt *für sich betrachtet* einen Zerschlagungserlös aufweist.

Die einzelnen Komponenten des *Fortführungsvermögens* bringen bei *isoliertem* Einsatz keinen Ertrag: Sie leisten immer nur in Gemeinschaft mit anderen Komponenten einen Beitrag zu den Ertragserwartungen, die das Unternehmen insgesamt verkörpert. Welche Objekte im einzelnen aber einen solchen Beitrag zu den Ertragserwartungen versprechen, entzieht sich jeder erschöpfenden Aufzählung; eine Maschine zum Beispiel mag ebenso in diesen Kreis gehören wie etwa bestimmte Klimabedingungen oder bestimmte politische Verhältnisse. Der Kreis der Aktiven (und Passiven) zerfließt so gesehen ins Unbestimmte.

Die Isolierung von Komponenten des Fortführungsvermögens stößt noch auf ein zweites Hindernis: Es ergeben sich Zurechnungsprobleme; man weiß oft nicht einmal anzugeben, ob ein Objekt eine positive oder eine negative Ertragswirksamkeit entfaltet, ob es also auf die Aktivseite oder auf die Passivseite gehört. Nur das „gute" Management oder die „gute" Belegschaft zum Beispiel sind zu aktivieren; ein „schlechtes" Management und eine „schlechte" Belegschaft hat man dagegen zu passivieren; die Grenzlinie zwischen „gut" und „schlecht" und damit zwischen Aktivierung und Passivierung bleibt offen.

2. Aktiventypisierung: Herman Veit Simon hat sich des Problems, was im Rahmen der Fortführungsstatik als Vermögensgegenstand zu gelten hat, weniger von der grundsätzlichen Seite her angenommen. Vermögensgegenstände, also Aktiva, sind für ihn zunächst bewegliche und unbewegliche *körperliche* Gegenstände (Sachen). Aktiva bildeten indes auch „unkörperliche" Gegenstände; aber in diesen „unkörperlichen Gegenständen" sieht er, mit Ausnahme der „Forderungen", „eine große Gefahr für die Richtigkeit der Bilanz". Doch sei es unmöglich, von der Aktivierung unkörperlicher Gegenstände etwa ganz abzusehen; denn auch sie könnten „einen Teil des Vermögens bilden".[2]

Bei den *unkörperlichen* Gegenständen unterscheidet Simon „zwischen Rechten und rein wirtschaftlichen Gütern". *Rechte* seien, von den Forderungen abgesehen, nur dann in die Bilanz einzustellen, wenn ihre Erlangung etwas *gekostet* hat: „würde z. B. eine Gesellschaft ohne alle Kosten eine Konzession erhalten, so würde eine Einstellung nicht denkbar sein".[3] Dagegen spiele es bei Rechten keine Rolle für die Einstellbarkeit in die Bilanz, ob das Recht „derivativ" oder „originär" erworben wurde: Ein Patent, das von einem *Dritten gekauft* (derivativ erworben) wurde, sei ebenso aktivierbar wie ein *selbst angemeldetes* (originär

---

2 Herman Veit Simon: Die Bilanzen der Aktiengesellschaften und der Kommanditgesellschaften auf Aktien, 3. Aufl., Berlin 1899, S. 158 (alle Zitate; die Orthographie wurde durchgehend den heutigen Gepflogenheiten angepaßt).
3 Simon, S. 168 f. (beide Zitate).

erworbenes) Patent.[4] „Anders bei den rein wirtschaftlichen Gütern." *Rein wirtschaftliche Güter,* also Nichtrechte, könnten bei originärem Erwerb (das heißt bei Selbsterstellung) *nicht* aktiviert werden. Bei *derivativem Erwerb* (Erwerb von Dritten) stünde allerdings auch der Aktivierung rein wirtschaftlicher Güter nichts entgegen; „denn gerade durch diesen Erwerb hat das Gut seine Eigenschaft als verkehrsfähiges Rechtsobjekt bewährt und dadurch einen Titel zur Einstellung in die Bilanz erlangt".[5] „Kauft eine Gesellschaft ein nicht geschütztes Fabrikgeheimnis, so kann sie dasselbe in die Bilanz einstellen; erfindet sie selbst ein solches, so ist die Einstellung nicht zulässig."[6] Rein wirtschaftliche Güter müßten „als greifbare Objekte gegen Entgelt"[7] erworben worden sein, um bilanziert werden zu können.

Die rein wirtschaftlichen Güter bilden die Schwachstelle von Simons (und der gesamten statischen) Aktivierungslehre: Klar ist, daß die Aktivierung rein wirtschaftlicher Güter den Erwerb von Dritten voraussetzt; rein wirtschaftliche Güter, die von Dritten *unentgeltlich* erworben wurden oder die überhaupt nicht von Dritten erworben, sondern *selbsterstellt* wurden, dürfen nicht aktiviert werden. Unklar ist, was Simon meint, wenn er fordert, es müsse sich um den entgeltlichen Erwerb „als greifbares Objekt" handeln. Immerhin gibt es auch insoweit eindeutige Fälle: Wenn der Bilanzierende A an die Reklameagentur B ein Entgelt zahlt, damit diese für ihn einen Reklamefeldzug durchführe, so ist in einer hierdurch erreichten Verbesserung der Absatzmarktposition des A zwar der Zugang eines rein wirtschaftlichen Gutes zu sehen, aber es fehlt an einem „greifbaren" Objekt. Greifbar ist die Ausgabe (das Entgelt); greifbar ist in solchen Fällen nicht der Gegenwert (der Vermögensvorteil), der erworben wurde. Deshalb sind Ausgaben für Reklamefeldzüge nicht aktivierbar.

Simon läßt sich bei der Lösung des Aktivierungsproblems völlig von Vereinfachungs- und Objektivierungserwägungen leiten. Der Kaufmann hat nicht etwa im Einzelfall zu prüfen, ob ein Gegenstand *ertragswirksam* und infolgedessen zu aktivieren ist; Simon muß gesehen haben, mit welchen Schwierigkeiten und mit welchem Ermessensspielraum die Feststellung der Ertragswirksamkeit verbunden sein kann. Deshalb arbeitet Simon mit Vermutungen über die Ertragswirksamkeit und damit über die Bilanzierbarkeit:

(1) *Körperliche* Gegenstände sind stets Aktiven, gelten also stets als ertragswirksam;

(2) das gleiche wird für *Forderungen* angenommen, für *andere Rechte* dagegen nur, wenn dafür *Aufwendungen* erfolgt sind;

---

4 Vgl. Simon, S. 168.
5 Simon, S. 169 (beide Zitate).
6 Simon, S. 170.
7 Simon, S. 169, s. a. Simon, S. 365.

(3) ganz eng ist die Aktivierungsbedingung für *rein wirtschaftliche* Güter wie z. B. Kundenbeziehungen; ihre Aktivierung setzt den entgeltlichen Erwerb eines greifbaren Objekts voraus.

Man mag Simons Vermutungen für zu pragmatisch, für recht willkürlich halten: Körperliche Gegenstände müssen nicht ertragswirksam sein; manche Rechte, wie z. B. Patente, mögen einmal ertragswirksam gewesen sein, können aber diese Ertragswirksamkeit längst eingebüßt haben; rein wirtschaftliche Güter können auch dann äußerst ertragswirksam sein, wenn sie selbstgeschaffen (statt von Dritten erworben) wurden. Man wird jedoch berücksichtigen, daß die Bilanzierung Vereinfachung und Objektivierung erfordert, daß man also zwingend mit gewissen *Typisierungen* hinsichtlich der Ertragswirksamkeit arbeiten muß. Die von Simon gewählten Typisierungen entsprechen der damaligen Bilanzierungspraxis, den „durch Übung redlicher Kaufleute geheiligten Grundsätzen ordnungsmäßiger Buchführung".[8]

3. Rechnungsabgrenzungsposten: Simon kennt bereits *Rechnungsabgrenzungsposten* (die er „Antizipationskonten" oder „transitorische Rechnungen" nennt). Aktivantizipationen seien erforderlich für diejenigen vor dem Bilanzstichtag erfolgten Ausgaben, „welche wirtschaftlich und mit Rücksicht auf die erst später zu erwartenden Gegenleistungen erst als Ausgaben der kommenden Jahre anzusehen sind". Als Beispiel erwähnt er „vorausgezahlte Prämien" und „vorausgezahlte Zinsen".[9]

Das Aktivierungsmerkmal „erst später zu erwartende Gegenleistungen" deutet darauf hin, daß Simon die Abgrenzung von Ausgaben beschränken will: Nur solche Ausgaben werden abgegrenzt (als Rechnungsabgrenzungsposten aktiviert), denen „Gegenleistungen" entsprechen, für die also ein *Leistungsanspruch* (Recht) des Bilanzierenden besteht. Ausgaben für einen Reklamefeldzug z. B. können (auch) nicht als Rechnungsabgrenzungsposten angesetzt werden; denn es fehlt an einem Leistungsanspruch. Dagegen ist ein Leistungsanspruch und damit ein Rechnungsabgrenzungsposten gegeben, wenn z. B. im Geschäftsjahr Mietzahlungen für einen Zeitraum erfolgt sind, der in das folgende Geschäftsjahr hineinreicht.

Die Bilanz wurde zum 31. 12. 1990 erstellt. Es sei für die Zeit vom 1. 10. 1990 bis 30. 6. 1991 eine Mietzahlung in Höhe von 0,6 Mio. DM erfolgt. Das bedeutet, daß ein aktiver Rechnungsabgrenzungsposten in Höhe von 0,4 Mio. DM zu bilden ist. In diesem Aktivum liegt im Grunde keine Besonderheit; denn aktiviert wird selbstverständlich nicht die Ausgabe (Vorauszahlung für die Zeit vom 1. 1. 1991 bis 30. 6. 1991), sondern aktiviert wird der hierfür erworbene Gegenwert, und dieser Gegenwert stellt sich als *Recht* (Anspruch auf Überlassung der Mietsache) dar und ist daher als Recht aktivierungspflichtig.

---

8 Simon, S. 176.
9 Simon, S. 286 (alle Zitate).

Die Rechnungsabgrenzungsposten ordnen sich nach Simon mithin der allgemeinen Regel unter, wonach Rechte, die gegen Aufwendungen erlangt wurden, zu aktivieren sind, dagegen Nichtrechte (rein wirtschaftliche Güter) nur aktiviert werden dürfen, wenn sie gegen Entgelt als greifbare Objekte von Dritten erworben wurden. Deshalb sind nach Simon zum Beispiel Forschungs- und Entwicklungsausgaben (wie Reklameausgaben) nicht aktivierbar, auch nicht als Rechnungsabgrenzungsposten.

1. Das Fortführungsvermögen wird vom Ertragswert (dem potentiellen Preis des ganzen Unternehmens) verkörpert; Vermögensgegenstand ist damit grundsätzlich alles, was einen Ertragswertbeitrag erwarten läßt (künftig ertragswirksam ist).

2. Simon arbeitet unter Umgehung jeder grundlegenden Aktivendefinition mit Aktiventypisierungen.

3. Nach Simon sind körperliche Gegenstände stets Aktiven. Das gleiche gilt für Forderungen, für andere Rechte nur, wenn sie gegen Aufwendungen erworben wurden. Nichtrechte (rein wirtschaftliche Güter) bedürfen zu ihrer Aktivierung des entgeltlichen Erwerbs als greifbares Objekt von Dritten.

4. Rechnungsabgrenzungsposten werden gebildet für vor dem Bilanzstichtag erfolgte Ausgaben, denen künftige Gegenleistungen (des Vertragspartners) gegenüberstehen; aktive Rechnungsabgrenzungsposten verkörpern mithin Rechte (Ansprüche).

II. Passivierungsregeln

1. Negative Ertragswertbeiträge: Will man, wie Simon, das Fortführungsvermögen bilanziell ermitteln, so stellen sich die Passiven, von dem Saldoposten „Eigenkapital" abgesehen, grundsätzlich als negative Ertragswertkomponenten dar. Passiviert werden dann alle *„negativ ertragswirksamen"* Objekte: Passiven sind damit, vom Saldoposten Eigenkapital immer abgesehen, „Aktiven mit umgekehrtem Vorzeichen". Simon hält sich in seiner Passivierungslehre freilich nicht mit derlei grundsätzlichen Betrachtungen auf; bei ihm treten auch bei der Passivierung Objektivierungs- und Vereinfachungsaspekte ganz in den Vordergrund.

2. Passiventypisierung: Simon sieht das Merkmal des Passivums, vom Eigenkapital wiederum abgesehen, in der Rechtsverpflichtung. Er unterscheidet bei den Passiven:

(1) das Eigenkapital („Aktienkapitalkonto"[10] und „Reservefonds"[11]) und

(2) die „Schulden" (im Rechtssinne)[12].

Simon veranschaulicht seine Grenzziehung zwischen „Reservefonds" (Eigenkapital) und „Schulden" am Fall der *„Selbstversicherung":* Manche Kaufleute sehen davon ab, bestimmte Risiken bei Versicherungsgesellschaften abzudekken; sie tragen das Risiko selbst und sparen so die Versicherungsprämie. Werden nun für den Risikofall Mittel zurückgelegt (z. B. in Höhe der potentiellen Versicherungsprämie), wird also für den Risikofall durch „Selbstversicherung" vorgesorgt, so handelt es sich nach Auffassung von Simon bilanzrechtlich um die Zuwendung an einen Reservefonds (im Sinne einer freien Rücklage): Ein Passivum „Selbstversicherungsfonds" stelle „keine Schuld der Gesellschaft"[13] dar, und, das ist entscheidend, zu seiner Bildung sei „die Gesellschaft nicht rechtlich gezwungen"[14].

Simons enge Konzeption der passivierungspflichtigen Schulden wird auch bei den *Pensionszusagen* deutlich. Ein Pensionsfonds stelle „keinen Schuldposten" dar. „Dies selbst dann, wenn ,ethische, wirtschaftliche und soziale Rücksichten sich in solchem Grade geltend machen, daß die Willkür und das freie Belieben der Gesellschaft hinsichtlich der Dotierung und Verwendung des Fonds ausgeschlossen erscheinen' und ,die gedachten Rücksichten nach den sozialen Anschauungen der Gegenwart und unter den heutigen Verhältnissen der Industrie nicht minder wirken als rechtlich eingegangene Verpflichtungen'."[15] Habe eine Aktiengesellschaft jedoch „die Rechtspflicht übernommen, Pensionen zu zahlen, so muß der schätzungsweise kapitalisierte Betrag als Passivum in die Bilanz eingesetzt werden"; denn insoweit liege „eine Schuld der Gesellschaft" vor. In einem solchen Falle sei die Bilanz nur zutreffend, wenn der passivierte Betrag dem entspreche, der „nach der Wahrscheinlichkeitsrechnung" erforderlich ist.[16]

3. Drohverluste: Simon kennt bereits die Vorsorge für drohende Verluste aus *schwebenden Geschäften.* Eine Bilanzierung „laufender Engagements" komme zwar dann nicht in Frage, wenn „Leistung und Gegenleistung vermutlich gleichwertig" seien: In der Bilanz zum 31. 12. 1899 würden die erst für das Jahr 1900 zu zahlenden Gehälter der Angestellten nicht passiviert; denn der Kaufmann brauche diese Gehälter nur zu zahlen, „wenn ihm in der Zukunft die Gegenleistung gemacht wird", und von dieser künftigen Gegenleistung (Arbeitsleistung der Angestellten) wird vermutet, daß sie den künftig zu zahlenden Gehältern

---

10 Simon, S. 201.
11 Simon, S. 227.
12 Vgl. Simon, S. 173.
13 Simon, S. 250f. (beide Zitate).
14 Simon, S. 252.
15 Simon, S. 255 (beide Zitate); Simon zitiert hier eine Entscheidung des Oberverwaltungsgerichtes in Staatssteuersachen.
16 Simon, S. 258f. (alle Zitate).

gleichwertig ist.[17] Etwas anderes gelte aber, wenn aus schwebenden Geschäften ein *Verlust drohe:* Eine Baumwollspinnerei habe einen Posten Baumwolle zu 100 Geldeinheiten (im folgenden: GE) bestellt, die Lieferung sei noch nicht erfolgt; der Tageswert am Bilanzstichtag sei auf 80 GE gesunken. Das mache es erforderlich, den unrealisierten Verlust (von 20 GE) zu passivieren. Der Grund für die Passivierung liegt darin, daß eine schwebende Leistungsverpflichtung vorhanden ist (100 GE zu zahlen sind), daß dieser Leistungsverpflichtung aber am Bilanzstichtag nur ein Gegenwert von 80 GE gegenübersteht.[18]

4. Rechnungsabgrenzung: Die ausstehende Leistungsverpflichtung bestimmt nach Simon auch die *passive Rechnungsabgrenzung* (von Simon „Passivantizipation" genannt); es handele sich um vor dem Bilanzstichtag erfolgte „Einnahmen, welche die kommenden Jahre angehen"[19], weil in der Zeit *nach* dem Bilanzstichtag eine „Gegenleistung"[20] des Kaufmanns gegeben sei. Es gelte insoweit das gleiche wie für empfangene Anzahlungen auf die Lieferung von Waren; auch hier werde die empfangene Anzahlung passiviert, geschuldet werde aber die Warenlieferung.[21]

5. Rechtsverpflichtung: Das gemeinsame Merkmal aller Passiven, vom Eigenkapital abgesehen, ist nach Simon das Vorhandensein einer Verpflichtung im Rechtssinne. Passivposten, denen keine Verpflichtung im Rechtssinne zugrunde liegt (wie Selbstversicherungsfonds, Pensionsfonds), sind zwar als Teile des „Reservefonds" (als Eigenkapital) bilanzfähig, aber es besteht insoweit kein *Passivierungszwang.* Alle Posten mit Passivierungszwang lassen sich als *Schulden im Rechtssinne* deuten, auch die Vorsorge für drohende Verluste aus schwebenden Geschäften und die Rechnungsabgrenzungsposten: Der Vorsorge für drohende Verluste aus schwebenden Geschäften liegt stets eine Schuld im Rechtssinne zugrunde (denn mit „schwebenden Geschäften" sind „schwebende Rechtsgeschäfte" gemeint). Passive Rechnungsabgrenzungsposten stellen Leistungsverpflichtungen des Kaufmanns dar, für die der Kaufmann die Gegenleistung seines Vertragspartners bereits empfangen hat.

Simon hat die passivierungspflichtigen Posten sehr *eng* definiert. Es ist keineswegs selbstverständlich, die Passivierungspflicht auf die Verbindlichkeiten im Rechtssinne zu beschränken. Das Fortführungsvermögen wird auch belastet, wenn „rein wirtschaftliche Verbindlichkeiten" (statt Rechtsverbindlichkeiten) vorliegen. So macht es zum Beispiel für die Höhe des Fortführungsvermögens grundsätzlich keinen Unterschied, ob im Sinne Simons eine *faktische* oder eine *rechtliche* Verpflichtung zu Pensionszahlungen besteht. Ein Unterschied ergibt

17 Simon, S. 183 (alle Zitate).
18 Vgl. Simon, S. 187.
19 Simon, S. 286.
20 Simon, S. 285.
21 Vgl. Simon, S. 285.

sich insoweit nur für die Höhe des Zerschlagungsvermögens: Bei Fehlen einer rechtlichen Verpflichtung liegt im Konkursfall keine Minderung des Gläubigerzugriffsvermögens vor; „rein wirtschaftliche Verbindlichkeiten" stellen also keine Belastung des Zerschlagungsvermögens dar und sind daher in der Zerschlagungsstatik keine Passiven. Bei Unternehmensfortführung dagegen, also bei der Bestimmung des Fortführungsvermögens, münden faktische Pensionsverbindlichkeiten ebenso wie rechtliche Pensionsverbindlichkeiten in Ausgaben und damit in einer Minderung des Fortführungsvermögens.

Wenn Simon, obgleich er das Fortführungsvermögen bestimmen will, nur Rechtsverbindlichkeiten als passivierungspflichtig betrachtet, so muß man den Grund hierfür in *Objektivierungsrücksichten* suchen: Die vorhandenen Rechtsverbindlichkeiten sind im allgemeinen zuverlässiger erkennbar und abgrenzbar als die vorhandenen rein wirtschaftlichen Verbindlichkeiten. Es ist oft unklar, ob eine rein faktische Verpflichtung besteht oder nicht; das gilt nicht nur für Pensionszahlungen. Man kann also vom Kaufmann zwar erwarten, daß er seine Rechtsverbindlichkeiten vollständig erfaßt; man kann aber nicht oder jedenfalls nicht ohne weiteres von ihm erwarten, daß er auch sämtliche rein wirtschaftlichen Verbindlichkeiten berücksichtigt.

1. In einer Bilanz, mit deren Hilfe das Fortführungsvermögen bestimmt werden soll, lassen sich Passiven, vom Eigenkapital abgesehen, grundsätzlich als negative Ertragswertbeiträge deuten (als Aktiven mit umgekehrtem Vorzeichen).

2. Simon typisiert auch die Passiven; er kennt als Passiven, vom Eigenkapital wiederum abgesehen, nur Schulden im Rechtssinne.

3. Für einen Selbstversicherungsfonds oder für einen Pensionsfonds, dem keine Schuld im Rechtssinne zugrunde liegt, besteht keine Passivierungspflicht; nach Simon handelt es sich insoweit also um Eigenkapital.

4. Passivierungspflicht ist dagegen gegeben für drohende Verluste aus schwebenden Geschäften; denn diesen liegen Schulden im Rechtssinne zugrunde.

5. Passivierungspflicht besteht auch für passive Rechnungsabgrenzungsposten; denn wiederum liegen Schulden im Rechtssinne zugrunde.

III. Bewertungsregeln

1. Individualwert: Simon hebt hervor, daß er mit seiner Bewertungslehre der herrschenden Meinung in „Rechtsprechung und Rechtswissenschaft" entgegentrete. Die herrschende Meinung plädiere für den „Realisierungswert"[22] (Einzelveräußerungspreis) als Bewertungsmaßstab; sie verlange die Bilanzierung „zu demjenigen Preise, zu welchem jedermann die Sache verkaufen kann", also zum „allgemeinen Verkehrswert" (gemeinen Wert)[23]. Es sei das der Betrag, zu dem der Vermögensgegenstand „Schulden deckt".[24]

Die in Rechtsprechung und Rechtswissenschaft damals herrschende Meinung steht nach Simon im Widerspruch zur kaufmännischen Praxis. Der Kaufmann wolle durchaus „den augenblicklichen Wert des Vermögens" ermitteln, aber dabei handle es sich um das Vermögen „dieser Persönlichkeit". Für den Kaufmann, der „sich ein Bild von seiner Vermögenslage machen will", komme es allein darauf an, welchen Wert der Bilanzposten *für ihn* hat; es sei für den Kaufmann „völlig gleichgültig, welchen Wert eine Sache, die er besitzt, in der Hand eines anderen hat". „Hiernach können wir den Wert, welcher für die Bilanz maßgebend sein muß, als den individuellen Wert bezeichnen."[25]

Das Gesetz hat das, was Simon als *individuellen Wert* konzipiert und dem gemeinen Wert (dem allgemeinen Verkehrswert) gegenübergestellt hat, später als „Teilwert" bezeichnet. Gemeint ist mit dem Teilwert der „anteilige" Wert des Bilanzpostens am Unternehmenswert (Ertragswert des Unternehmens). Der individuelle Wert (Teilwert) ist ein *subjektiver*, das heißt *unternehmensbezogener Wert*; der gemeine Wert ist dagegen ein objektiver, das heißt marktbezogener Wert.

Beispiel: Unternehmen U besitzt das Reservegrundstück X. X hat für U einen besonders hohen Wert, weil eine Erweiterung der Produktionsanlagen beabsichtigt und X hierfür ideal gelegen ist; dieser Wert für das Unternehmen heißt individueller Wert, subjektiver Wert, unternehmensbezogener Wert oder Teilwert. Für Dritte habe X einen weniger hohen Wert, weil für Dritte diese besondere Verwendungsmöglichkeit nicht gegeben ist. Bei einer Veräußerung von X könnte also nur ein Betrag erzielt werden, der dem niedrigeren Wert des Grundstücks für Dritte entspricht; dieser Wert für Dritte heißt Verkehrswert, objektiver Wert, marktbezogener Wert oder gemeiner Wert.

2. Veräußerungswert: Simon hat pragmatisch gedacht. Er suchte für den von ihm proklamierten individuellen Wert Maßstäbe, die eine einfache Handhabung erlauben. Zu unterscheiden seien hinsichtlich der Bewertung:

---

22 Simon, S. 290 (beide Zitate).
23 Simon, S. 295 (beide Zitate).
24 Simon zitiert hier (S. 307) Viktor Ring: Das Reichsgesetz betreffend die Kommanditgesellschaften auf Aktien..., 2. Aufl., Berlin 1893, S. 604.
25 Simon, S. 303 f. (alle Zitate; im Original z. T. hervorgehoben).

(1) Veräußerungsgegenstände,

(2) Betriebsgegenstände,

(3) Forderungen und Schulden.

Der Unterschied zwischen Veräußerungs- und Betriebsgegenständen bestehe darin, daß diese „zum Gebrauche bestimmt sind", jene „zur Veräußerung".[26] *Veräußerungsgegenstände* sind nach Simon zum *Veräußerungspreis* zu bilanzieren, jedoch grundsätzlich nicht zum allgemeinen Veräußerungspreis („allgemeinen Verkehrswert", „Marktpreis"[27]), sondern zum „besonderen" (individuellen) Veräußerungspreis: „Für die Gesellschaft kann nur derjenige Betrag maßgebend sein, den sie erzielen kann"[28], also nicht ein Betrag, den *andere* erzielen können. Aus Gründen der Objektivierung sehe das Gesetz allerdings den *Marktpreis* als Wertobergrenze vor: Eine Schätzung des „besonderen" Veräußerungswertes würde „mehr oder weniger von der Individualität des Schätzenden abhängen"; die Aktiengesellschaft dürfe mithin nicht unterstellen, „daß der besondere Veräußerungswert marktgängiger Gegenstände für sie ein höherer sei als für andere Personen".[29]

Beispiel: Der Bilanzierende habe einen Veräußerungsgegenstand zu 100 GE erworben (Anschaffungspreis). Am Markt gelte für diesen Gegenstand am Bilanzstichtag allgemein ein Veräußerungspreis von 200 GE; der Bilanzierende wäre jedoch, aufgrund besonderer Marktkenntnisse, vermutlich in der Lage, am Bilanzstichtag einen („besonderen") Veräußerungspreis von 220 GE zu erzielen. Nach Simon darf der Gegenstand nur zu 200 GE, nicht zu 220 GE eingesetzt werden. Zwar wäre an sich der besondere (individuelle) Veräußerungspreis (220 GE) für die Vermögensermittlung tauglicher, aber das Gesetz zieht, nach Simon, eine objektivierungsbedingte (individuelle Schätzungen zurückdrängende) Wertobergrenze (gemeiner Wert, 200 GE).

Simon geht auch auf (wichtige) Details wie die Bewertung *unfertiger Erzeugnisse* ein: Wenn das Gesetz den allgemeinen Marktpreis als Höchstwert vorschreibe, so könne das für unfertige Erzeugnisse nicht gelten, weil solche Erzeugnisse „regelmäßig keinen Marktpreis haben"; maßgeblich sei hier der „besondere Verkaufswert. . . , nämlich der Verkaufswert der fertigen Ware abzüglich der auf die Fertigstellung noch zu verwendenden Kosten".[30] Das entspricht dem, was man heute als „*retrograde*" Bewertungsmethode bezeichnet und gutheißt.

3. Anschaffungswert: Simon verwirft ausdrücklich den „*Erwerbspreis*" (Anschaffungspreis) als Wertmaßstab, „jedenfalls für diejenigen Vermögensstücke, welche zur Veräußerung bestimmt sind". Zwar verkennt Simon nicht, daß das

---

26 Simon, S. 326 (beide Zitate).
27 Simon, S. 359 (beide Zitate).
28 Simon, S. 360f. (beide Zitate; im Original z. T. hervorgehoben).
29 Simon, S. 361 (beide Zitate).
30 Simon, S. 362 (beide Zitate).

Aktiengesetz (seit 1884) den Anschaffungswert als Wertobergrenze vorsieht, aber er meint, diese Bestimmung sei „materiell keine Bilanzvorschrift, sondern betrifft nur die Dividendenverteilung". Es solle damit bei Aktiengesellschaften „der Verteilung fiktiver Dividenden vorgebeugt werden".[31]

Wird ein Vermögensgegenstand, der zu 100 GE erworben wurde, über diesem seinem Anschaffungswert bilanziert, z. B. zu seinem Marktpreis von 150 GE, so wird ein „*unrealisierter Gewinn*" von 50 GE ermittelt: „Unrealisiert" ist dieser Gewinn, weil der Gegenstand noch vorhanden ist; als „realisiert" gilt ein Gewinn, bilanzrechtlich gesehen, erst mit dem Umsatz des Gegenstands. Will man den Ausweis unrealisierter Gewinne vermeiden, darf man Vermögensgegenstände nicht über ihrem Anschaffungswert bilanzieren. Für Simon zählt dieses „*Realisationsprinzip*" jedoch nicht zu den Grundsätzen ordnungsmäßiger Buchführung; er bezeichnet einen unrealisierten Gewinn ausdrücklich als einen „nach Bilanzgrundsätzen erzielten Gewinn".[32]

Nach Simon ist mithin zu unterscheiden zwischen *Gewinnerzielung* und *Gewinnverteilung*: Auch der unrealisierte Gewinn ist erzielt, stellt also überhaupt Gewinn dar; die Anschaffungswert-Vorschrift berührt deshalb „in keiner Weise die Grundlagen des Wertansatzes in der Bilanz".[33] Allerdings darf dieser Gewinn bei Aktiengesellschaften nicht verteilt (ausgeschüttet) werden; er ist mit Rücksicht auf das bei Aktiengesellschaften besonders ausgeprägte Gläubigerschutzbedürfnis zurückzuhalten.

Wird im Beispiel die zu 100 GE angeschaffte Ware zu ihrem Bilanzstichtagspreis von 150 GE angesetzt, so ist das nach Simon nicht zu beanstanden: Obgleich es an einem Umsatz, also an der *Wertbestätigung* durch den Umsatz, fehlt, sei ein Gewinn in Höhe von 50 GE „erzielt" worden.

Heute wird das Realisationsprinzip zu den Grundsätzen ordnungsmäßiger Bilanzierung gerechnet: Im Beispiel ist kein Gewinn erzielt worden. Gewinn wird nach heute herrschender Meinung erst erzielt, wenn ein Umsatz erfolgt ist; erst der Umsatz bringt bilanzrechtlich die Gewinnrealisierung.

Simon bejaht die *umsatzunabhängige* Gewinnerzielung, weil es ihm primär darauf ankommt, die Höhe des Kaufmannsvermögens zutreffend darzustellen: Ist der Marktpreis einer Ware wie im Beispiel von 100 GE auf 150 GE gestiegen, so verkörpert diese Ware nunmehr grundsätzlich einen Vermögensanteil in Höhe von 150 GE; das Vermögen würde zu niedrig ermittelt, wenn man die Ware zu ihrem durch die Preisentwicklung überholten Anschaffungspreis (100 GE) bilanzierte.

Heute wird bilanzrechtlich eine umsatzunabhängige Gewinnerzielung verneint, also das *Realisationsprinzip* bejaht, weil die maßgeblichen Bilanzierungsaufgaben anders gesehen werden: Man legt weniger Gewicht auf die zutreffende Ver-

---

31 Simon, S. 335 und 337 (alle Zitate).
32 Simon, S. 337.
33 Simon, S. 338.

mögensermittlung als auf die Bestimmung eines *verteilungsfähigen* Gewinns, und hinsichtlich dieser Gewinnverteilungsaufgabe akzeptierte ja schon Simon, wie gezeigt, das Realisationsprinzip. (Vgl. zu Details unten, § 12.)

4. Herstellungswert: Simon vertritt recht moderne Ansichten zur Bestimmung der *Herstellungskosten.* Er trennt zwischen den „unmittelbar" und den nur „mittelbar mit der Herstellung in Verbindung stehenden Aufwendungen und Leistungen"[34] (in heutiger Terminologie: Einzelkosten und Gemeinkosten). Die „mittelbaren" Kosten („allgemeinen Unkosten", „Generalunkosten") dürften nicht in die Herstellungskosten eingerechnet werden; Simon führt zur Begründung unter anderem an, diese Kosten entstünden „größtenteils gar nicht durch die Herstellung der Fabrikate; sie müßten auch verausgabt werden, wenn nichts fabriziert wird".[35] Herstellungskosten bildeten nur jene Kosten, „welche auf die einzelnen Waren besonders verwandt sind".[36]

5. Betriebswert: Von den Veräußerungsgegenständen hat man nach Simon die Betriebsgegenstände zu unterscheiden. Betriebsgegenstände sind nicht zur Veräußerung, sondern „dauernd zum Betrieb bestimmt"; maßgeblich ist insoweit nicht deren Veräußerungswert, sondern der *„Betriebswert".* Diesen Betriebswert will Simon auf der Basis des „Erwerbspreises"[37] (Anschaffungspreises) bestimmen.

Simon sieht sehr deutlich die Gefahr, die ein Ansatz von Betriebsgegenständen auf der Basis ihres Erwerbspreises (Anschaffungspreises) mit sich bringt: *Veräußerungs*gegenstände sind, anders als *Betriebs*gegenstände, zu ihrem Veräußerungswert anzusetzen; damit ist klargestellt, daß als Veräußerungsgegenstand nur *bilanziert* werden darf, was überhaupt einen *Veräußerungswert* besitzt; alles, was einen Veräußerungswert besitzt, ist aber unbestritten auch Vermögenskomponente. Doch ist längst nicht alles Vermögenskomponente, was einen Erwerbspreis (Anschaffungspreis) hat; der Erwerbspreis besagt nur, daß Ausgaben erfolgt sind, nicht dagegen, ob das betreffende Objekt (die Ausgabe) überhaupt oder noch vermögenswirksam ist. Deshalb meint Simon: Betriebsgegenstände müssen „reell existieren. Nicht Ausgaben, sondern nur Vermögensstücke dürfen in den Aktiven figurieren."[38] Aus dem Vorhandensein eines *Erwerbspreises* darf also nicht etwa auf das Vorhandensein eines *Vermögensstückes* (Vermögensgegenstandes) geschlossen werden. Es ist nicht die Ausgabe, die in statischer Sicht aktiviert wird, sondern der erlangte Ausgabengegenwert, das erworbene „Vermögensstück".

34 Simon, S. 344 (beide Zitate).
35 Simon, S. 345.
36 Simon, S. 347.
37 Simon, S. 408 (alle Zitate).
38 Simon, S. 363.

Im Rahmen der *Zerschlagungsstatik* ist nur aktivierbar, was einen Veräußerungswert (Einzelveräußerungspreis) hat; denn zerschlagungsstatisch gesehen
bilden nur Objekte mit Veräußerungswert „Vermögensstücke". In der *Fortführungsstatik* ist das anders; hier ist die Eigenschaft, ein „Vermögensstück" (Be-
standteil des Fortführungsvermögens) zu bilden, weit weniger klar. Hier drohen
infolgedessen Überaktivierungen, insbesondere wenn man den Anschaffungspreis (Erwerbspreis) zum Bewertungsmaßstab erhebt und damit suggeriert, was
einen Anschaffungspreis habe, sei auch ein (zu bilanzierendes) „Vermögensstück". Simon will also sagen, daß man *vor* der Bewertung eines Bilanzpostens
stets zu prüfen hat, ob überhaupt eine bilanzfähige Position gegeben ist.

Vom Erwerbspreis ist nach Simon die „Minderung des Betriebswertes"[39] als
Abschreibung abzusetzen. Diese Minderung des Betriebswerts könne zunächst
durch „Abnutzung"[40] erfolgen. In Frage komme eine „quantitative Verringerung"[41] („Substanzverringerung"[42]) und eine „qualitative Verschlechterung
und Brauchbarkeitsverminderung"[43]. Simon fordert, daß die Absetzung für
Substanzverringerung so zu erfolgen habe, daß „der Erwerbspreis... in derjenigen Zeit, in welcher die Substanz aufgebraucht wird, auf Null reduziert"[44]
werde; wie die Verteilung des Erwerbspreises auf die einzelnen Nutzungsjahre zu
erfolgen hat, bleibt insoweit offen. Die qualitative Abnutzung, wie sie etwa für
Maschinen typisch sei, habe man „in jährlich gleichen Beträgen"[45] (also als
lineare Abschreibung) zu berücksichtigen; Simon begründet hier nicht, warum
er für die *lineare* Abschreibung plädiert.

Simon hält sowohl zu hohe[46] als auch zu niedrige Abschreibungen für unzulässig, gibt aber nur einige allgemeine Hinweise für Abschreibungsgrenzen. So
heißt es etwa, daß die betriebsindividuelle Nutzungsart die Abschreibung bestimmen müsse;[47] ferner erklärt Simon, es sei unzulässig, „die Abschreibungen
nicht nach Maßgabe der Abnutzung, sondern nach Maßgabe der sonstigen
Vermögenslage der Gesellschaft"[48] zu bemessen. Bei ungünstiger Vermögenslage sei es nicht gestattet, „die Bilanz durch Einstellung zu geringer Abnutzungs-
beträge aufzubessern".[49] Ein Zwang zu „außerordentlicher" Abschreibung
(Abschreibungsnachholung) bestehe, wenn in früheren Jahren Abschreibungen
bewußt oder unbewußt ganz oder teilweise unterblieben sind, z. B. wenn „die
Abnutzungsperiode kürzer ist als angenommen wurde".[50]

39 Simon, S. 408.
40 Simon, S. 380 (im Original hervorgehoben).
41 Simon, S. 381 (im Original hervorgehoben).
42 Simon, S. 382 (im Original hervorgehoben).
43 Simon, S. 381 (im Original hervorgehoben).
44 Simon, S. 382.
45 Simon, S. 382.
46 Simon, S. 390.
47 Simon, S. 383.
48 Simon, S. 387.
49 Simon, S. 389.
50 Simon, S. 390 (beide Zitate).

Die Höhe der Abschreibung bemißt sich nach Simon nicht nur nach der Abnutzung: „Wenn Webstühle infolge neuer Erfindungen wertlos werden und eine
Weberei deswegen neue Webstühle anschaffen muß, so sind die alten nicht
abgenutzt";[51] dennoch müsse eine Abschreibung erfolgen. Man habe „nicht nur
die Abnutzung, sondern auch jede andere Wertminderung" zu berücksichtigen,
„durch welche der Betriebswert für die Gesellschaft herabgedrückt oder vernichtet wird".[52] Maßgeblich sei indessen der „Betriebswert", nicht der Veräußerungswert: Ob der Veräußerungswert „in irgendeinem Zeitpunkt" mit dem um
Abschreibungen verminderten Erwerbspreis übereinstimmt, sei „gleichgültig".[53] Infolgedessen spiele es auch keine Rolle, „ob der Erwerbspreis ein ange-
messener war".[54]

Zuschreibungen kennt Simon bei Betriebsgegenständen in Form der Aktivierung
von „Reparaturkosten" sowie von „Verbesserungen und Erweiterungen".[55]
Allerdings müsse stets darauf geachtet werden, daß „ein der Abnutzung entsprechender Betrag wieder abgerechnet wird".[56] Dagegen hält Simon solche Zuschreibungen, durch die „einmal vorgenommene Abschreibungen in einer
späteren Bilanz wieder rückgängig gemacht werden"[57], für unzulässig. „Ein
solches Verfahren würde in kaufmännischen Kreisen als ein schwindelhaftes
angesehen werden, und es unterliegt für den Verfasser keinem Zweifel, daß nach
Auffassung der beteiligten Kreise eine Erhöhung der früher festgestellten Werte
der Betriebsgegenstände unzulässig ist, daß sich also ein wahres Handelsge-
wohnheitsrecht dieses Inhalts entwickelt hat."[58]

Man muß Simons Abschreibungslehre richtig verstehen. Ausgangspunkt ist
zwar die These, Betriebsgegenstände seien mit Hilfe der Abschreibung zu ihren
„*Betriebswerten*" anzusetzen. Simon hat auch erklärt, daß dieser Betriebswert
strikt vom Veräußerungswert des Gegenstands zu unterscheiden ist; der Betriebswert sei nicht Wert am Markt, sondern Wert für den Betrieb. Aber Simon
hat offengelassen, wie sein Betriebswert im einzelnen konzipiert ist. Im Grunde
kann er nur als anteiliger Wert (Teilwert) des Gegenstands für den Betrieb gedacht sein; Betriebswertermittlung bedeutet so gesehen, den gesamten Wert des
Betriebes (Unternehmens) aufzuteilen auf die vorhandenen einzelnen Gegenstände. Eine derartige Zurechnung des Gesamtwerts auf einzelne Gegenstände
ist aber nicht in sinnvoller Weise möglich; es gibt keine Zurechnungskriterien.
Wenn A und B *gemeinsam* erforderlich sind, um die Wirkung C hervorzubrin-
gen, dann kann C, hier der Gesamtwert des Unternehmens, nicht sinnvoll auf A

---

51 Simon, S. 402.
52 Simon, S. 403 (im Original hervorgehoben).
53 Simon, S. 407 (alle Zitate).
54 Simon, S. 407.
55 Simon, S. 395 (beide Zitate).
56 Simon, S. 394.
57 Simon, S. 412.
58 Simon, S. 414.

und B aufgeteilt werden. Simon mag das gesehen haben; er mag sich deshalb von vornherein mit einem Betriebswertmaßstab begnügt haben, der als Vorschlag zur Konvention verstanden werden muß: Der Betriebswert resultiert nach Simon aus dem Erwerbspreis (Anschaffungspreis) abzüglich grundsätzlich linearer Abschreibungen.

Simons Abschreibungsregel ermöglicht gewiß nicht, den wirklichen Wert eines Gegenstandes für den betreffenden Betrieb zu erfassen. Aber Simons Abschreibungsregel ermöglicht, Abschreibungsmißbräuche zu begrenzen: Ein Bilanzierender, der seinen Vermögensausweis verbessern will, wird zu einer Abschreibungsreduktion oder gar zu einer Zuschreibung neigen; solche absichtlich verfälschten Abschreibungen werden durch Simons Abschreibungsnormen erschwert.

6. Schuldenbewertung: Schulden sind nach Simon grundsätzlich zu ihrem *Nennwert* zu passivieren. Liegt der Wert einer Schuld unter ihrem Nennwert, so hat man ein „Disagio" zu aktivieren; ist der Wert einer Schuld höher als ihr Nennwert, bedarf es der Passivierung eines „Agios".

Beispiel: Eine Gesellschaft habe eine Anleihe ausgegeben; der Nennbetrag entspreche dem Rückzahlungsbetrag und belaufe sich auf 100 GE; der Ausgabebetrag (Kasseneingang bei der Gesellschaft) sei 95 GE. In diesem Falle habe die Gesellschaft 100 GE zu passivieren und 5 GE als Disagio zu aktivieren; dieses Disagio sei während der Anleihedauer abzuschreiben. Belaufe sich der Nennbetrag auf wiederum 100 GE, der Rückzahlungsbetrag jedoch auf 110 GE und der Ausgabebetrag wiederum auf 95 GE, so gelte folgendes: Nicht der Rückzahlungsbetrag, sondern der Nennbetrag sei zu passivieren (100 GE); zu aktivieren sei wiederum das Disagio (5 GE). Bis zur Fälligkeit der Anleihe (Rückzahlung) habe man in diesem Falle nicht nur das Disagio (5 GE) abzuschreiben, sondern auch auf der Passivseite einen Agiobetrag von 10 GE anzusammeln.[59]

In dem Posten Disagio bzw. Agio sieht Simon ein „Bewertungskonto". Es sei „dazu bestimmt, den Wert einer Schuld, welcher deren Nennbetrag nicht erreicht, zum Ausdruck zu bringen".[60]

Simon meint mit dem gerade erwähnten „Wert" einer Schuld deren „wirklichen" Wert im Unterschied zum bloßen „Nominalwert" oder „Nennwert": Eine Schuld wird zwar grundsätzlich zum Nennwert passiviert; übersteigt jedoch der Nennwert den Verkehrswert, so wird eine aktive Wertberichtigung (im Beispiel ein Disagio) erforderlich; ist der Verkehrswert dagegen höher als der Nennwert, ist eine passive Wertberichtigung (im Beispiel ein Agio) notwendig.

Wenn ein aufgenommenes Darlehen zu 110 GE rückzuzahlen ist (Rückzahlungsbetrag) und wenn es nur 95 GE in die Kasse einfließen ließ (Ausgabebe-

---

59 Vgl. Simon, S. 435 f.
60 Simon, S. 436 (beide Zitate).

trag), so bedeutet das in wirtschaftlicher Betrachtungsweise: Der Schuldner (das bilanzierende Unternehmen) hat einen Teil der Zinslast *vorausbezahlt*. Ein Darlehen, dessen Zinsen zum Teil bereits beglichen (vorausbezahlt) wurden, bildet aber eine geringere Last als ein Darlehen, bei dem dies nicht zutrifft; diese Art Wertberichtigung meint Simon: Ein aufgenommenes Darlehen, das mit 110 GE zurückzuzahlen ist, dessen Verzinsung dem Marktzins entspricht und für das *keine* Zinsen vorausgezahlt sind (das einen Ausgabebetrag von 110 GE aufweist), müßte mit 110 GE passiviert werden; die Zinsvorauszahlung dagegen erlaubt, das Darlehen wertzuberichtigen, das heißt, es *per Saldo* mit 95 GE anzusetzen.

1. Simon will das Kaufmannsvermögen, nicht das Gläubigerzugriffsvermögen bilanziell ermitteln; er plädiert deshalb für den Ansatz der Bilanzposten zum individuellen (subjektiven) Wert statt zum gemeinen (objektiven) Wert.

2. Bei den Veräußerungsgegenständen (Umlaufvermögen) entspricht der individuelle Wert dem Veräußerungswert.

3. Der Anschaffungswert bildet nach Simon nicht etwa die Wertobergrenze eines Aktivums; Simon zählt das Realisationsprinzip nicht zu den Grundsätzen ordnungsmäßiger Bilanzierung. Wenn das Gesetz das Realisationsprinzip (das heißt den Anschaffungswert als Wertobergrenze) vorschreibe, so sei das keine Gewinnermittlungsvorschrift, sondern nur eine Gewinnverteilungsvorschrift.

4. Der Herstellungswert umfaßt nach Simon nicht die mittelbaren Kosten („Generalunkosten"); denn es handle sich hierbei um Fixkosten, die auch anfielen, „wenn nichts fabriziert wird".

5. Der Betriebswert ist nach Simon maßgeblich für die Betriebsgegenstände (Anlagevermögen). Grundlage des Betriebswertes ist der Anschaffungspreis; bei Betriebsgegenständen mit zeitlich begrenzter Nutzung sind vom Anschaffungspreis Abschreibungen vorzunehmen.

6. Abschreibungen haben nach Simon grundsätzlich linear zu erfolgen; außerordentliche Abschreibungen sind erforderlich, wenn in früheren Geschäftsjahren zu niedrig abgeschrieben wurde; Zuschreibungen, mit denen in früheren Geschäftsjahren erfolgte Abschreibungen rückgängig gemacht werden sollen, sind unzulässig.

7. Schulden sind grundsätzlich zum Nennwert anzusetzen; liegt der wirkliche Wert unter dem Nennwert, wird dies durch Aktivierung eines Disagios ausgeglichen; übersteigt der wirkliche Wert den Nennwert, bedarf es der Passivierung eines Agios.

IV. Gliederungsregeln

1. Gliederungsgrenzen: Simon gibt keine detaillierten Gliederungsregeln. Die Bilanzgliederung ordnet er ganz dem Bewertungsproblem unter: Auf der Aktivseite sind, wegen der unterschiedlichen Bewertung, Betriebsgegenstände, Veräußerungsgegenstände, Forderungen und Aktivantizipationen (Rechnungsabgrenzungsposten) zu trennen; auf der Passivseite ist zu gliedern in das Aktienkapitalkonto, den Reservefonds, die Schulden, die Passivantizipationen und den Jahresgewinn.

Simon warnt davor, die GVR *zu weit* zu gliedern: „Die Angabe der Einzelheiten kann wegen der gesetzlich erforderten Offenlegung der Gewinn- und Verlustrechnung mit Rücksicht auf die Konkurrenz zu weittragenden Folgen führen." „Unter Umständen" könne es die „Sorgfalt eines ordentlichen Kaufmanns" erfordern, von jeder Untergliederung der GVR abzusehen.[61]

2. Gliederungskonzeptionen: Mit Gliederungsfragen haben sich in den zwanziger Jahren einige betriebswirtschaftliche Autoren etwas stärker befaßt, insbesondere Osbahr, Nicklisch und le Coutre.[62] Man kann sie in gewisser Hinsicht der statischen Bilanzbetrachtung zuordnen; denn sie sehen die Bilanz vermögensorientiert und bringen demzufolge vor allem Regeln zur *Vermögensgliederung*. So schlägt Osbahr vor, die Aktivseite zu gliedern in die „Barbestände. . ., in Anlage-, Umsatz- sowie Sicherungs- und Ergänzungsvermögen".[63] Es fehlt in diesen frühen bilanztheoretischen Arbeiten jedoch an einer gründlichen Analyse der Bilanzaufgaben: Die mittels Bilanzen zu befriedigenden Informationsbedürfnisse und damit das Kriterium für aufgabenadäquate Gliederungsregeln bleiben unklar.

Anders als Simon sieht Osbahr keinen Anlaß, die Bilanzgliederung der Bilanzbewertung unterzuordnen: Osbahr vertritt einen „Grundsatz der Bewertungsfreiheit". Diese Bewertungsfreiheit soll nicht etwa nur in rein internen (rein betriebswirtschaftlichen) Bilanzen gelten – hier ist sie ohnehin unbestritten –, sondern auch in den nach Handels- und Steuerrecht aufzustellenden Bilanzen: Bewertungsfreiheit führe nicht zu einer „Verringerung der Steuereinnahmen"[64], und die Gläubiger hätten ohnehin „kein grundsätzliches Interesse an der Bilanzbewertung" (sondern an Vorschriften über die Liquiditätssicherung und über die Gewinnverwendung).[65] Osbahrs Ideen erscheinen nur dann absurd, wenn

---

61 Simon, S. 287 (alle Zitate).
62 Wilhelm Osbahr: Die Bilanz vom Standpunkt der Unternehmung, 3. Aufl., bearbeitet von H(einrich) Nicklisch, Berlin und Leipzig 1923; H(einrich) Nicklisch: Die Entthronung der Bilanz, in: DBW, 25. Jg. (1932), S. 2–5; Walter le Coutre: Zeitgemäße Bilanzierung, Wien 1934.
63 Osbahr, S. 182.
64 Osbahr, S. 184 (beide Zitate; im Original z. T. hervorgehoben).
65 Osbahr, S. 185.

man sie (unzulässigerweise) als Vorschläge zur Auslegung geltender Gesetze betrachtet; Osbahr ist, wie die meisten Betriebswirte, an der Rechtsfortbildung orientiert, argumentiert also de lege ferenda.

---

1. Simons Gliederungslehre folgt aus seiner Bewertungslehre: zu trennen ist vor allem zwischen Veräußerungsgegenständen (Umlaufvermögen) und Betriebsgegenständen (Anlagevermögen).
2. Simon erkennt die Nachteile, die dem publizitätspflichtigen Kaufmann aus zu weitgehenden Untergliederungen erwachsen können; er betont Gliederungsgrenzen insbesondere für die GVR.

C. Grenzen der Statik

1. Bilanzaufgaben: Eine Bilanztheorie läßt sich unter zwei Gesichtspunkten beurteilen. Beurteilungskriterium kann erstens sein, ob die zugrunde gelegten Bilanz*aufgaben* sinnvoll erscheinen; zweitens ist zu prüfen, ob die propagierten Bilanz*normen* überzeugen. Beide Gesichtspunkte stehen in engem Zusammenhang: Bilanznormen sind zutreffend, wenn sie aufgabenadäquat sind.

Simon bringt keine Analyse der Bilanzaufgaben. Er beschränkt sich insoweit auf sehr vage Thesen. Es heißt bei ihm, die jährliche Bilanz habe *stets* den Zweck der „periodischen Gewährung einer Übersicht über die Vermögenslage"[66]. Weshalb sich der Kaufmann nach dem Gesetz jährlich eine solche *„Übersicht über die Vermögenslage"* verschaffen muß, bleibt bei Simon offen.

Klar wird bei Simon immerhin, daß mit der „Übersicht über die Vermögenslage" etwas anderes, jedenfalls mehr gemeint sein muß als die Feststellung desjenigen Gewinns, „welcher etwa verteilt werden kann"[67]; denn diese Feststellung der *Gewinnverteilungsmöglichkeiten* erwähnt Simon als zweite, aber nur bei *Gesellschaftsverhältnissen* relevante (also nicht für jeden Kaufmann maßgebliche) Bilanzaufgabe: Der Einzelkaufmann hat sich nach Simon bei der Bilanzerstellung lediglich an der Bilanzaufgabe „Gewährung einer Übersicht über die Vermögenslage" zu orientieren. Nur wenn Gesellschaftsverhältnisse gegeben sind, ist zusätzlich die Bilanzaufgabe „Feststellung des verteilbaren Gewinns" zu beachten.

Die Kritik an Simons Bilanzaufgabenbeschreibung muß hier zurückgestellt werden: Die Aufgaben der jährlichen Bilanz können sehr vielfältig sein; sie werden unten in besonderen Abschnitten im einzelnen dargestellt.[68] An dieser

---

66 Simon, S. 2.
67 Simon, S. 5.
68 Siehe unten §§ 4–10.

Stelle mag die Feststellung genügen, daß Simons Beitrag zur Bilanzlehre nicht in der Aufklärung der Bilanzaufgaben zu sehen ist.

Simons Verdienst liegt darin, ein Normensystem beschrieben zu haben, dessen Tragfähigkeit sich nicht zuletzt darin zeigt, daß es noch heute in weiten Teilen dem geltenden Bilanzrecht entspricht. Simon hat bilanzrechtliche Grundnormen dargestellt, die er überwiegend aus der damals herrschenden *Bilanzierungspraxis* schöpfte; daraus erklärt sich die verblüffende *Einfachheit* seines Normensystems, aber auch wohl sein Desinteresse an grundsätzlichen Fragen.

2. Buchvermögen: Simon hat nicht explizit behauptet, aber suggeriert, bei Beachtung seines Normensystems lasse sich das wirkliche Fortführungsvermögen bilanziell ermitteln. Es fehlen bei Simon Hinweise auf die Grenzen, die einer bilanziellen Ermittlung des Fortführungsvermögens gesetzt sind: Wie oben[69] skizziert, ist das wirkliche Fortführungsvermögen als potentieller Preis des ganzen Unternehmens zu verstehen; dieser potentielle Preis wird durch den *Ertragswert* bestimmt; denn welcher Preis für ein Unternehmen gezahlt wird, hängt davon ab, welche Ertragserwartungen das Unternehmen verkörpert. Bilanzielle Ertragswertermittlung aber hieße, den Ertragswert in einzelne, aktive und passive Bilanzposten aufzuspalten und diese Bilanzposten mit ihren jeweiligen *Ertragswertbeiträgen* anzusetzen. Das ist unmöglich. Schon die lückenlose Erfassung der aktiven und passiven Ertragswertkomponenten ist undenkbar, wirkt doch ein nicht eingrenzbarer Kreis positiver und negativer Einzelfaktoren auf den Ertragswert ein. Selbst wenn man sich mit irgendeiner gegriffenen Auflistung von Ertragswertkomponenten begnügen wollte, wäre es unmöglich, deren Ertragswertbeitrag zutreffend zu bestimmen. Wie sollten etwa der (entscheidenden) Managementqualität, der (wichtigen) Belegschaftsqualität, den (nicht minder bedeutsamen) Kunden- und Lieferantenbeziehungen Ertragswertbeiträge zugerechnet werden? Mit der rigorosen Vernachlässigung solcher (positiven wie negativen) Ertragswertkomponenten kann es Simon nicht gelingen, den Ertragswert und damit das wirkliche Fortführungsvermögen bilanziell einzufangen.[70]

Was Simon mit Hilfe seiner Regeln ermittelt, ist nicht das wirkliche Fortführungsvermögen im Sinne des Ertragswertes. Simon erfaßt nur ein *Buchvermögen*, kein Effektivvermögen.

3. Zerschlagungsvermögensapproximation: Von einer Bilanztheorie kann nur die Rede sein, wenn „die Grundsätze der Bilanz aus einheitlichen Gesichtspunkten"[71] erklärt werden. Bei Simon fällt es nicht ganz leicht, diese „einheitlichen

---

69 Vgl. oben § 1 B I.
70 Vgl. zu Details der bilanziellen Ertragswertermittlung unten § 3 C.
71 Simon, S. 471 („einheitlichen" im Original hervorgehoben).

Gesichtspunkte" zu erkennen: Die Bilanzaufgaben werden nur vage beschrieben; die Bilanznormen werden nicht aus diesen Bilanzaufgaben abgeleitet, vielmehr aus einer durch Vereinfachungs- und Objektivierungserwägungen geprägten „Übung redlicher Kaufleute"[72]. Ein einheitlicher, Simons Buch wie ein roter Faden durchziehender Gesichtspunkt ist allerdings die Ablehnung der Zerschlagungsstatik; aus dieser Kritik versucht Simon, homogene Bilanznormen zu gewinnen: Simon ersetzt die zerschlagungsstatischen Bilanzierungsnormen durch solche, die ihm für eine Bestimmung des Fortführungsvermögens passender und zugleich hinreichend praktikabel erscheinen.

Simons Ablehnung der Zerschlagungsstatik darf nicht darüber hinwegtäuschen, daß die Unterschiede zwischen Zerschlagungs- und Fortführungsstatik im Ergebnis eher peripherer Natur sind. Zwar scheint in Zerschlagungs- und Fortführungsstatik ein grundlegend anderer Bilanzinhalt geboten, aber beide Konzeptionen werden so stark von *Vereinfachungs- und Objektivierungserwägungen* dominiert, daß diese durchgehend als verbindendes, prägendes Element hervortreten:

(1) Der Kreis der *Aktiven* erweitert sich bei Simon zwar gegenüber der Zerschlagungsstatik um nicht einzelveräußerbare Positionen; Simon nennt etwa den Bau einer „Straße auf öffentlichem Grund und Boden"[73], der dem Bilanzierenden einen „wirtschaftlichen Vorteil"[74] bringt. Ein solches rein wirtschaftliches Gut ist nach Simon entgeltlich erworben[75] und deshalb nach seinen Kriterien aktivierungsfähig. In der Zerschlagungsstatik ist ein derartiger Bilanzposten undenkbar; denn er wäre bei Unternehmenszerschlagung wertlos. Aber Simon muß gesehen haben, daß durch solche Bilanzposten seine Aktivierungsregel unscharf wird, daß an Dritte erfolgte Ausgaben ein fragwürdiges Kriterium für den Zugang rein wirtschaftlicher Güter bilden; denn Simon ist sehr *zurückhaltend* in der Anführung von *nicht einzelveräußerbaren* Aktiven. Auch die Beschränkung der aktiven Rechnungsabgrenzungsposten auf Rechte (Leistungsforderungen) deutet in diese Richtung; die Zerschlagungsstatik hat die gleiche Definition der Rechnungsabgrenzungsposten.

(2) Der Kreis der passivierungspflichtigen *Schulden* wird bei Simon wie in der Zerschlagungsstatik auf Schulden im Rechtssinne beschränkt. Konkursspezifische Schulden (wie z. B. die Kosten des Konkursverwalters) werden auch in der Zerschlagungsstatik, objektivierungs- und vereinfachungsbedingt, nicht passiviert (man kann ihre Höhe im allgemeinen nicht verläßlich genug schätzen).

(3) Veräußerungsgegenstände will Simon, wie in der Zerschlagungsstatik, zu *Veräußerungspreisen* bilanzieren; auch in der Zerschlagungsstatik verzichtet man insoweit, wiederum vereinfachungs- und objektivierungsbedingt, auf die

---

72 Simon, S. 414.
73 Simon, S. 364.
74 Simon, S. 365.
75 Vgl. Simon, S. 365.

Berücksichtigung konkursspezifischer Veräußerungspreise. Man wählt in der Zerschlagungsstatik statt dessen „gemeine Werte" (allgemein am Markt im gewöhnlichen Geschäftsverkehr geltende Verkaufspreise); nur scheinbar weicht Simon hiervon mit seinen „besonderen" Veräußerungspreisen ab (denn er erklärt den über dem gemeinen Wert liegenden „besonderen" Veräußerungspreis, wie gerade gezeigt, für unmaßgeblich; unter dem gemeinen Wert wird der Kaufmann indessen kaum veräußern).

(4) Betriebsgegenstände werden auch in der Zerschlagungsstatik, ebenfalls vereinfachungs- und objektivierungsbedingt, nicht mit ihren Zerschlagungswerten bilanziert, sondern, wie bei Simon, zu *Anschaffungskosten* abzüglich (im wesentlichen gegriffener) *Abschreibungen*. Abschreibungen haben also in der Zerschlagungsstatik wie in der Fortführungsstatik (nur) die Aufgabe, Anschaffungskosten auf die Nutzungsdauer zu verteilen; in der Zerschlagungsstatik werden die Abschreibungen nicht nach den (kaum verläßlich bestimmbaren) Zerschlagungswerten bemessen.

(5) Auch der Verkehrswertansatz der *Schulden* läßt keine Abweichungen zwischen Zerschlagungsstatik und Fortführungsstatik erkennen.

Vereinfachungs- und objektivierungsbedingt läßt sich weder das wirkliche *Fortführungsvermögen* noch das wirkliche *Zerschlagungsvermögen* bilanziell korrekt ermitteln. So gesehen sind beide Leitbilder einer vermögensorientierten Bilanzierung fragwürdig. Dennoch besteht ein Unterschied: Eine Ausrichtung der Vermögensbilanz am Leitbild der Zerschlagungsstatik erscheint in gewisser Hinsicht sinnvoller als eine Orientierung am Leitbild der Fortführungsstatik. Die Zerschlagungsstatik will, zum Zwecke der Konkursvorsorge, das Verhältnis von Gläubigerzugriffsvermögen (Zerschlagungsvermögen) und Zerschlagungsschulden bilanziell ausdrücken; die im gedachten Zerschlagungsfall gegebene Schuldendeckungsfähigkeit soll erkennbar werden. Diesem Konkursvorsorgezweck entspricht es, das Verhältnis von Zerschlagungsvermögen und Zerschlagungsschulden eher „*vorsichtig*" zu ermitteln: Aktiven sind im Zweifel wegzulassen oder unterzubewerten, Schulden sind dagegen im Zweifel anzusetzen oder überzubewerten. Durch solche Vorsicht („systematische Fehler") wird zwar das wirkliche Zerschlagungsreinvermögen verfälscht (zu niedrig angesetzt), aber dem Konkursvorsorgezweck wird genügt. Im Rahmen der Fortführungsstatik gibt es keine vergleichbare Möglichkeit, durch systematische Fehler zu aussagefähigen *Vermögensgrößen* zu kommen.

Der fortführungsstatische Ansatz läßt sich nicht damit begründen, daß man in der Jahresbilanz das *Vermögen* zu ermitteln habe; es ist jedenfalls nicht die *Primär*aufgabe der Jahresbilanz, im Sinne Simons einen „Überblick über die Vermögenslage" zu gewähren. Der fortführungsstatische Ansatz wird heute zwar nach wie vor bejaht, aber anders begründet: Als Primäraufgabe der Jahresbilanz gilt die Bestimmung eines *verteilungsfähigen Gewinns*. Dieser verteilungsfähige Gewinn ist unter Vorsichtsgesichtspunkten zu ermitteln; damit gibt es auch für die Fortführungsstatik die Möglichkeit, durch *„systematische Fehler"* zu aussagefähigen Ergebnissen zu kommen, freilich nicht zu aussagefähigen Vermögensgrößen, wohl aber zu aussagefähigen (vorsichtig ermittelten und deshalb verteilungsfähigen) Gewinngrößen. Im Detail wird dieser moderne bilanzrechtliche Ansatz unten, § 12, beschrieben.

---

1. Simon meint, die Bilanz habe eine „Übersicht über die Vermögenslage" zu gewähren und, bei Gesellschaftsverhältnissen, den verteilbaren Gewinn anzugeben; Präzisierungen dieser beiden Bilanzaufgaben fehlen bei Simon.

2. Simons ganz durch Vereinfachungen und Objektivierungen geprägtes Normensystem führt nicht zur Ermittlung des (wirklichen) Fortführungsvermögens; das scheitert bereits an der bilanziellen Vernachlässigung so wichtiger Vermögenskomponenten wie der Management- und Belegschaftsqualität, der Kunden- und Lieferantenbeziehungen.

3. Was Simon ermittelt, ist ein bloßes Buchvermögen; dieses Buchvermögen hat, vereinfachungs- und objektivierungsbedingt, mindestens soviel Affinität zum Zerschlagungsvermögen wie zum Fortführungsvermögen.

---

§ 2. Dynamische Bilanztheorie

A. Dynamischer Bilanzzweck

1. Begründer der Dynamik: Die dynamische Bilanztheorie ist das Werk Eugen Schmalenbachs; er war Professor für Betriebswirtschaftslehre an der Universität zu Köln. Schmalenbach trat erstmalig 1908 in dem Aufsatz „Die Abschreibung"[1] der damals herrschenden statischen Auffassung entgegen. Er vertiefte seine Lehre in Aufsätzen „Über den Zweck der Bilanz"[2], über die „Theorie der Erfolgsbilanz"[3] und über die „Grundlagen dynamischer Bilanzlehre"[4]. Der letztgenannte Aufsatz stimmt überein mit der Erstauflage seines Buches, das von der vierten Auflage an den Titel „Dynamische Bilanz"[5] trug.

2. Bilanz im Rechtssinne: Schmalenbach war, anders als Simon, Betriebswirt. Dennoch wollte Schmalenbach seine „Dynamische Bilanz" nicht etwa nur als „interne", das heißt im rechtsfreien Bereich angesiedelte, rein betriebswirtschaftliche Bilanz verstanden wissen; vielmehr sollte seine dynamische Bilanz *auch* den Erfordernissen des (geltenden) *Bilanzrechts* entsprechen: Die nach Handels- und Steuerrecht zu erstellenden Bilanzen haben nach seiner Auffassung die gleiche Aufgabe wie eine rein betriebswirtschaftliche Bilanz.

Schmalenbach knüpft bei seiner Analyse der Bilanzaufgaben an die Forderung des Gesetzes an, daß sich der Kaufmann mit Hilfe der Bilanz über die *Lage seines Vermögens* zu unterrichten hat. Den Sinn dieser Unterrichtung sieht Schmalenbach in der *Konkursvorsorge:* Liquiditätsschwierigkeiten infolge „ungenügender Beobachtung der eigenen Vermögenslage"[6] seien relativ häufig anzutreffen.

Um zu erkennen, welche Art der Unterrichtung über die Vermögenslage das Gesetz meint, fragt Schmalenbach nach den vorherrschenden Ursachen von finanziellen Schwierigkeiten. Er führt die folgenden Ursachen an:

(1) „Ungenügende Kenntnis der Entwicklung des eigenen Geschäftes bei Strukturwandlungen"; eine Beobachtung der „zurückgehenden Gewinne" hätte in

---

1 E(ugen) Schmalenbach: Die Abschreibung. In: ZfhF, 3. Jg. (1908/09), S. 81–88.
2 (Eugen Schmalenbach:) Über den Zweck der Bilanz. In: ZfhF, 5. Jg. (1910/11), S. 379–388.
3 (Eugen Schmalenbach:) Theorie der Erfolgsbilanz. In: ZfhF, 10. Jg. (1915/16), S. 379–382.
4 Eugen Schmalenbach: Grundlagen dynamischer Bilanzlehre. In: ZfhF, 13. Jg. (1919) , S. 1–50, 65–101.
5 Eugen Schmalenbach: Dynamische Bilanz, 4. Aufl., Leipzig 1926. Die letzte, 13. Auflage erschien, bearbeitet von Richard Bauer, Köln und Opladen 1962. Diese 13. Auflage wird im folgenden ausschließlich zitiert. Eine ausführliche Zusammenstellung der Sekundärliteratur findet sich in meiner „Betriebswirtschaftlichen Gewinnermittlung", Tübingen 1982, S. 194 u. S. 201.
6 Schmalenbach, S. 25.

solchen Fällen dem Kaufmann gezeigt, „daß es schon lange an der Zeit war, den Kurs zu ändern".

(2) „Mangelhafte Geschäftsführung, besonders oft vorkommend bei der Übernahme der Leitung durch ungeeignete Nachkommen. . . "

(3) „Übermäßig großer Privatverbrauch der Geschäftsinhaber. . . "

(4) „Unvorsichtige Investierungen. . . "

(5) „Ungenügende finanzielle Rüstung für den Fall schlechter Konjunkturen. . ."[7]

Bei allen diesen Ursachen von Unternehmenszusammenbrüchen spiele die Unkenntnis der „*Veränderung* der Vermögenslage innerhalb einer Serie von Jahren" eine wichtige Rolle. Infolgedessen sei „der wesentliche Zweck der Bilanz. . ., die *Entwicklung* der Vermögenslage und des Geschäftserfolgs beobachten zu können"; „der Kaufmann soll sehen, ob und was das Geschäft abwirft; denn davon hängt es ab, ob er sich entschließt, den Betrieb in der bisherigen Weise fortzuführen oder das Steuer herumzuwerfen".[8]

3. Keine Vermögensbilanz: Schmalenbach betont, das Gesetz meine mit der Darstellung der „Lage" des Vermögens *nicht* die Darstellung der „*Höhe*" des Vermögens; denn „das wirkliche Vermögen des Kaufmanns", das heißt der „Wert seines Geschäftes", könne durch die Bilanz gar nicht ermittelt werden. „Nicht erreichbar und darum nicht Zweck der jährlichen Handelsbilanz ist die Ermittlung des Vermögens."[9]

Schmalenbach kann sich bei seiner These, das „wirkliche Vermögen des Kaufmannes" lasse sich bilanziell nicht ermitteln, auf eine frühe Entscheidung des *Reichsgerichtes* (von 1908) stützen. Es heißt dort, daß der Unternehmenswert „durch die Zusammenrechnung der für die einzelnen Gegenstände in der Bilanz ausgeworfenen Summen nicht erschöpft wird, weil sie nicht alle in dem Unternehmen als einem lebenden Organismus wirksamen Kräfte und Vorteile darstellen. Gerade solche Dinge aber, wie Kundschaft, Arbeitsweise usw., sind von wesentlichem Einfluß auf den Ertrag des Unternehmens, und nach dem Ertrage wiederum wird sein Wert geschätzt."[10] Schmalenbach faßt zusammen: „Durch bilanzmäßige Addition der einzelnen Aktiva und Abzug der Passiva gewinnt man den Wert einer Unternehmung nicht und daher auch nicht das Vermögen des Kaufmanns".[11]

4. Gewinnermittlungsbilanz: Nach Schmalenbach besteht kein Widerspruch zwischen der Forderung des Gesetzes nach Unterrichtung über die Lage des

---

7 Schmalenbach, S. 25 (alle Zitate).
8 Schmalenbach, S. 25 f. (alle Zitate; Hervorhebungen im Original).
9 Schmalenbach, S. 28 (alle Zitate).
10 Schmalenbach, S. 27 f.; RG vom 18. 9. 1908 – Rep. VII/151/08 u. 239/08 – in: RGZ 69, S. 199–205, hier S. 203.
11 Schmalenbach, S. 48.

Vermögens und dem Umstand, daß sich das wirkliche Vermögen bilanziell nicht ermitteln läßt. Die Bilanz soll gar nicht das wirkliche Vermögen ausweisen, sondern den „Geschäftserfolg": „Die jährliche Handelsbilanz soll die Lage des Vermögens so zeigen, daß sich daraus der Geschäftserfolg ergibt."[12]

Schmalenbachs zentrale These lautet: Wenn auch das wirkliche Vermögen bilanziell nicht ermittelt werden kann, so läßt sich doch ein *aussagefähiger Gewinn* („Geschäftserfolg") feststellen; denn es ist möglich, so zu bilanzieren, daß der resultierende Gewinn etwas aussagt über „die *Entwicklung* der Vermögenslage und des Geschäftserfolgs".

Schmalenbach glaubt, einen aussagefähigen Geschäftserfolg durch zweckentsprechende *Bewertung* der Bilanzposten ermitteln zu können: Nicht jede Art bilanzieller Vermögensermittlung sei „geeignet, den Geschäftserfolg aufzuzeigen. Es kommt auf die Wertansätze an".[13] Der „gesetzliche Zweck der Bilanz" sei „eine richtige Erfolgsrechnung"; infolgedessen müsse „der Wert so angesetzt werden, daß eine richtige Erfolgsrechnung herauskommt".[14] Eine Bilanz, die primär der Darstellung des *Vermögens* diene, erfordere andere Wertansätze als eine Bilanz, deren Ziel die *Erfolgsrechnung* ist; „Bestrebungen der Dualisten" (die versuchen, „von einer Bilanz sowohl eine Darstellung des Vermögens als auch eine solche des Erfolgs zu gewinnen") nennt Schmalenbach „unwissenschaftlich".[15]

In der Formel „Gewinn- *statt* Vermögensermittlung" kommt zum Ausdruck, daß Schmalenbachs (dynamischer) Gewinn nicht mit dem statischen Vermögenszuwachs gleichgesetzt werden darf: Für die Statiker gilt die Formel „Gewinn- *und* Vermögensermittlung"; denn die Statiker sehen keinen Widerspruch zwischen Gewinnermittlung und Vermögensermittlung. Die Statiker gehen davon aus, in einer (einzigen) Bilanz Gewinn und Vermögen zutreffend bestimmen zu können; die Dynamiker behaupten dagegen, nur ein sinnvoller *Gewinn* sei zu ermitteln, und auf alle Versuche, zugleich ein sinnvolles Vermögen zu bestimmen, müsse verzichtet werden, gefährde ein solcher Dualismus doch die Brauchbarkeit des errechneten Gewinns. Statiker und Dynamiker haben mithin einen unterschiedlichen Gewinnbegriff: Die Dynamiker nehmen, wie im einzelnen sogleich zu zeigen sein wird, bestimmte Verzerrungen der Vermögensdarstellung in Kauf, um hierdurch einen aussagefähigeren Gewinn ermitteln zu können.

5. Betriebssteuerung: Schmalenbach betont immer wieder die Bedeutung zutreffender Erfolgsermittlung. „Ob ein Unternehmen vorwärts geht, ob es stagniert oder gar rückwärts geht, das muß der Leiter einer Unternehmung wissen,

---

12 Schmalenbach, S. 28 (beide Zitate).
13 Schmalenbach, S. 28.
14 Schmalenbach, S. 29 (alle Zitate).
15 Schmalenbach, S. 44 und 45 (alle Zitate).

um danach die Betriebssteuerung einzurichten. Man kann ohne Übertreibung sagen, daß kein Wissen für die Lenkung eines Betriebes so wichtig ist wie das Wissen um den wirtschaftlichen Effekt des Unternehmens. In jeder großen Krise haben die Betriebswirtschafter beobachten können, wie ungemein zahlreich die Konkurse infolge nicht rechtzeitiger Erkenntnis des Niedergangs sind.‟[16] Bilanziert wird nach Schmalenbach „zum Zwecke *richtiger Betriebssteuerung*‟. „Schon in kleinen Verhältnissen, wenn der Betrieb nur gerade so groß ist, daß man ihn als kaufmännischen Betrieb ansprechen kann, verliert ein Kaufmann leicht die Übersicht darüber, ob der Betrieb gesund ist und noch einen Ertrag abwirft, oder ob er stagniert oder bereits mit Verlust arbeitet.‟ Dies sei der Grund, „daß die Handelsgesetze fast der ganzen Welt dem Kaufmann die jährliche Aufstellung einer Bilanz zur Pflicht machen‟.[17] Dem Gläubiger eines Unternehmens werde „am besten dadurch gedient, daß man den Kaufmann dazu anhält, die Entwicklung seines Geschäftes durch eine gute Darstellung des Erfolges zu kontrollieren‟.[18]

---

1. Die dynamische Bilanztheorie wurde zu Beginn des zwanzigsten Jahrhunderts von Eugen Schmalenbach begründet.

2. Die dynamische Bilanztheorie soll die rein betriebswirtschaftliche Bilanz, aber auch die Bilanz im Rechtssinne (Handels- und Steuerbilanz) erklären; sie ist, wie die Bilanz im Rechtssinne, an der Konkursvorsorge orientiert.

3. Schmalenbach betont, wie schon das Reichsgericht (1908), daß sich das wirkliche (Fortführungs-)Vermögen bilanziell nicht bestimmen läßt.

4. Die entscheidende Bilanzaufgabe sieht Schmalenbach in der Bestimmung der Gewinnentwicklung.

5. Die Statiker wollen Gewinn- und Vermögensermittlung; Schmalenbach will Gewinn- statt Vermögensermittlung; Schmalenbach nimmt um der richtigen Gewinnermittlung willen verzerrte Vermögensbilanzierungen in Kauf.

---

16 Schmalenbach, S. 49 f.
17 Schmalenbach, S. 50 (alle Zitate; Hervorhebung im Original).
18 Schmalenbach, S. 52.

B. Dynamische Bilanznormen

I. Aktivierungsregeln

1. Vorleistungen: Schmalenbach interpretiert die Aktiven, vom Zahlungsmittelbestand abgesehen, als „schwebende Posten".[19] Schwebende Posten „reichen . . . von der einen in die andere Periode hinein";[20] Aktiva sind (mit Ausnahme des Zahlungsmittelbestandes) „schwebende Vorleistungen"[21] an künftige Perioden. Es ist *bis* zum Bilanzstichtag etwas *geleistet* worden, wovon *nach* dem Bilanzstichtag ein *Nutzen* erwartet werden darf; diese „Vorleistung" stellt „noch vorhandene aktive Kräfte" dar: „Die Bilanz ist mithin die Darstellung des Kräftespeichers der Unternehmung."[22] Solche „aktiven Kräfte" können sich als künftige *Erträge* oder (nur) als künftige *Einnahmen* ergeben; Schmalenbach nennt als Beispiel für künftige Ertragswirksamkeit „Ausgaben für Versuchsarbeiten, Forschungsarbeiten, Vorbereitungskosten, wenn von ihnen zu erwarten ist, daß sie sich in späteren Rechnungsperioden in Erträge umsetzen werden".[23] Als Beispiele für Posten, die künftig nicht ertrags-, nur einnahmenwirksam sind, erwähnt Schmalenbach unter anderem „Anlagen, die keiner Abschreibung bedürftig sind" (z. B. unbebaute Grundstücke), und „Forderungen an Kunden aus gelieferter Ware".[24]

2. Verteilungsbedürfnis: Die Problematik der Schmalenbachschen Aktivierungsregel liegt nicht im Zahlungsmittelbestand und auch nicht in den Posten, die künftig nicht ertrags-, nur einnahmenwirksam sind; nach allen Bilanztheorien sind Zahlungsmittelbestände sowie Posten, die direkt künftige Einnahmen verkörpern (Forderungen, unbebaute Grundstücke, Beteiligungen und ähnliches), zu aktivieren. Probleme werfen allein diejenigen Objekte auf, die Schmalenbach aktiviert sehen will, weil sie sich „in späteren Rechnungsperioden in Erträge umsetzen werden", also künftig *ertragswirksam* sind. Was man sich unter der künftigen Ertragswirksamkeit vorzustellen hat, wird von Schmalenbach nicht präzisiert; diese Unklarheit der Aktivierungsregel wird noch ausgeprägter durch Schmalenbachs Erklärung, „die Erwartung auf spätere Erträge" sei „allein noch kein Grund. . . , Ausgaben in jedem Falle aktivieren zu müssen."[25]

Schmalenbach bringt ein Beispiel, das die Richtung seiner Absichten andeutet: In einem Unternehmen bestehe eine Entwicklungsabteilung, in der seit Jahren

---

19 Schmalenbach, S. 63.
20 Schmalenbach, S. 65.
21 Schmalenbach, S. 66.
22 Schmalenbach, S. 74 (beide Zitate; im Original z. T. hervorgehoben).
23 Schmalenbach, S. 68 (im Original z. T. hervorgehoben).
24 Schmalenbach, S. 69 und S. 70 (im Original z. T. hervorgehoben).
25 Schmalenbach, S. 68 (beide Zitate).

ohne nennenswerte (greifbare) Erfolge gearbeitet wurde. In der Rechnungsperiode sei aber „aus Nachlässigkeit ein Reagenzglas nicht gereinigt" worden, was
zu einer Erfindung (einer „neuen Farbe") geführt hat, an der voraussichtlich
„noch viel Geld verdient" wird.[26] Dennoch hat Schmalenbach gegen die Aktivierung der Ausgaben (der entsprechenden Versuchsreihe) Bedenken. Er erklärt, es seien für die Aktivierung derartiger Ausgaben *drei Voraussetzungen*
erforderlich:

(1) „Sie müssen einen Nutzwert auch für kommende Jahre enthalten."

(2) „Es muß ein Bedürfnis für Verteilung vorhanden sein."

(3) „Kosten und Nutzen müssen feststellbar sein."[27]

Die *erste* Voraussetzung („Nutzwert auch für die kommenden Jahre") bedeutet
wohl nichts anderes als „*künftige Ertragswirksamkeit*"; es bleibt freilich auch in
dieser Formulierung („Nutzwert") offen, was präzise gemeint ist. Die *dritte*
Voraussetzung (Feststellbarkeit von Kosten und Nutzen) meint das *Vereinfa-
chungs- und Objektivierungserfordernis*: Im Beispiel müssen der betreffenden
Erfindung sowohl bestimmte Ausgaben als auch ein bestimmter künftiger
Nutzen zurechenbar sein. Problematisch ist die *zweite* Voraussetzung (Verteilungsbedürfnis); Schmalenbach meint, daß hier „statische und dynamische
Gesichtspunkte ein wenig in Widerstreit liegen"[28]; insoweit, und nur insoweit,
wäre also eine *spezifisch dynamische* Aktivierungsvoraussetzung gegeben.

Unglücklicherweise läßt Schmalenbach den Leser an dieser entscheidenden
Stelle allein: Man erfährt nur andeutungsweise, was es mit dem *Verteilungsbedürfnis*, also dem spezifisch dynamischen Aktivierungskriterium, auf sich hat,
wie sich statische und dynamische Aktivierungen unterscheiden. Schmalenbach
meint, im Beispiel spräche gegen eine Aktivierung weniger, „daß die neue Farbe
nur durch Zufall gefunden wurde". Den Dynamiker „stört mehr der Umstand,
daß die Vergleichbarkeit gestört wird". Dies gelte im folgenden Sinne: Wenn
man, um die „Konstitutionsentwicklung" des Betriebs zu erkennen, „nach fünf
Jahren die Gewinn- und Verlustkonten miteinander vergleichen will. . . , dann
stört es, daß die Kosten des Laboratoriums in einem Jahr niedriger angesetzt
sind als in anderen, und zwar nicht deshalb, weil sie niedriger waren, sondern
nur, weil aus Nachlässigkeit ein Reagenzglas nicht gereinigt wurde".[29]

3. Dualismus: Man gewinnt den Eindruck, daß Schmalenbach mit einem (einzigen) Rechnungsinstrument zuviel erreichen wollte: Schmalenbach möchte
Kostenentwicklungen kontrollieren und zugleich *Gewinne* ermitteln; der Kaufmann soll erkennen, wie sich seine Laboratoriumskosten im Zeitablauf verän-

---

26 Schmalenbach, S. 147 (alle Zitate).
27 Schmalenbach, S. 146 (alle Zitate).
28 Schmalenbach, S. 146.
29 Schmalenbach, S. 147 (alle Zitate).

dern, und er soll auch erfahren, ,,ob und was das Geschäft abwirft"[30]. Durch die erwähnte Erfindung haben sich die Laboratoriumskosten in der Tat nicht verändert, aber verändert hat sich das, ,,was das Geschäft abwirft".

Bemühungen, ,,von einer Bilanz sowohl eine Darstellung des Vermögens als auch eine solche des Erfolges zu gewinnen", nannte Schmalenbach ,,unwissenschaftlich".[31] Es sei entweder das eine oder das andere Ziel anzustreben, ein Dualismus nicht zu vertreten. Merkwürdigerweise schlägt Schmalenbach Aktivierungsregeln vor, die ebenfalls *dualistisch* sind, zwar nicht in dem Sinne, daß Vermögen und Gewinn jeweils zutreffend ermittelt werden sollen, wohl aber will Schmalenbach im Rahmen der Bilanzierung zwei Rechnungsziele verwirklichen, die sich gegenseitig ausschließen, nämlich Gewinnkontrolle und Kostenkontrolle.

---

1. Schmalenbach will, neben dem Zahlungsmittelbestand, ,,schwebende Vorleistungen" aktivieren.

2. Schwebende Vorleistungen führen entweder nur zu künftigen Einnahmen (wie z. B. Forderungen aus Warenlieferungen), oder sie führen zu künftigen Erträgen (wie z. B. Ausgaben für Maschinen oder für die Entwicklung eines Patents).

3. Schwebende Vorleistungen, die zu künftigen Erträgen führen, will Schmalenbach nur aktiviert wissen, wenn ein Verteilungsbedürfnis gegeben ist.

4. Das Verteilungsbedürfnis wird von Schmalenbach in dem (wichtigen) Beispiel der Zufallserfindung verneint; die Aktivierung störe die Vergleichbarkeit der Laboratoriumskosten.

5. Schmalenbach läßt sich von einem (störenden) Zweckdualismus leiten: Die Gewinnermittlung erfordert (im Beispiel) die Aktivierung, die Kontrolle der Kostenentwicklung verbietet die Aktivierung.

II. Passivierungsregeln

1. Nachleistungen: Schmalenbach bezeichnet die Passiven, das Eigenkapital ausgenommen, als ,,schwebende Nachleistungen"[32] (im Gegensatz zu den Aktiven, die, wie gerade gezeigt, ,,schwebende Vorleistungen" darstellen). Die

---

30 Schmalenbach, S. 26.
31 Schmalenbach, S. 44 und S. 45.
32 Schmalenbach, S. 70.

schwebende Nachleistung („Verpflichtung"[33]) ist eine *Last* (insbesondere Ausgabe), die zwar erst *nach* dem Bilanzstichtag auftritt, aber eine „Nachleistung" für *bis* zum Bilanzstichtag gegebene *Vermögensmehrungen* bildet. Mit dieser Passivierung wird mithin erreicht, daß der bilanziell (aktivisch) bereits berücksichtigten Vermögensmehrung die zugehörige Vermögensminderung gegenübergestellt wird. Schmalenbach nennt als Beispiele unter anderem Steuern, die „aufgrund diesjähriger Erträge zu zahlen sind, aber noch nicht gezahlt wurden", „Zinsschulden", die sich „auf in diesem Jahre genutztes Kapital beziehen"[34], Garantieverpflichtungen für die im Geschäftsjahr realisierten Umsätze[35], ferner „aufgenommene Darlehen" und „Vorauszahlungen von Kunden"[36].

2. Allgemeines Wagnis: Das „allgemeine Wagnis"[37] will Schmalenbach nicht als Rückstellung passiviert wissen. Bestehe die Gefahr, „daß die Gewinne aufhören oder gar Verluste entstehen können, dann wirkt sich das zwar auf den Wert des Unternehmens im ganzen aus, aber nicht auf die jährliche Erfolgsrechnung; denn es widerspricht dem Sinn einer Erfolgsrechnung, daß ein voraussichtliches Ergebnis, sei es Gewinn oder Verlust, bereits vorweggenommen wird". „Das allgemeine Wagnis, das in jedem Unternehmen steckt, ist auch dann nicht in der Bilanz zu berücksichtigen, wenn die Aussichten negativ sind. Es ist nicht Sache der Erfolgsrechnung, die zukünftigen Gewinne oder Verluste rechnerisch vorwegzunehmen; dieses gehört in die Aufgabe der Bewertung einer Unternehmung im ganzen."[38]

Man stelle sich vor, daß im Geschäftsjahr (Periode 1) die Aussichten des Unternehmens negativ geworden sind; zuvor wurden diese Aussichten positiv beurteilt. Es wird etwa damit gerechnet, daß aufgrund bestimmter Umstände von der kommenden Periode (Periode 2) an die jährlichen Umsätze erheblich zurückgehen werden und Ausschüttungen an die Eigner nicht mehr möglich sind. An der Börse wird der Kurs der betreffenden Aktien bereits in Periode 1 fallen, jedenfalls dann, wenn die Börse in Periode 1 über die entsprechenden Informationen verfügt. Schmalenbach sieht keinen Anlaß, diese in Periode 1 eintretende *Minderung* des wirklichen Vermögens (Unternehmenswertes) im *Gewinn* von Periode 1 auszudrücken; er meint, es handle sich um „zukünftige"[39] Verluste.

Bei Schmalenbach fehlt ein klarer Gewinnbegriff und, was damit eng zusammenhängt, eine klare Beschreibung der Gewinnermittlungsaufgaben. Wenn es als ein „wesentlicher Zweck der Bilanz" gelten soll, die „*Entwicklung* der Vermögenslage" zu verdeutlichen, wenn der Kaufmann erkennen soll, „ob und was

---

33 Schmalenbach, S. 74.
34 Schmalenbach, S. 70 (alle Zitate; im Original z. T. hervorgehoben).
35 Vgl. Schmalenbach, S. 71.
36 Schmalenbach, S. 71 (beide Zitate).
37 Schmalenbach, S. 169.
38 Schmalenbach, S. 170 (beide Zitate).
39 Schmalenbach, S. 170.

das Geschäft abwirft"[40], um danach seine „Betriebssteuerung einzurichten"[41], dann ist nicht einzusehen, weshalb im Beispiel ein *„zukünftiger"* Verlust gegeben sein soll. Im Beispiel verschlechtert sich die Vermögenslage in der Rechnungsperiode, das wirkliche Vermögen vermindert sich in der Rechnungsperiode, aber der *Gewinn* dieser Rechnungsperiode soll das nicht ausdrücken. Man kann zwar durchaus der Meinung sein, daß es „nicht Sache der Erfolgsrechnung" ist, eine Veränderung des wirklichen Vermögens erkennbar werden zu lassen; aber man muß dann klarstellen, was eigentlich „Sache der Erfolgsrechnung" ist: Schmalenbach versäumt zu klären, was er mit Hilfe seines Erfolgs eigentlich messen will; die „Entwicklung der Vermögenslage" kann es kaum sein.

3. Spezielles Wagnis: Rückstellungen für „spezielle Wagnisse" hält Schmalenbach für geboten. Hierzu zählten „in erster Linie Rückstellungen für Schadensmöglichkeiten"[42] wie „Bergschäden", „Abwasserschäden" und ähnliches; sie seien im „Verursachungsjahr"[43] zu passivieren. Was mit dem *„Verursachungsjahr"* gemeint ist, wird bei der Erklärung der „Prozeßrückstellungen" erläutert: „Der Dynamiker möchte bei Prozessen mit Rückstellungen diejenigen Jahre belasten, die den Nutzen aus dem Verhalten des Betriebes hatten, das den Prozeß auslöste"; auf diese Weise werde eine „sinngemäße Verteilung des Aufwands"[44] erreicht.

4. Passive Rechnungsabgrenzungsposten: Schmalenbach nennt diese Position auch „Rückstellungen für im voraus vereinnahmte Erträge" oder kurz *„Einnahmerückstellungen"*. Als Beispiele führt er unter anderem an „Vorauszahlungen... bei Pachten, Lizenzen..., Zinsen". Schmalenbach meint, Einnahmerückstellungen kämen „weitaus seltener als Aufwandsrückstellungen" vor: „Aufwandsrückstellungen" (wie z. B. Prozeßrückstellungen) werden passiviert, weil künftige Ausgaben bereits in der Rechnungsperiode Aufwand bilden (das heißt durch die Erträge der Rechnungsperiode „verursacht" sind); „Einnahmerückstellungen" sind zu bilanzieren, weil bereits erfolgte Einnahmen erst in künftigen Perioden *Ertrag* darstellen. Schmalenbach spricht auch von „ertragswirksamen Vorauszahlungen".[45]

---

40 Schmalenbach, S. 26 (alle Zitate; Hervorhebung im Original).
41 Schmalenbach, S. 49.
42 Schmalenbach, S. 171 (beide Zitate).
43 Schmalenbach, S. 172 (alle Zitate).
44 Schmalenbach, S. 175 (alle Zitate).
45 Schmalenbach, S. 176 (alle Zitate; im Original z. T. hervorgehoben).

1. Passiven sind nach Schmalenbach das Eigenkapital und die schwebenden Nachleistungen.

2. Mit der Passivierung schwebender Nachleistungen wird erreicht, daß bilanziell bereits berücksichtigten Vermögensmehrungen (Aktivenzugängen) die zugehörigen Vermögensminderungen (Passiven) gegenübergestellt werden; so wird z. B. mit der Passivierung von Garantierückstellungen berücksichtigt, daß auf den bis zum Bilanzstichtag gegebenen Verkäufen (Aktivenzugängen) noch Lasten (Nachleistungen in Form von Garantieverpflichtungen) ruhen.

3. Das „allgemeine Wagnis" rechtfertigt nach Schmalenbach keine Rückstellung: Wenn im Geschäftsjahr künftige Umsatzrückgänge zur Gewißheit geworden sind und das Effektivvermögen infolgedessen gefallen ist, liegen nach Schmalenbach nicht Geschäftsjahrsverluste vor, sondern künftige Verluste. Damit wird zweifelhaft, ob Schmalenbach mit seinem Gewinn wirklich die „Entwicklung der Vermögenslage" bestimmen will.

4. Passive Rechnungsabgrenzungsposten sind, weil Nachleistungen, zu bilanzieren; die Nachleistung besteht hier darin, daß bereits erfolgten Einnahmen (Vorauszahlungen) künftige Leistungsverpflichtungen (z. B. die Verpflichtung zur Überlassung der vermieteten Sache an den Mieter) gegenüberstehen.

III. Bewertungsregeln

1. Realisationsprinzip: Vorräte sind nach Schmalenbach grundsätzlich so lange mit ihren *Anschaffungs- oder Herstellungskosten* zu bilanzieren, bis sie umgesetzt sind; bei Barumsätzen gelte als Umsatztermin „der Eingang der Zahlung", bei Kreditumsätzen „der Ausgang der Rechnung". Erst der Umsatz erlaube, die Anschaffungs- und Herstellungskosten zu überschreiten, das heißt die Waren „mit dem Verkaufspreise, also mit Gewinnaufschlag"[46] (als Forderung) zu bilanzieren; bis zum Umsatz einer Ware gilt ein Gewinn (ein Mehrwert der Ware gegenüber ihren Anschaffungs- oder Herstellungskosten) als nicht verwirklicht. Dieses *„Realisationsprinzip"* sei durch die „überlieferten Grundsätze ordnungsmäßiger Buchführung"[47] geboten.

Bei *langfristiger Fertigung* (Objekte mit „mehrjähriger Bauzeit"[48]) warnt Schmalenbach vor einer „Durchlöcherung des Realisationsprinzips"; er nimmt in Kauf, daß hierdurch „die Vergleichbarkeit der Erfolgsrechnungen mehrerer

---

46 Schmalenbach, S. 77 (alle Zitate).
47 Schmalenbach, S. 76 (beide Zitate).
48 Schmalenbach, S. 77.

Jahre" beeinträchtigt wird[49]: Man stelle sich vor, daß ein Bauunternehmen eine Fabrikhalle erstellt; Baubeginn ist der 1. 1. 2000, Bauende am 31. 12. 2001. Im Jahre 2000 ergeben sich Aufwendungen (für Löhne etc.) in Höhe von 100 GE, im Jahre 2001 von wiederum 100 GE. Der am 31. 12. 2001, nach „Abnahme" der Fabrikhalle erzielte Erlös betrage 250 GE. Werden nun in der Bilanz zum 31. 12. 2000 nur die angefallenen Herstellungskosten (100 GE) aktiviert, so ergibt sich für das Jahr 2000 kein Gewinn. Der volle Gewinn aus dem Auftrag wird erst im Jahre 2001 „realisiert" und erscheint in der Bilanz zum 31. 12. 2001 (in Höhe von 50 GE). Diese dem (strengen) *Realisationsprinzip* folgende Bilanzierung stört die „Vergleichbarkeit der Erfolgsrechnungen": Die Bilanz zum 31. 12. 2000 weist einen Gewinn von 0 GE aus und erweckt dadurch den Eindruck, als handle es sich um ein ertragloses Unternehmen; die Bilanz zum 31. 12. 2001 suggeriert, es sei im Jahre 2001 im Vergleich zum Jahre 2000 eine Verbesserung der Vermögenslage eingetreten.

Schmalenbach verzichtet im Beispiel auf die „Vergleichbarkeit der Erfolgsrechnungen" und damit auf den „wesentlichen Zweck der Bilanz. . ., die *Entwicklung* der Vermögenslage und des Geschäftserfolgs beobachten zu können"[50]; dies geschieht mit Rücksicht auf einen Bilanzzweck, der ebenfalls „wesentlich" sein muß und der zur *vorsichtigen* Bilanzierung zwingt. Für Schmalenbach stellt sich der Konflikt zwischen *Vergleichbarkeit* und *Vorsicht* freilich nicht in dieser Weise, jedenfalls nicht so kraß dar: Man habe zu berücksichtigen, „daß ein zu hoch berechneter Gewinn. . . wesentlich gefährlicher ist als ein zu niedrig berechneter Gewinn"; in Anbetracht der „Unsicherheit der Erfolgsrechnung"[51] sei es unvermeidlich, den Erfolg „zu niedrig" bzw. „zu hoch" zu ermitteln.

Wendet man die gerade vorgetragene These auf das Beispiel der Fabrikhalle an, so gilt: Die „Unsicherheit der Erfolgsrechnung" besteht darin, daß man jedenfalls am 31. 12. 2000 nicht zuverlässig weiß, ob sich *Aufwendungen* in Höhe von insgesamt (nur) 200 GE ergeben werden, ob also überhaupt ein Gewinn von 50 GE aus dem Auftrag erzielbar ist. Es erscheint deshalb zweckmäßiger, für das betreffende Rechnungsjahr *keinen* Gewinnanteil anzusetzen. Das bedeutet zwar mit hoher Wahrscheinlichkeit, daß man einen „zu niedrig berechneten Gewinn" ermittelt, aber dies ist nach Schmalenbach weniger gefährlich als der Ausweis eines „zu hoch berechneten Gewinns": Der „zu hoch berechnete Gewinn" habe „oft Investierungen zur Folge. Sie werden, wenn der Erfolg irreführend war, sich als Fehlinvestierungen erweisen", was „oft die Ursache schwerer Sanierung oder des völligen Untergangs" sei. Der zu *niedrig* berechnete Erfolg könne zwar auch „Schädigungen im Gefolge haben, besonders den Verzicht auf günstige Entwicklungsmöglichkeiten, aber ein solcher Verzicht hat nur die Folge, daß das Tempo der Entwicklung verlangsamt wird".[52]

49 Schmalenbach, S. 78 (beide Zitate).
50 Schmalenbach, S. 26 (Hervorhebung im Original).
51 Schmalenbach, S. 99 (beide Zitate).
52 Schmalenbach, S. 99 (alle Zitate).

Es kann dahingestellt bleiben, ob Schmalenbachs These über die größere Gefährlichkeit der „zu hoch berechneten" Gewinne zutrifft. Wenn sie gilt, dann ist die von Schmalenbach vorgeschlagene vorsichtige Bilanzierung aber kaum sinnvoll: Im Beispiel wird im zweiten Jahr, also in der Bilanz zum 31. 12. 2001, ein „zu hoch berechneter" Gewinn ausgewiesen; denn die *Vorsicht* in der Bilanz zum 31. 12. 2000 hat ihre *Kehrseite;* sie verlagert den gesamten, in zwei Jahren verdienten Gewinn auf die Bilanz zum 31. 12. 2001.

2. Abschreibungen: Schmalenbach sieht die Abschreibung abhängig von der „Lebensdauer" und vom „Nutzwertverlauf", die beide freilich „immer schwer, in der Regel überhaupt nicht exakt schätzbar" seien. Infolgedessen müsse man „beim Ansatz der Abschreibungssätze ziemlich wild verfahren".[53] Im übrigen empfehle es sich, die Abschreibungen „im Interesse einer guten Erfolgsrechnung eher zu reichlich als zu knapp" zu bemessen; denn bei zu niedriger Abschreibung drohten „Sonderabschreibungen" (Abschreibungsnachholungen, weil die Nutzungsdauer überschätzt wurde). Solche Sonderabschreibungen „stören die Vergleichbarkeit der Erfolgsausweise ungemein. Daher sind Sonderabschreibungen viel unangenehmer für eine Erfolgsrechnung als überhöhte Abschreibungen".[54]

Wird nach Schmalenbachs Vorschlag *„überhöht"* abgeschrieben, so werden zwar oft Sonderabschreibungen vermieden, aber es ergibt sich wiederum eine Kehrseite: Die überhöhte Abschreibung in den ersten Nutzungsjahren kann zu *fehlenden* Abschreibungsmöglichkeiten in den *späteren* Nutzungsjahren und infolgedessen zu Störungen der Gewinnvergleichbarkeit führen; in Jahren fehlender Abschreibungsmöglichkeiten wird ein zu hoher Gewinn ermittelt.

Man stelle sich vor, die Nutzungsdauer einer Anlage werde auf zehn Jahre geschätzt, eine niedrigere oder höhere Nutzungsdauer läßt sich nicht ausschließen. Schmalenbachs Vorschlag entsprechend bemesse man die Abschreibung „eher zu reichlich", aber doch nicht „stark übertrieben"[55]; man setze acht Jahre als Nutzungsdauer an. Bei Anschaffungskosten von 100 GE und linearer Abschreibung ergeben sich acht Jahre lang Abschreibungen von 12,5 GE; wird die Anlage im neunten Jahr noch genutzt, so tritt wegen dann fehlender Abschreibungsmöglichkeiten ein Gewinnsprung um 12,5 GE auf. Nach Anschaffung einer neuen Anlage ergibt sich, weil jetzt in der GVR wieder Abschreibungen erscheinen, eine Gewinnminderung in Höhe dieses Abschreibungsbetrags.

Schmalenbach mag daran gedacht haben, daß sich in *Sonderabschreibungen* die (nachzuholenden) Abschreibungsbeträge vieler Jahre *zusammenballen* können; insofern wirken Sonderabschreibungen störender als überhöhte Abschreibungen: Wenn im Beispiel der Abschreibungsberechnung eine Nutzungsdauer von

---

53 Schmalenbach, S. 141 (alle Zitate).
54 Schmalenbach, S. 142 (alle Zitate).
55 Schmalenbach, S. 142 (alle Zitate).

zehn Jahren zugrunde gelegt wird, der Gegenstand aber im sechsten Jahr (überraschend) seine Nutzungsdauer beendet, ist eine Sonderabschreibung in Höhe von 40 GE erforderlich; die hierdurch ausgelöste Gewinnminderung fällt sehr stark ins Gewicht.

3. Niederstwertprinzip: Für die Vorräte kennt Schmalenbach ein *erweitertes* Niederstwertprinzip. Zu vergleichen seien (1) Anschaffungs- oder Herstellungskosten, (2) die Marktpreise am Bilanzstichtag und (3) „die zu erwartenden Verwertungspreise abzüglich der Verkaufskosten und der sonst bis zur Verwertung noch zu erwartenden Kosten"; maßgeblich sei „der niedrigste der drei Werte". Schmalenbach meint, der *erwartete Verwertungspreis* gelte „nach den Grundsätzen ordnungsmäßiger Bilanzierung und daher auch für die AG".[56]

Ein Vorratsgegenstand habe Anschaffungskosten von 100 GE; am Bilanzstichtag ist ein Marktpreis in Höhe von 90 GE gegeben; ein Verkauf wird erst in einigen Monaten erfolgen, der dann zu erzielende Verkaufspreis wird auf 80 GE geschätzt. Nach den Grundsätzen ordnungsmäßiger Bilanzierung sind, so meint Schmalenbach, 80 GE anzusetzen. Warum die Grundsätze ordnungsmäßiger Bilanzierung diese Bewertung erfordern, wird von Schmalenbach allerdings nicht gesagt.

4. Herstellungskosten: Insbesondere bei der Bestimmung der Herstellungskosten betont Schmalenbach das „Prinzip der Stetigkeit und damit das Prinzip der Vergleichbarkeit der Erfolgsausweise". Soweit dieser Forderung entsprochen werde, könne man den Bilanzierenden bei der Kostenberechnung „weitgehende Freiheit lassen".[57]

Stetigkeit der Bewertung verlangt, die *Gemeinkostenzuschläge konstant* zu halten. Wer nach Nichtaktivierung von Gemeinkosten zur Aktivierung der Gemeinkosten übergeht, kann erhebliche Verluste verschleiern; „umgekehrt kann man einen namhaften Gewinn durch plötzliches Weglassen von Gemeinkosten herabdrücken".[58]

Man stelle sich vor, daß ein Kaufmann in der Bilanz zum 31. 12. 2000 die Herstellungskosten unter Einschluß der Gemeinkosten berechnet hat: 100 Stück einer Ware haben Einzelkosten (direkt zurechenbare Kosten) von insgesamt 200 GE verursacht, ferner wurden ihnen Gemeinkosten (nicht direkt zurechenbare Kosten) von insgesamt 400 GE zugeordnet, so daß der Vorrat mit 600 GE bilanziert ist. Wenn in der folgenden Bilanz die gleiche Vorratsmenge nur mit ihren Einzelkosten angesetzt wird (200 GE), erscheinen die Gemeinkosten (400 GE) in der GVR und drücken damit den Gewinn dieser Periode um 400 GE. Das stört die Gewinnvergleichbarkeit; die Gewinnminderung um 400 GE ist allein auf die

---

56 Schmalenbach, S. 150 (alle Zitate).
57 Schmalenbach, S. 152 (beide Zitate).
58 Schmalenbach, S. 153. ·

geänderte Bewertungsmethode (Nichtaktivierung der Gemeinkosten) zurückzuführen. Die Gewinnminderung ist also nicht Ausdruck einer ungünstigen Unternehmensentwicklung: Der Bilanzleser, der die Änderung der Bewertungsmethode nicht kennt, kann leicht zu Fehlschlüssen über die wirtschaftliche Entwicklung des Unternehmens kommen.

Unter Herstellungskosten will Schmalenbach nur die „unmittelbar oder mittelbar auf die Herstellung verwendeten Kosten" verstanden wissen; nicht auf die Herstellung verwendet seien die Kosten des *Vertriebs* und der *allgemeinen Verwaltung:* „Vertriebskosten und Kosten der allgemeinen Verwaltung sind auszuschließen". In Jahren mit *Unterbeschäftigung* sei es „für die Vergleichbarkeit der Erfolgsrechnungen am besten", nur „die bei normaler Beschäftigung üblichen Herstellkosten" anzusetzen.[59]

Beispiel: In Jahren „normaler" Beschäftigung werden 100 Stück der Ware X hergestellt; es ergeben sich Gesamtkosten von 100 GE, also 1 GE pro hergestelltem Stück. Im Geschäftsjahr herrsche jedoch Unterbeschäftigung; es werden statt 100 Stück nur 50 Stück der Ware X produziert. Die Gesamtkosten sind indessen fix, das heißt sie fallen nach wie vor in Höhe von 100 GE an. Rein rechnerisch hätte nun jedes Stück Herstellungskosten von 2 GE; aber Schmalenbach will diese durch Unterbeschäftigung verursachten höheren Herstellungskosten nicht bilanziert wissen: es sei nur 1 GE pro Stück als Herstellungskosten anzusetzen. Schmalenbach erläutert nicht, weshalb sein Vorschlag „für die Vergleichbarkeit der Erfolgsrechnungen am besten" ist.

5. Festbewertung: Vorräte trennt Schmalenbach in „gebundene" und „spekulative". *Gebundene Vorräte* sind „aus Betriebsgründen"[60] in bestimmter Höhe erforderlich: „Nicht einen Tag lang kann der Betrieb dieser Gegenstände entblößt sein, ohne stilliegen zu müssen."[61] *Spekulative Vorräte* werden „nur gehalten . . ., um den erwarteten Preis abzuwarten"; sie sind „sonst in keiner Weise gehindert . . ., aus dem Betrieb in den Markt . . . hinüberzuspringen".[62]

Spekulative Vorräte sind nach Schmalenbach grundsätzlich mit dem „Preis des Bilanzstichtages anzusetzen"[63]; denn damit würden die *Spekulationserfolge* „dem Jahre zugeschrieben . . ., in dem das Spekulationswagnis gelang".[64] Es sei aber zu berücksichtigen, daß das *Realisationsprinzip* die Überschreitung der Anschaffungs- oder Herstellungskosten verbiete, das heißt dazu zwinge, „die Spekulationserfolge dem Realisationsjahre" (statt dem Spekulationsjahre) zuzurechnen.[65]

---

59 Schmalenbach, S. 153 (alle Zitate).
60 Schmalenbach, S. 194.
61 Schmalenbach, S. 197.
62 Schmalenbach, S. 194 (beide Zitate).
63 Schmalenbach, S. 194.
64 Schmalenbach, S. 195.
65 Schmalenbach, S. 194.

Beispiel: Zu Beginn des Geschäftsjahres wurden Wertpapiere in der Erwartung steigender Kurse erworben; die Anschaffungskosten betrugen 100 GE. Der Bilanzstichtagswert („Zeitwert") beläuft sich auf 125 GE; es ist mithin in dem betreffenden Geschäftsjahr ein Spekulationserfolg in Höhe von 25 GE gegeben. Schmalenbach möchte diesen Spekulationserfolg zwar gerne berücksichtigt sehen; muß sich aber dem Gesetz beugen, das eine Überschreitung der Anschaffungskosten ausschließt.

Gebundene Vorräte will Schmalenbach, solange keine Mengenänderung eintritt, mit einem *fixierten Wert* bilanzieren: Ein „unveränderter, gebundener Vorrat" werde wie „ein nicht der Abschreibung bedürftiges Grundstück" behandelt, also von Jahr zu Jahr mit dem gleichen Betrag bilanziert.[66] Schmalenbach will auf diese Weise die Vorräte „der schwankenden Bewertung entziehen"[67], das heißt den Jahreserfolg von der Vorratsbewertung und damit von einer entsprechenden *Bewertungspolitik* unabhängig machen. Um zu verhindern, daß das Niederstwertprinzip dennoch Abwertungen erfordert, müßten solche Vorräte freilich „niedrig genug" bewertet werden.[68]

Beispiel: In der Vorjahrsbilanz war ein Vorrat von 100 kg der Ware Y mit 100 GE bilanziert. Am Ende des Geschäftsjahres ist von der Ware Y wiederum ein Vorrat von 100 kg gegeben; dieser Vorrat ist mit dem aus der Vorjahresbilanz übernommenen, „festen" Wert von 100 GE anzusetzen. Es interessiert, vom Niederstwertprinzip zunächst abgesehen, nicht, wie hoch der „Zeitwert" des Vorrats am Bilanzstichtag ist, zu welchen Preisen er also am Bilanzstichtag zu beschaffen oder zu veräußern wäre; dieser *Zeitwert* ist nur bei „*spekulativen*" Beständen bedeutsam. Die im Geschäftsjahr eingetretenen Wertänderungen gebundener Bestände will Schmalenbach mithin von der GVR des Geschäftsjahrs fernhalten; sie sollen den Jahresgewinn nicht beeinflussen.

Im Beispiel ist die Festbewertung mit 100 GE nach dem Niederstwertprinzip allerdings nur möglich, wenn der vom Niederstwertprinzip erzwungene Wertansatz nicht unter 100 GE liegt. Diesen möglichen Konflikt mit dem Niederstwertprinzip räumt Schmalenbach in der Weise aus, daß er gebundene Vorräte *sehr niedrig,* deutlich unter den potentiellen Zeitwerten, bilanziert. Er schlägt vor, die Vorräte jährlich mäßig abzuwerten; eine solche mäßige jährliche Abwertung stört die Erfolgsrechnung (die Vergleichbarkeit der Jahreserfolge) kaum und bewirkt, daß nach einer gewissen Anzahl von Jahren Abwertungserfordernisse praktisch ausgeschlossen sind.

Im Beispiel mag der zu bilanzierende Vorrat der Ware Y einen Anschaffungswert von 200 GE gehabt haben; der nach dem Niederstwertprinzip maßgebliche Wert belaufe sich auf 180 GE. Wird der Vorrat mit dem aus der Vorjahresbilanz übernommenen, relativ niedrigen Festwert von 100 GE bilanziert, so ergibt sich

---

66 Schmalenbach, S. 198 (beide Zitate).
67 Schmalenbach, S. 167.
68 Schmalenbach, S. 199.

aus dem Niederstwertprinzip kein Abwertungszwang; der bilanzierte Wert (100 GE) liegt erheblich unter dem vom Niederstwertprinzip erzwungenen Wert (180 GE).

Wenn sich ein gebundener Vorrat gegenüber der Vorjahresbilanz *mengenmäßig* verändert, will Schmalenbach die Mehr- oder Mindermengen „zum Zeitwert ansetzen" („Anschaffungszeitwert").[69] Auf diese Weise werde kein Anreiz gegeben, durch eine mengenmäßige Veränderung der Vorräte den Jahreserfolg zu beeinflussen.

Beispiel: In der Vorjahresbilanz (Anfangsbilanz des Geschäftsjahres) war ein gebundener Vorrat von 100 kg mit 100 GE bewertet worden. Im Geschäftsjahr sind Umsätze von 500 kg mit Erlösen von 1 000 GE erfolgt; angeschafft wurde eine Menge von 500 kg mit Anschaffungskosten von 1 000 GE. In der Geschäftsjahresbilanz wird der gebundene Vorrat (100 kg) nach Schmalenbachs Vorschrift wiederum zu 100 GE angesetzt; in der GVR erscheinen deshalb ein Aufwand von 1 000 GE und ein Ertrag von 1 000 GE, also ein Gewinn von 0 GE. Im folgenden Geschäftsjahr ergeben sich die gleichen Umsatzmengen (500 kg) und Umsatzerlöse (1 000 GE), doch vermindert der Unternehmensleiter die Beschaffungsmengen auf 450 kg, wodurch der Beschaffungsaufwand (bei unveränderten Beschaffungspreisen) auf 900 GE sinkt. Außerdem sinkt hierdurch der zu bilanzierende *Endbestand* des Geschäftsjahres auf 50 kg. Davon verspricht sich der Unternehmensleiter eine Verbesserung seines Gewinnausweises: In der Bilanz erscheint der Vorrat (50 kg) zu 50 GE; in der GVR stehen die Umsatzerlöse von 1 000 GE einem Aufwand von insgesamt 950 GE gegenüber (900 GE resultieren aus dem Beschaffungsaufwand dieses Geschäftsjahres; 50 GE resultieren aus der Minderung der Vorräte). Es ergibt sich mithin ein Geschäftsjahresgewinn von 50 GE. Dieser Geschäftsjahresgewinn ist, dynamisch gesehen, falsch; er suggeriert eine positive Unternehmensentwicklung (Gewinnsteigerung gegenüber dem Vorjahr), die in Wirklichkeit nicht gegeben ist. Die Gewinnsteigerung beruht allein auf der Teilauflösung einer in den Vorräten steckenden „stillen Reserve": Die Anschaffungszeitwerte betrugen 2 GE pro kg, die Vorräte sind mit 1 GE pro kg bilanziert. Infolgedessen lohnt es sich für einen Unternehmensleiter, der sein Bilanzbild (seinen Gewinnausweis) aufbessern will, die Beschaffungsmengen zu drosseln, das heißt die Vorräte zu vermindern. Dieser Art *„Bilanzpolitik"* will Schmalenbach einen Riegel vorschieben: Wenn Vorratsminderungen gegeben sind (im Beispiel um 50 kg), ist die Vorratsminderung in der GVR *nicht* mit ihren *Bilanzwerten* (im Beispiel 50 GE) anzusetzen, *sondern* mit ihren *Anschaffungszeitwerten* (im Beispiel 100 GE). Damit nimmt Schmalenbach dem Bilanzierenden in der Tat jeden Anreiz zur Vorratsminderung: Wenn die Vorratsminderung die GVR mit den *fiktiven Anschaffungszeitwerten* belastet, lassen sich durch Vorratsminderungen keine stillen Reserven mehr auflösen.

---

69 Schmalenbach, S. 199 (beide Zitate).

Im Beispiel erscheinen in der GVR, folgt man Schmalenbachs Vorschlag, Aufwendungen in Höhe von insgesamt 1000 GE und Erträge von ebenfalls 1000 GE. Der Gewinn beträgt mithin – wie bei einem Verzicht auf die Bestandsminderung – 0 GE.

6. Rückstellungsbewertung: Schmalenbach versucht, das Vorsichtsprinzip dynamischen Zwecken dienstbar zu machen. Das geschieht, wie gerade erwähnt, bei den Abschreibungen (durch eine „eher zu reichliche" Bemessung) und bei den Vorräten (durch eine tendenzielle Unterbewertung der gebundenen Vorräte); vorsichtig zu bewerten sind indessen nach Schmalenbach auch die Rückstellungen. Die Grundidee ist die gleiche wie bei den Abschreibungen und bei den Vorräten: *Aperiodische* Einflüsse auf das Periodenergebnis sollen vermieden werden. Solche aperiodischen Einflüsse treten auf, wenn sich die in Vorperioden gebildeten Rückstellungen als nicht ausreichend erweisen.

In Periode 1 sei für die in Periode 1 realisierten Verkäufe eine Garantierückstellung in Höhe von 100 GE gebildet worden: Die in Periode 1 realisierten Verkäufe sind noch mit Lasten (künftigen Ausgaben) verknüpft; man würde den in Periode 1 erzielten Gewinn zu hoch veranschlagen, wenn man unberücksichtigt ließe, daß solche Folgelasten gegeben sind. Die Höhe der Folgelast ist unsicher; sie muß geschätzt werden. Wird sie *zu niedrig* veranschlagt, treten etwa in Periode 2 Garantieausgaben in Höhe von 150 GE ein, so reicht die gebildete Rückstellung (100 GE) nicht aus. Die Periode 2 wird dann mit Aufwendungen (von 50 GE) belastet, die im Grunde nicht der Periode 2, sondern der Periode 1 zuzurechnen sind (von denen die Periode 1 den „Nutzen" hatte). Der Gewinn wird mithin in Periode 1 um 50 GE zu hoch berechnet, in Periode 2 um 50 GE zu niedrig; Periode 2 hat eine Aufwandsnachholung (einen aperiodischen Aufwand) von 50 GE zu tragen.

Wird bei der Rückstellungsbildung das „Prinzip der Vorsicht, d. h. der reichlichen Schätzung"[70] beachtet, so ist die Gefahr von Aufwandsnachholungen und damit von Gewinnverzerrungen weniger ausgeprägt. Freilich besteht dann die Möglichkeit, daß im Jahre der *Bildung* von tendenziell überhöhten Rückstellungen der Gewinn zu *niedrig* berechnet wird; doch läßt sich diese Gewinnverzerrung einschränken durch *mäßige,* aber *regelmäßige* jährliche Rückstellungszuführungen. Die einzelnen Jahresgewinne werden dann nicht zu stark vermindert; sie bleiben untereinander vergleichbar. Dennoch ergibt sich auf diese Weise nach einer Reihe von Jahren ein ausreichender Rückstellungsbetrag: Tritt nun eine unvorhergesehene, einem früheren Geschäftsjahr zuzurechnende Ausgabe auf, so bleibt die GVR des betreffenden Geschäftsjahres unberührt; die Ausgabe wird zu Lasten der Rückstellung, nicht zu Lasten des Aufwands dieses Geschäftsjahres verbucht.

---

70 Schmalenbach, S. 172.

1. Schmalenbach will, mit Rücksicht auf das Realisationsprinzip, Aktiven nicht über ihren Anschaffungs- oder Herstellungskosten ansetzen.

2. Bei langfristiger Fertigung sieht Schmalenbach den Gewinn erst mit der Fertigstellung als realisiert an; Vorsicht hat hier größeres Gewicht als Vergleichbarkeit.

3. Abschreibungen will Schmalenbach tendenziell überhöht angesetzt wissen, um Sonderabschreibungen (Abschreibungsnachholungen) und damit aperiodische Aufwendungen zu vermeiden.

4. Schmalenbach propagiert ein erweitertes Niederstwertprinzip: Neben den Anschaffungs- oder Herstellungskosten und den Bilanzstichtagswerten sei auch der für die Zukunft zu erwartende Veräußerungserlös zu berücksichtigen.

5. Bei den Herstellungskosten betont Schmalenbach das Stetigkeitsprinzip (gleichbleibende Berechnungsmethode); Kosten der allgemeinen Verwaltung und Kosten der Unterbeschäftigung seien nicht als Herstellungskosten anzusetzen.

6. Spekulative Vorräte sind nach Schmalenbach grundsätzlich zu ihrem Bilanzstichtagswert (Zeitwert) anzusetzen, jedoch mit Rücksicht auf das Realisationsprinzip nicht über ihren Anschaffungs- oder Herstellungskosten.

7. Gebundene Vorräte will Schmalenbach mit einem niedrigen Festwert bilanziert wissen; der Bilanzansatz gebundener Vorräte soll mithin unabhängig von den jährlichen Wertschwankungen erfolgen.

8. Wenn sich bei einem gebundenen Vorrat mengenmäßige Bestandsminderungen ergeben, ist diese Bestandsminderung mit ihrem fiktiven Anschaffungszeitwert (statt mit ihrem Bilanzwert) in der GVR als Aufwand anzusetzen; durch mengenmäßige Bestandsminderungen lassen sich infolgedessen keine stillen Reserven auflösen.

9. Auch für die Rückstellungsbildung gilt das Vorsichtsprinzip; Schmalenbach will durch tendenziell überhöhte Rückstellungsdotierung vermeiden, daß künftige Geschäftsjahre einen aperiodischen Aufwand zu tragen haben.

10. Schmalenbach will Gewinnermittlung statt Vermögensermittlung; vorsichtige Bewertungen führten zwar zu einem verzerrten Vermögen, aber zu einem zutreffenden (vergleichbaren) Gewinn.

Schmalenbach wollte durch *vorsichtige* Bewertung (überhöhte Abschreibungen und Rückstellungen, niedriger Fixwertansatz der gebundenen Vorräte) zu einem *richtigen,* nämlich *vergleichbaren* Gewinn kommen. Schmalenbach sah, daß er auf diese Weise das Bilanzvermögen zu niedrig ansetzte, was ihn aber nicht störte: Nach seiner Auffassung waren solche Verzerrungen des Bilanzvermögens gerade notwendig, um einen unverzerrten Gewinn zu ermitteln. In diesem Sinne muß man die *Grundthese* der Dynamik, „Gewinnermittlung *statt* Vermögensermittlung", verstehen.

IV. Gliederungsregeln

Schmalenbach vernachlässigt das Gliederungsproblem. Das ist nicht ganz verständlich. Zwar wird man bei Schmalenbach keine ausführliche Erörterung der Bilanzgliederung erwarten; denn Schmalenbach vernachlässigt die Bilanz generell zugunsten der GVR. Anders als nach statischer Auffassung enthält die Bilanz in dynamischer Sicht keine Vermögensgegenstände und keine Schulden, sondern, von Zahlungsmittelbestand und Eigenkapital abgesehen, nur schwebende Posten. Die Bilanz ist nach Schmalenbach „keine Königin, sondern nur eine Dienerin des Jahresabschlusses"[71]. Bei Schmalenbach *fehlen* aber auch detaillierte Vorschläge für eine Gliederung der *GVR*. Nur mehr am Rande heißt es, die übliche Gliederung der GVR (mit Bruttoausweis des Umsatzes) reiche nicht aus, „um eine fundierte Aussage über die Betriebsgebarung bzw. den Erfolg oder Mißerfolg der Unternehmungsleitung zu machen. Hierzu müßte man u. a. auch wissen das Verhältnis der beschäftigungsfixen zu den beschäftigungsproportionalen Aufwendungen – soweit möglich – ihre Aufteilung auf Umsatzgruppen und die sonstigen Ertragsgruppen, den Einfluß von Preisveränderungen."[72]

Es ist unklar, ob Schmalenbach seine Vorschläge einer erweiterten GVR-Gliederung nur auf die interne oder auch auf die zu *veröffentlichende* GVR angewendet wissen wollte. Sollte die zu veröffentlichende GVR gemeint sein, so stünde Schmalenbach insoweit in scharfem Gegensatz zu Simon (vgl. oben, § 1 B IV).

---

1. Schmalenbach vernachlässigt Fragen der Bilanzgliederung; das entspricht seiner These, daß die Bilanz nur „schwebende Posten" und nicht etwa das Vermögen wiedergebe.

2. Hinsichtlich der GVR-Gliederung beschränkt sich Schmalenbach auf wenige Bemerkungen; man müsse die Aufwendungen trennen (1) nach beschäftigungsfixen und beschäftigungsproportionalen Teilen und (2) nach Umsatzgruppen; ferner sei in der GVR der Einfluß von Preisänderungen darzustellen.

---

71 Schmalenbach, S. 42.
72 Schmalenbach, S. 42.

C. Grenzen der Dynamik

1. Bilanzaufgaben: Schmalenbach hebt die Bilanzaufgabe „Erfolgsberechnung" („auf wirtschaftliche Betriebslenkung ausgerichtete Erfolgsrechnung") hervor.[73] Er stellt diese dynamische Bilanzaufgabe der statischen Bilanzaufgabe gegenüber; dort, in der Statik, sei maßgeblich, daß „der Kaufmann auf bilanzmäßigem Wege sein Vermögen zu ermitteln sucht".[74] Aber Schmalenbach weist ausdrücklich darauf hin, daß eine dynamische Erfolgsberechnung „ihrerseits wiederum verschiedenen Zwecken dienen" könne.[75] Diese verschiedenen Zwecke seien „die Kontrolle der Betriebsgebarung", „die Rechenschaftslegung", „die Berechnung von Gewinnanteilen" und „die Beobachtung von Strukturwandlungen".[76]

„Kontrolle der Betriebsgebarung" bedeutet, daß die auf wirtschaftliche Betriebslenkung ausgerichtete Erfolgsrechnung *intern* geschieht; „Rechenschaftslegung" ist dagegen die Information *Dritter* über den Erfolg und seine Veränderung (weshalb eine dem Zwecke der Rechenschaftslegung dienende Erfolgsberechnung „in ganz besonderem Grade freizuhalten ist von Willkür und Unsicherheit"; sofern man „die Wahl zwischen mehreren Wertansätzen" habe, sei hier „im Zweifel" der Wertansatz vorzuziehen, „der sich auf feste Tatsachen stützt und nicht auf Schätzungen beruht").[77] Auch für den Bilanzzweck „Berechnung von Gewinnanteilen" gelte das gerade erwähnte Objektivierungsbedürfnis; man habe „Methoden zu vermeiden, die zu Zweifeln und dadurch zu Mißhelligkeiten führen können".[78] Von der „Beobachtung von Strukturwandlungen" sagt Schmalenbach, daß die „laufenden" Erfolgsrechnungen hierfür „kaum geeignet" seien; es bedürfe hierzu „langfristiger Sonderrechnungen", die man im übrigen „mehr an die Kostenrechnung als an die Erfolgsrechnung anzubauen" habe.[79]

Es ist an dieser Stelle noch nicht möglich, Schmalenbachs Interpretation der Bilanzaufgaben umfassend zu beurteilen; immerhin mag im Vorgriff auf die folgenden Abschnitte (§§ 4–10) festgehalten werden, daß Schmalenbach Bilanzaufgaben vernachlässigt, die primär an das Vermögen anknüpfen: Es ist nicht die Rede von der gläubigerschützenden *Dokumentation* der Vermögensgegenstände, auch die gläubigerschützende *Schuldendeckungskontrolle* und die an der Erhaltung eines Mindestzugriffsvermögens orientierte, gläubigerschützende *Ausschüttungssperre* spielen bei Schmalenbach keine Rolle. Schmalenbach meint, daß das Gesetz als Mittel des Gläubigerschutzes die Erfolgsberechnung

---

73 Schmalenbach, S. 53 (beide Zitate).
74 Schmalenbach, S. 44.
75 Schmalenbach, S. 53.
76 Schmalenbach, S. 53–56.
77 Schmalenbach, S. 55 (alle Zitate).
78 Schmalenbach, S. 56.
79 Schmalenbach, S. 56 (alle Zitate).

„zum Zwecke *richtiger Betriebssteuerung*"[80] vorsehe; hiermit sei dem Gläubiger „am besten . . . gedient"[81].

Man wird nicht bezweifeln, daß eine Erfolgsberechnung, die eine „richtige Betriebssteuerung" ermöglicht, für den Gläubigerschutz sehr wichtig ist. Doch werden andere, zusätzliche Gläubigerschutzmaßnahmen deswegen noch nicht unbedingt überflüssig; denn der Gläubiger kann nicht nur dadurch gefährdet werden, daß er und sein Schuldner über die wirtschaftliche Unternehmensentwicklung unzureichend informiert sind. Ganz sicher bilden Dokumentation, Schuldendeckungskontrolle und Ausschüttungssperre aber dann die entscheidenden bilanzrechtlichen Instrumente zum Gläubigerschutz, wenn die von Schmalenbach angegebenen Bilanzierungsnormen gar nicht zu einem Gewinn führen, der die wirtschaftliche Unternehmensentwicklung *verläßlich* anzeigt. Hierauf wird im folgenden Abschnitt einzugehen sein.

2. Aktivierungslehre: Schmalenbach hat die meisten der von ihm vorgeschlagenen Bilanznormen nur grob *skizziert,* und er hat überdies ihre Ableitung aus der von ihm vorgegebenen Bilanzaufgabe, also ihre *Begründung,* im allgemeinen stark vernachlässigt. Sein Buch erscheint auch in der letzten, 13. Auflage noch ganz unfertig. Mit Recht hat Wilhelm Rieger diesen wissenschaftlichen Stil Schmalenbachs kritisiert (in einer Rezension, die sich zu einem ganzen Buch auswuchs[82]). Immerhin ist Schmalenbach originell, und er zwingt seine Leser zur Kontrolle, zum Mitdenken, vor allem zum (eigenen) Zu-Ende-Denken.

Unklar sind insbesondere die Ansatznormen Schmalenbachs, also die Regeln, die über Aktivierungs- und Passivierungsfähigkeit bzw. Aktivierungs- und Passivierungspflicht entscheiden. Schmalenbach sieht gewiß die sich ergebenden Probleme: Er erklärt, wie gerade gezeigt, daß die Aktivierung grundsätzlich abhänge vom Vorhandensein eines künftigen *Nutzwertes,* vom Vorhandensein eines *Verteilungsbedürfnisses* und von der *Feststellbarkeit* der Kosten (Ausgaben) und des Nutzwerts. Doch Schmalenbach läßt nahezu vollständig offen, wie diese Prinzipien im einzelnen zu verstehen sind. *Simon* ging hier viel weiter; er fragte, um welche Art von Ausgaben es sich handelt (selbsterstellte oder entgeltlich erworbene Objekte) und worin sich der Nutzwert verkörpert (Sachen, Rechte, rein wirtschaftliche Güter): Rein wirtschaftliche Güter erfordern nach Simon zur Aktivierung den entgeltlichen Erwerb als greifbares Objekt. Schmalenbach läßt dem Bilanzierenden zwar entschieden mehr *Freiheit* als Simon, aber diese Freiheit bedeutet für den Bilanzierenden auch *Unsicherheit,* Orientierungslosigkeit.

---

80 Schmalenbach, S. 50 (Hervorhebung im Original).
81 Schmalenbach, S. 52.
82 Wilhelm Rieger: Schmalenbachs dynamische Bilanz – Eine kritische Untersuchung, Stuttgart 1936; 2. Aufl., Stuttgart und Köln 1954.

Besonders stört, daß Schmalenbach das Aktivierungskriterium, das er als spezifisch dynamisch erklärt, nicht näher erläutert: Vorhandensein und Feststellbarkeit von Ausgaben sowie Vorhandensein und Feststellbarkeit eines Nutzwerts sind aus der Statik bekannte Aktivierungsnormen; spezifisch *dynamisch* ist, wie gerade gezeigt, das Aktivierungskriterium *„Verteilungsbedürfnis"*. Dieses Verteilungsbedürfnis kann nicht etwa darin begründet sein, daß ein künftiger *Nutzwert* gegeben ist: Die Ausgabe für eine Maschine muß auf die Nutzungsdauer der Maschine „verteilt" werden, weil die Maschine während der gesamten Nutzungsdauer einen Nutzwert aufweist. So gesehen besteht zwischen den Aktivierungskriterien „Vorhandensein eines künftigen Nutzwerts" und „Verteilungsbedürfnis" kein Unterschied.

In dem von Schmalenbach gebrachten, gerade wiedergegebenen Beispiel (wertvolle Erfindung, weil „aus Nachlässigkeit ein Reagenzglas nicht gereinigt worden" ist) wird der künftige *Nutzwert* bejaht, das *Verteilungsbedürfnis* aber verneint. Diese Verneinung stützt Schmalenbach auf die These, daß die Aktivierung von Teilen der Laboratoriumskosten deren Vergleichbarkeit beeinträchtige: Wenn man künftig die GVR mehrerer Jahre gegenüberstelle, störe es, „daß die Kosten des Laboratoriums in einem Jahr niedriger angesetzt sind als in anderen, und zwar nicht deshalb, weil sie niedriger waren, sondern nur, weil aus Nachlässigkeit ein Reagenzglas nicht gereinigt wurde".[83]

Schmalenbach steht im Reagenzglasfall vor der Frage, ob er die „auf wirtschaftliche Betriebslenkung ausgerichtete Erfolgsrechnung" orientieren will an der Vergleichbarkeit der *Laboratoriumskosten* oder an der Vergleichbarkeit der *Gewinne:* Die Aktivierung von Laboratoriumsausgaben wird meist die Voraussetzung dafür sein, daß in der Periode, in der eine Erfindung gemacht wurde, überhaupt ein (bilanzieller) Gewinnanstieg eintritt; denn im Regelfall setzt sich eine derartige Erfindung nicht sofort in Verkäufe um. In einer „auf wirtschaftliche Betriebslenkung ausgerichteten Erfolgsrechnung" können mithin durchaus Bilanzzwecke (Kostenvergleich, Gewinnvergleich) gegeben sein, die eine *unterschiedliche* Bilanzierung erfordern. Schmalenbach sieht das, zu Unrecht, anders: Er meint, daß eine „auf wirtschaftliche Betriebslenkung ausgerichtete Erfolgsrechnung" zwar „ihrerseits wiederum verschiedenen Zwecken dienen" könne, aber diese „verschiedenen Zwecke" beeinflußten nur dann die zu beachtenden Bilanznormen, wenn sich „sowohl die eine als auch eine andere Art der Rechnung vertreten läßt".[84] Im Reagenzglasfall kann man nicht davon ausgehen, daß Aktivierung und Nichtaktivierung vertretbar sind und daß infolgedessen die Vergleichbarkeit der Laboratoriumskosten für die Nichtaktivierung den Ausschlag geben darf; die *Gewinnvergleichbarkeit* erfordert hier grundsätzlich die *Aktivierung.*

---

83 Schmalenbach, S. 147.
84 Schmalenbach, S. 53 (alle Zitate).

Bei Schmalenbach treten *Objektivierungserwägungen,* also Einschränkungen des Kaufmannsermessens, stark zurück, ungleich stärker als bei Simon. Aus dieser tendenziellen Vernachlässigung des Objektivierungserfordernisses mag es sich erklären, daß Schmalenbach durchgehend *vage,* allgemein gehaltene Aktivierungsprinzipien vorträgt: Er vertraut auf deren intelligente, redliche Anwendung. Unter diesem Aspekt kann es auch nicht verwundern, daß Schmalenbach den Kreis der Aktiven grundsätzlich sehr *weit* zieht; er erklärt z. B. „Ausgaben, die der Erweiterung des Kundenkreises dienen, insbesondere die Reklamekosten" als aktivierbar. Zwar würden solche Ausgaben heute zum „laufenden Jahresaufwand" gerechnet, aber sie gehörten „eigentlich auf Anlagekonten".[85] Schmalenbach hat nicht etwa verkannt, daß bestimmte Gewinnermittlungsaufgaben eine ausgeprägte Objektivierung bedingen; wie gerade gezeigt, fordert Schmalenbach für eine Gewinnermittlung zum Zwecke der „Rechenschaftslegung" und der „Berechnung von Gewinnanteilen" die Freiheit „von Willkür und Unsicherheit". Will Schmalenbach insoweit auf die Aktivierung von „Reklamekosten" verzichten? Ein Verzicht auf die Aktivierung stellte freilich klar, daß ein Konflikt besteht zwischen dem Objektivierungserfordernis und einer „auf wirtschaftliche Betriebslenkung ausgerichteten Erfolgsrechnung".

3. Passivierungslehre: Es spricht manches dafür, daß Schmalenbach seinen Gewinn grundsätzlich *„umsatzorientiert"* sehen wollte. Gewinne entstehen nach dieser Konzeption durch Umsätze; den Umsätzen sind in der GVR jene Ausgaben als „Aufwendungen" gegenüberzustellen, die von den betreffenden Umsätzen *„verursacht"* wurden.

Eine wichtige Ausnahme von der Umsatzorientierung kennt Schmalenbach freilich bei den spekulativen Vorräten: Er will für diese grundsätzlich den Zeitwert ansetzen, also insoweit nicht umsatzorientiert rechnen; er bedauert, daß das *Realisationsprinzip* die Erfassung des Spekulationserfolgs verhindert. (An einer spekulativ zu 100 GE erworbenen Ware, deren Zeitwert am Bilanzstichtag 125 GE beträgt, wurden bis zum Bilanzstichtag 25 GE verdient in dem Sinne, daß ein Spekulationserfolg in Höhe von 25 GE erzielt wurde. Das Realisationsprinzip schließt jedoch aus, daß die Ware mit 125 GE bewertet wird. Nach dem Realisationsprinzip entstehen Gewinne erst durch den *Umsatz;* die Gewinne sind in diesem Sinne *umsatzbezogen.*)

Für die Annahme, Schmalenbach habe, vom Spekulationserfolg abgesehen, an einen umsatzorientierten Gewinn gedacht, spricht unter anderem seine Passivierungslehre: Das „allgemeine Wagnis"[86] bleibt, wie gerade gezeigt, selbst dann unpassiviert, wenn es sich in der Rechnungsperiode hinreichend konkretisiert hat. Sind in der Rechnungsperiode Ereignisse eingetreten, die verläßlich darauf hinweisen, „daß die Gewinne aufhören oder gar Verluste entstehen können",

---

85 Schmalenbach, S. 43 (alle Zitate).
86 Schmalenbach, S. 169.

dann berühren diese Ereignisse nach Schmalenbach nicht den Gewinn der betreffenden Periode. Es sei „nicht Sache der Erfolgsrechnung, die zukünftigen Gewinne oder Verluste rechnerisch vorwegzunehmen".[87] Diese These ist, wie schon im Rahmen der *Darstellung* der Schmalenbachschen Gedankengänge erwähnt, nicht haltbar, wenn man den Erfolg als Indikator der im Geschäftsjahr eingetretenen *Änderung* des wirklichen *Vermögens* versteht; Schmalenbach weist ausdrücklich darauf hin, daß das wirkliche Vermögen im Beispiel vermindert werde.[88] Wenn man mit der These, es handle sich um einen „zukünftigen" Verlust, einen Sinn verbinden will, muß eine *umsatzbezogene* Erfolgsrechnung gemeint sein: Die im Geschäftsjahr eingetretenen Ereignisse bewirken, daß in *künftigen* Geschäftsjahren die *Umsätze* fallen bzw. die diesen künftigen Umsätzen zugerechneten Ausgaben steigen (und insofern „die Gewinne aufhören oder gar Verluste entstehen"). In der *Rechnungsperiode* tritt dagegen noch *keine* Umsatzminderung bzw. Ausgabenerhöhung ein; der Gewinn der *Rechnungsperiode* wird, so gesehen, (noch) nicht berührt von den betreffenden Ereignissen.

Im umsatzbezogenen Gewinn, wie Schmalenbach ihn versteht, wirken sich grundsätzlich nur die Umsätze der betreffenden Rechnungsperiode aus; dieser Gewinn ergibt sich, indem den Umsätzen der betreffenden Rechnungsperiode die von diesen Umsätzen „verursachten" Ausgaben gegenübergestellt werden. In einem Gewinn, der dagegen die Änderung des wirklichen *Vermögens,* also des Unternehmenswerts, ausdrücken soll, schlagen sich auch jene Umsätze und jene Ausgaben nieder, die erst für *künftige* Geschäftsjahre erwartet werden. Ein Gewinn, der nur die Umsätze der betreffenden Rechnungsperiode und die durch diese verursachten Ausgaben berücksichtigt, läßt sich einfacher und mit einem geringeren Ermessensspielraum ermitteln als ein Gewinn, der die Änderung des wirklichen Vermögens (Unternehmenswerts) anzeigt. Der Praxis ist an einfachen, objektivierten Gewinnermittlungsverfahren gelegen; so gesehen trifft Schmalenbachs Aussage zu, die Berücksichtigung *erwarteter* Umsätze und damit die Berücksichtigung der Veränderung des wirklichen *Vermögens* bei der Gewinnermittlung „würde die Bilanzpraxis als unmögliches Verfahren empfinden".[89]

Weder bei den Rückstellungen noch bei den passiven Rechnungsabgrenzungsposten wird im übrigen klar, wie Schmalenbach passivierungsfähige und passivierungsunfähige Posten getrennt wissen wollte. Grundsätzlich sind Rückstellungen bei Schmalenbach im Unterschied zu Simon *nicht* an das Vorhandensein einer *Schuld* (Verpflichtung im Rechtssinne) gebunden; denn Schmalenbach kennt auch „Rückstellungen für Anlagenunterhaltung".[90] Rückstellungen sind für Schmalenbach „schwebende Nachleistungen"[91], die im „Verursachungs-

---

87 Schmalenbach, S. 170 (beide Zitate).
88 Vgl. Schmalenbach, S. 170.
89 Schmalenbach, S. 170.
90 Schmalenbach, S. 173.
91 Schmalenbach, S. 70.

jahr"[92] zu passivieren sind. Das Verursachungsjahr wird nur andeutungsweise beschrieben als das Jahr, das den „Nutzen"[93] aus den schwebenden Nachleistungen hatte. Wie bei der Aktivierung, so hat der Bilanzierende auch bei der Passivierung einen erheblichen *Ermessensspielraum,* wenn er sich an Schmalenbachs Vorschlägen orientiert.

4. Bewertungslehre: Schmalenbach wollte sein Ziel, die „auf wirtschaftliche Betriebslenkung ausgerichtete Erfolgsrechnung", primär durch eine zweckentsprechende *Bewertung* erreichen: „Es kommt auf die Wertansätze an."[94] Er widmet den Bewertungsregeln deshalb ungleich mehr Aufmerksamkeit als den Aktivierungs- und Passivierungsregeln (der Frage der Aktivierungs- und Passivierungspflicht).

Die Schmalenbachsche Hauptregel lautet, „nicht ohne besonderen Anlaß die Abrechnungsmethode zu wechseln"[95], also *stetig* zu bewerten. Die stetige Bewertung, die konstante Anwendung der einmal gewählten Bewertungsmethode, verhindert Manipulationen, also „bilanzpolitische" Gewinnbeeinflussungen. Solche Gewinnbeeinflussungen stören die Vergleichbarkeit von aufeinanderfolgenden Gewinnen; was als Gewinnsteigerung erscheint, ist dann allein das Ergebnis einer Änderung der *Bewertungsmethode:* Wer z. B. im Vorjahr auf die Aktivierung von Gemeinkosten verzichtet hat und im Geschäftsjahr Gemeinkosten aktiviert, weist eine Gewinnsteigerung aus, die durch die „Abrechnungsmethode" bedingt ist.

In der Propagierung des Grundsatzes der Bewertungsstetigkeit liegt wohl das Hauptverdienst von Schmalenbach auf bilanzrechtlichem Gebiet; durch die Autorität Schmalenbachs fand dieser Grundsatz bei den Kaufleuten und schließlich auch beim Gesetzgeber eine gewisse Anerkennung.[96] *Simon* war der Grundsatz der Bewertungsstetigkeit noch ganz fremd.[97]

Eine stetige Bewertung ist nicht uneingeschränkt möglich: Ändern sich die Bewertungsvoraussetzungen, ändern sich z. B. die Nutzungsdauererwartungen für einen abzuschreibenden Anlagegegenstand erheblich, dann ist Unstetigkeit zwingend. Schmalenbach hat jedoch einige wichtige Regeln ersonnen, die eine Beibehaltung stetiger Bewertung trotz veränderter Bewertungsvoraussetzungen ermöglichen sollen: Wenn man von vornherein die Nutzungsdauer relativ *kurz* bemißt, erspart man sich oft außerplanmäßige Abschreibungen (Abschreibungsnachholungen); wenn man Rückstellungen *reichlich* dotiert, kommt es weniger häufig vor, daß man Nachdotierungen vornehmen muß; wenn man die

92 Schmalenbach, S. 172.
93 Schmalenbach, S. 175.
94 Schmalenbach, S. 28.
95 Schmalenbach, S. 54.
96 So sieht z. B. Art. 31 Abs. 1 Buchst. b der EG-Bilanzrichtlinie die Bewertungsstetigkeit vor.
97 Vgl. Simon, S. 412.

Vorräte relativ *niedrig* bewertet, treten durch das Niederstwertprinzip erzwungene Wertherabsetzungen weniger häufig auf. Alle diese Regeln verbindet das Merkmal, daß „vorsichtig" bilanziert wird, aber nicht primär um der *Vorsicht* willen, sondern mit Rücksicht auf die *Vergleichbarkeit* der Erfolgsrechnung: In der Statik wird vorsichtig bilanziert, damit sich der Kaufmann nicht reich rechne, damit er sein Vermögen nicht überschätze; in der Dynamik wird dagegen vorsichtig bilanziert, um aperiodische Einflüsse von der Erfolgsrechnung fernzuhalten. Aperiodische Aufwendungen und aperiodische Erträge sind solche Aufwendungen und Erträge, die eigentlich anderen Perioden angehören; der Ansatz aperiodischer Aufwendungen und Erträge in der GVR muß deshalb die Erfolgsrechnung der betreffenden Periode beeinträchtigen, das heißt die Vergleichbarkeit des betreffenden Periodengewinns stören.

Schmalenbachs Regeln sind nicht etwa geeignet, aperiodische Einflüsse vollständig von der GVR fernzuhalten: Auch eine knapp bemessene Nutzungsdauer kann sich als überhöht erweisen; auch eine reichlich dotierte Rückstellung mag unzureichend sein. Je vorsichtiger aber bewertet wird, um so problematischer wird die *Kehrseite* dieses Bilanzansatzes: Einigen Jahren mit sehr hohen Abschreibungen stehen einige Jahre mit fehlender Abschreibung gegenüber; überdotierte Rückstellungen führen zu außerordentlichen Erträgen im Auflösungsjahr. Diese und andere Negativwirkungen ließen sich nur vermeiden, wenn man das Stetigkeitsprinzip sehr weit auslegte: Man könnte etwa daran denken, nicht mehr benötigte Rückstellungen in der Bilanz stehenzulassen (statt über die GVR aufzulösen); auch wäre es möglich, Abschreibungen über die Verteilung der Anschaffungskosten hinaus zu verrechnen.

Man stelle sich vor, daß ein Anlagegegenstand Anschaffungskosten von 100 GE hatte. Er wurde fünf Jahre lang linear abgeschrieben; die jährliche Abschreibung betrug also 20 GE. Entgegen der ursprünglichen Nutzungsdauerschätzung hält der Gegenstand sechs Jahre. Im sechsten Nutzungsjahr wird in der GVR wiederum eine Abschreibung von 20 GE angesetzt; die Gegenbuchung erfolgt jedoch auf einem Passivum, das die Funktion hat, solche die Anschaffungskosten überschreitenden Abschreibungen aufzunehmen. Von einem derartigen Passivum könnten dann auch außerplanmäßige Abschreibungen abgesetzt werden: Man stelle sich vor, daß in der nächsten Rechnungsperiode ein anderer Anlagegegenstand vorzeitig (vor Beendigung der ursprünglich veranschlagten Nutzungsdauer) ausscheidet; das erfordert eine außerplanmäßige Abschreibung (Abschreibungsnachholung) in Höhe von 25 GE. Dieser Betrag wird nun dem gerade erwähnten Passivum (im Soll) zugebucht; aus dem Passivum wird durch diese Buchung ein Aktivum (5 GE). Das Gesetz läßt derartige dynamische „*Ausgleichsposten*"[98] jedoch nicht zu: Wären sie zulässig, so bestünde auch gar kein Anlaß für Schmalenbachs Vorsichtsprinzip; denn Schmalenbach könnte

---

98 Vgl. zu den Ausgleichsposten Adolf Moxter: Betriebswirtschaftliche Gewinnermittlung, Tübingen 1982, S. 175—177.

alle aperiodischen Einflüsse auf diesem Ausgleichskonto fest- und damit von der GVR fernhalten.

Bei der Würdigung von Schmalenbachs Leistungen darf nicht übersehen werden, daß er Pionierarbeit zu bewältigen hatte; für solche Pionierwerke ist Ideenreichtum charakteristisch, aber auch Einseitigkeit und Unfertigkeit. Schmalenbach gelang es nicht, ein Normensystem zu entwickeln, dessen Beachtung eine hinreichend zuverlässige Information über die wirtschaftliche Unternehmensentwicklung gewährt: Schmalenbachs Gewinn kann bei günstiger Unternehmensentwicklung sinken und bei ungünstiger Unternehmensentwicklung steigen, und dies nicht etwa nur in Ausnahmefällen.[99] Drei Hauptgründe sind hierfür anzuführen:

(1) Schmalenbachs Gewinn ist grundsätzlich ein umsatzgebundener Gewinn; umsatzgebundene Gewinne zeigen die wirtschaftliche Unternehmensentwicklung, wie am Beispiel des „allgemeinen Wagnisses" erläutert wurde, tendenziell zu spät an.

(2) Schmalenbach kann nicht wirksam verhindern, daß sein umsatzgebundener Gewinn durch aperiodische Einflüsse verzerrt wird; das wurde am Beispiel des Abschreibungs- und Rückstellungsansatzes gezeigt.

(3) Schmalenbach will zwar z. B. bestimmte Reklameausgaben, aber keineswegs alle Ausgaben mit künftigem „Nutzwert" aktiviert wissen (Reagenzglasfall); hier weicht Schmalenbach zugunsten der Kostenvergleichbarkeit vom Grundsatz umsatzgebundener Gewinnermittlung ab, verzerrt also wiederum die Gewinnaussage.

---

99 Vgl. zu Details Moxter, Gewinnermittlung, insbes. S. 225–228.

1. Schmalenbach sieht die Bilanzaufgaben einseitig; er vertraut (unzulässigerweise) darauf, daß der dynamische (vergleichbare) Gewinn allen Bilanzaufgaben gerecht wird.

2. Schmalenbachs Bilanzlehre ist unfertig, nur grob skizziert; nahezu alle wichtigen Normen sind unklar und infolgedessen sehr unterschiedlich deutbar.

3. Ausgaben, die der Kundengewinnung dienen (Reklame), will Schmalenbach aktiviert wissen; den damit zwangsläufig verbundenen breiten Ermessensspielraum des Bilanzierenden nimmt Schmalenbach in Kauf.

4. Ein selbsterstelltes, wertvolles Patent will Schmalenbach nicht aktiviert wissen; Schmalenbach verzichtet insoweit darauf, eine positive Unternehmensentwicklung im Gewinn des betreffenden Geschäftsjahres auszudrücken.

5. Wenn im Geschäftsjahr künftige Umsatzminderungen sicher erkennbar werden, bleibt diese negative Unternehmensentwicklung im (umsatzgebundenen) Geschäftsjahresgewinn unberücksichtigt; nach Schmalenbach liegen nicht gegenwärtige, sondern künftige Verluste vor.

6. Schmalenbachs Hauptverdienst besteht darin, auf die Bedeutung stetiger Bilanzierung für die Gewinnvergleichbarkeit hingewiesen zu haben; Simon kannte noch keinen Grundsatz der Stetigkeit.

7. Schmalenbach hat versucht, die stetige Bewertung durch vorsichtige Bewertung zu erreichen: überhöhte Abschreibungen, überhöhte Rückstellungen, niedriger Fixwert bei gebundenen Vorräten.

8. Stetigkeit durch Vorsicht hat eine Kehrseite: Den auf diese Weise überhöhten Aufwendungen stehen in späteren Jahren zu niedrige Aufwendungen (Fehlen der Abschreibungsmöglichkeiten) oder aperiodische Erträge (Rückstellungsauflösung) gegenüber.

9. Die Beachtung von Schmalenbachs Bilanznormen führt nicht zu einem Gewinn, der die Unternehmensentwicklung auch nur halbwegs zuverlässig erkennbar werden läßt.

§ 3. Organische Bilanztheorie

A. Organischer Bilanzzweck

1. Begründer der Organik: Die organische Bilanztheorie ist von Fritz Schmidt, Professor für Betriebswirtschaftslehre an der Universität Frankfurt am Main, konzipiert worden. Sein Buch „Die organische Tageswertbilanz" hatte in der Erstauflage (1921) den Titel „Die organische Bilanz im Rahmen der Wirtschaft"; es erschien zuletzt in dritter Auflage 1929.[1]

2. Universalbilanz: „Organisch" nennt Schmidt seine Bilanztheorie, weil er das Unternehmen als Zelle „im Organismus der Gesamtwirtschaft"[2] sieht. Schmidt neigt zu einer *volkswirtschaftlichen* Betrachtungsweise; er will z. B. von „Gewinn" nur sprechen, „wenn die Unternehmung durch den Erlös aus ihren Waren mindestens in der Lage ist, ihre relative Stellung in der Produktion der Gesamtwirtschaft zu behaupten".[3] Auch geht Schmidt ernsthaft davon aus, daß die (gesamtwirtschaftliche) *Konjunktur* auf einem „Rechenfehler" beruhe und daß die von ihm vorgeschlagenen Gewinnermittlungsmethoden diesen *Rechenfehler* verhinderten.[4] Dennoch wäre es übertrieben, wollte man die organische Betrachtungsweise als eine *primär* gesamtwirtschaftliche bezeichnen (gegenüber der primär rechtlichen Betrachtungsweise der Statik und der in gewisser Hinsicht primär betriebswirtschaftlichen Betrachtungsweise der Dynamik).

Schmidt ist, in Schmalenbachscher Ausdrucksweise, ein unwissenschaftlicher Dualist[5]: Er will, in einer (einzigen) Bilanz, das richtige *Vermögen* und zugleich den richtigen *Gewinn* ermitteln. Nach Schmidt gibt es insoweit kein „Entweder, Oder", sondern nur ein „Sowohl als Auch"[6]; denn „Richtigkeit" des Gewinns sei „nur erzielbar bei richtiger Vermögensrechnung"[7]. Schmidt meint im übrigen, Schmalenbach sei mit dem System der organischen Bilanz nicht hinreichend vertraut; „übermäßige Arbeitslast" habe Schmalenbach „nicht die Zeit finden" lassen, „die Gedanken des Anderen einmal von seinem Standpunkte aus durchzudenken und Differenzpunkte durch scharfe Prüfung zu bereinigen".[8]

Schmidt geht nur in recht allgemeiner Weise auf die Frage ein, welchen *Zwecken* im einzelnen die von ihm vorgeschlagene Art der Vermögens- und Gewinner-

---

1 F(ritz) Schmidt: Die organische Tageswertbilanz, 3. Aufl., Leipzig 1929; von dieser dritten Auflage gibt es einen (unveränderten) Nachdruck (Wiesbaden 1951), der im folgenden durchgehend zitiert wird. Eine ausführliche Zusammenstellung der Sekundärliteratur findet sich in meiner „Betriebswirtschaftlichen Gewinnermittlung", Tübingen 1982, S. 121.
2 Schmidt, S. 47.
3 Schmidt, S. 139 (im Original hervorgehoben).
4 Vgl. Schmidt, S. 325–353, S. 356.
5 Vgl. Schmalenbach, Dynamische Bilanz, 13. Aufl., S. 45.
6 Schmidt, S. 81 (beide Zitate; im Original hervorgehoben).
7 Schmidt, S. 83 (beide Zitate; im Original hervorgehoben).
8 Schmidt, S. 48 (alle Zitate).

mittlung dienlich sein könne. Doch deutet alles darauf hin, daß er in seinem (organischen) Gewinn eine für sämtliche Gewinnermittlungszwecke passende Größe sah, von der „Grundlage des betrieblichen Handelns"[9] über den Maßstab der Einkommensbesteuerung[10] bis zur „vorteilhaftesten Kapitaldisposition einer Volkswirtschaft"[11].

Ähnlich *universell* verwendbar ist nach Schmidt die organische Vermögenskonzeption: Es handle sich um einen brauchbaren „Vermögensteuerwert"[12]; außerdem diene dieses „wahre Vermögen", diese zutreffende Wiedergabe des „in der Unternehmung arbeitenden Kapitals" dazu, die „wirkliche Rentabilität" zu bestimmen (indem man den Gewinn durch das Vermögen dividiert).[13] Immerhin räumt Schmidt ein, daß sein Bilanzvermögen als potentieller Preis des ganzen Unternehmens nur bedingt verwendbar ist.[14]

3. Zeitwertorientierte Vermögens- und Gewinnermittlung: Schmidt konzentriert sich auf andere Probleme als Schmalenbach. Er sieht den wichtigsten Grund für die Abweichung von *wirklichem* Vermögen und üblicherweise *bilanziell* erfaßtem Vermögen in den Preisänderungen. Werde das bilanzielle Vermögen statt zu Anschaffungswerten zu *Tagesbeschaffungswerten* des Bilanzstichtages angesetzt, sei der entscheidende Schritt zur *Bilanzwahrheit,* zur Erfassung des wirklichen Vermögens, getan.[15] Die Summe der Tagesbeschaffungswerte aller „Einzelteile, auch der immateriellen Werte", ergebe den „Reproduktionswert der Unternehmung"; dieser besage, „welcher Kapitalbetrag im Bilanzzeitpunkte notwendig ist, um die Unternehmung in ihrer gegenwärtigen Form aufzubauen". Es handle sich mithin um „den Herstellungswert der ganzen Unternehmung für den Bilanztag und die Summe von Kapital, die für diesen Termin in ihr verkörpert ist".[16]

Preisänderungen will Schmidt auch bei der *Gewinnermittlung* berücksichtigt wissen: Nicht die Anschaffungswerte dürften den in der GVR angesetzten Aufwand bestimmen, sondern die „Tagesbeschaffungswerte". „Oberster Grundsatz" bei der Gewinnermittlung sei „die Betriebserhaltung in ihrem realen Zustande"; Gewinn werde nur erzielt, wenn „die Unternehmung ... beim Umsatz für ein ausgehendes Gut mehr erhält als dieses Gut im Zeitpunkte des Ausganges bei der Neubeschaffung oder Neuherstellung kostet, einerlei welcher Geldbetrag früher bei seiner Anschaffung einmal gezahlt worden ist".[17]

---

9 Schmidt, S. 355 (im Original hervorgehoben).
10 Vgl. Schmidt, S. 387–395.
11 Schmidt, S. 355.
12 Vgl. Schmidt, S. 370.
13 Schmidt, S. 355 (alle Zitate); s. a. Schmidt, S. 72.
14 Vgl. Schmidt, S. 125.
15 Vgl. Schmidt, insbes. S. 355.
16 Schmidt, S. 74 (alle Zitate; im Original zum Teil hervorgehoben).
17 Schmidt, S. 77 (alle Zitate).

Man pflegt die Werte, die nach dem Anschaffungszeitpunkt gelten, „*Zeitwerte*" zu nennen und den Anschaffungswerten (als „*historischen*" Werten) gegenüberzustellen. In diesem Sinne will Schmidt statt der üblichen „anschaffungswertorientierten" Vermögens- und Gewinnermittlung eine „zeitwertorientierte" Vermögens- und Gewinnermittlung.

---

1. Schmidt will mit Hilfe der Bilanz das richtige Vermögen und (zugleich) den richtigen Gewinn ermitteln.

2. Schmidt hält seine organische Bilanz für eine Universalbilanz, die allen Bilanzaufgaben gerecht werde.

3. Bilanzwahrheit im Sinne zutreffender Vermögensermittlung wird nach Schmidt durch Ansatz der Tagesbeschaffungswerte erreicht; das zu Tagesbeschaffungswerten angesetzte Vermögen stelle den Reproduktionswert des Unternehmens dar.

4. Auch bei der Gewinnermittlung ist nach Schmidt an Stelle der Anschaffungswerte mit Tagesbeschaffungswerten zu arbeiten.

B. Organische Bilanznormen

I. Aktivierungsregeln

1. Fortführungsvermögen: Schmidt kümmert sich kaum um *Bilanzobjektivierung* bzw. Bilanzvereinfachung; er zieht, um das Vermögen vollständig zu erfassen, die Aktivierungsgrenzen denkbar weit. Zum Beispiel bezeichnet Schmidt den „Aufwand für die Ingangsetzung einer Unternehmung" als aktivierungspflichtig. (Zum „Ingangsetzungsaufwand" rechnen etwa Ausgaben für die erstmalige Einweisung von Arbeitern, für die Gewinnung eines Vertreterstabs u. ä.) Wenn das Gesetz für solchen Ingangsetzungsaufwand keine Aktivierungspflicht vorsehe, so sei dies in „betriebswirtschaftlicher Betrachtung . . . unhaltbar". Schmidt meint, das Gesetz wolle von „der Bilanz solche Werte fernhalten", „die losgelöst von der Unternehmung selbst keinen Wert haben, weil man sie nicht isoliert von der Unternehmung verkaufen kann". Das aber sei „eine recht primitive Auffassung".[18] Die Bilanz habe das *Fortführungsvermögen* wiederzugeben („den Stand der lebenden Unternehmung"); infolgedessen seien auch Objekte „ohne Liquidationswert" (wie der Ingangsetzungsaufwand) zu bilanzieren.[19]

---

18 Schmidt, S. 117 (alle Zitate).
19 Schmidt, S. 118 (beide Zitate).

2. Normalvermögen: Schmidt sieht das wirkliche Vermögen im *Ertragswert;*[20] insoweit besteht zwischen Schmalenbach und Schmidt mithin kein Unterschied.[21] Doch Schmidt meint, daß man bei Unternehmen mit „freier Reproduzierbarkeit" den Ertragswert am *Reproduktionswert* messen könne, d. h. am „Tagesbeschaffungswert aller Vermögensteile"[22]; damit wäre ein Weg zur bilanziellen Bestimmung des Ertragswerts eröffnet.

Frei reproduzierbare (nachbaubare) Unternehmen erzielen nach Schmidt nur einen „Normalertrag"[23] E, der sich aus der Multiplikation des Reproduktionswertes RW mit dem „Normalzins"[24] i ergibt:

(1) $E = RWi.$

Der Reproduktionswert ist, wie gerade erwähnt, der „Herstellungswert der ganzen Unternehmung"; er „verkörpert" nach Schmidt die im Unternehmen steckende „Summe von Kapital".[25] Bei „freier Reproduzierbarkeit", d. h. bei voll wirksamem Konkurrenzmechanismus, wird auf das Kapital nur die „normale" Verzinsung verdient, nicht mehr. Kennt man die im Unternehmen steckende „Summe von Kapital" (den Reproduktionswert) und kennt man den „Normalzins", so liegt mithin auch der „Normalertrag", den dieses Kapital bringt, fest.

Der Ertragswert EW wird ermittelt durch Kapitalisierung des Ertrags E mit dem Zinssatz i:

(2) $EW = \dfrac{E}{i}.$

Aus Gleichung (1) folgt:

(3) $EW = \dfrac{RWi}{i} = RW.$

Der Ertragswert entspricht mithin unter der Voraussetzung „freier Reproduzierbarkeit" des Unternehmens dem *Reproduktionswert*. Die „freie Reproduzierbarkeit" verhindert, daß mehr als ein „Normalertrag" erzielt wird, und nur „Unternehmungen übernormalen Ertrages steigern ihren Gesamtwert über den Reproduktionswert".[26]

Beispiel: Der Reproduktionswert eines frei reproduzierbaren Unternehmens betrage 80 GE, der „Normalzins" in der Volkswirtschaft 10%. Es ergibt sich dann ein „Normalertrag" von 8 GE. Ein Mehrertrag („Überertrag"[27]) kann nicht, jedenfalls nicht in nennenswerter Höhe, entstehen: Würde das Unterneh-

---

20 Vgl. Schmidt, insbes. S. 124.
21 Vgl. oben § 2 A.
22 Schmidt, S. 121 (beide Zitate).
23 Schmidt, S. 89.
24 Schmidt, S. 88, S. 119.
25 Schmidt, S. 74 (alle Zitate).
26 Schmidt, S. 88.
27 Schmidt, S. 89.

men etwa einen Ertrag von 8,8 GE erwarten lassen, so strömte sogleich Kapital ein (wegen der freien Reproduzierbarkeit ungehindert, das Unternehmen würde nachgebaut); denn es würde dann, wenn auch nur vorübergehend, eine über dem Normalzins (10%) liegende Verzinsung (11%, d. h. 8,8 GE/80 GE) locken. Dieses attrahierte Kapital sorgte dafür, daß die Verzinsung wieder auf 10%, den „Normalzins", fiele.

3. Immaterielle Kostenwerte: Schmidt berücksichtigt im Reproduktionswert auch die „immateriellen Kostenwerte", d. h. jene immateriellen Werte, die „kostenbedingt sind", „Kosten verursacht . . . haben".[28] Schmidt führt als Beispiele Ingangsetzungskosten[29] an, ferner „Kosten für die Entwicklung eines Geheimverfahrens"[30] und Kosten für die Erlangung eines Patentes[31]. Solche „immateriellen Kostenwerte" erklärte Schmidt ausdrücklich für „bilanzpflichtig".[32]

4. Monopolwerte: Schmidt erkennt an, daß es Unternehmen gibt, denen die „freie Reproduzierbarkeit" fehlt. Er führt das auf das Vorhandensein von „*Monopolen*" oder auf eine überdurchschnittliche „*Unternehmerleistung*" zurück.[33] Beide Faktoren könnten in einem „Mehrertragswert"[34] (gegenüber dem Reproduktionswert) resultieren.

Soweit ein „Mehrertragswert" einer überdurchschnittlichen *Unternehmerleistung* zuzurechnen („subjektiv bedingt"[35]) ist, wird er von Schmidt für irrelevant erklärt: Gesucht sei das Vermögen der *Unternehmung*, nicht des Unternehmers; es sei unzulässig, einen „Wert, der der Unternehmung nicht gehört", zu bilanzieren. „Will man . . . die Bilanz der Unternehmung, so muß dieser Wertteil wegbleiben."[36]

Das Vorhandensein eines *Monopols* schaffe einen „vermögensbedingten Mehrertragswert".[37] Diese Art Mehrertragswert ist nach Schmidt grundsätzlich nur bilanzfähig, nicht bilanzpflichtig.[38] Wenn jedoch ein solcher *vermögensbedingter* Mehrertragswert mit einem ganzen Unternehmen erworben wurde (wenn man beim „Erwerb einer Unternehmung als Ganzes . . . für Monopolrechte einen Mehrertragswert . . . bezahlt"[39] hat), besteht Bilanzpflicht.[40] Ein derartiger,

28 Schmidt, S. 119 (alle Zitate; im Original zum Teil hervorgehoben).
29 Vgl. Schmidt, S. 117.
30 Schmidt, S. 118.
31 Vgl. Schmidt, S. 119.
32 Schmidt, S. 129 (beide Zitate).
33 Schmidt, S. 120 (beide Zitate).
34 Schmidt, S. 119.
35 Schmidt, S. 121 (im Original hervorgehoben).
36 Schmidt, S. 121 (beide Zitate); s. a. Schmidt, S. 125.
37 Schmidt, S. 122 (im Original hervorgehoben).
38 Vgl. Schmidt, S. 129.
39 Schmidt, S. 128.
40 Vgl. Schmidt, S. 129.

derivativ erworbener Mehrertragswert stellt im Grunde, in der Schmidtschen Terminologie, einen (stets aktivierungspflichtigen) *„immateriellen Kostenwert"* dar.

5. Vermögenskategorien: Im Mittelpunkt von Schmidts Betrachtungen stehen drei Vermögenskategorien:

(1) Vermögen im Sinne des *„Unternehmervermögens";* es umfaßt auch den (bilanzunfähigen) Mehrertragswert aus (überdurchschnittlicher) Unternehmerleistung.

(2) Vermögen im Sinne des rein *„vermögensbedingten Ertragswertes* der Unternehmung"; es handle sich um das *Unternehmungsvermögen* (im Unterschied zum gerade erwähnten Unternehmervermögen). Der Mehrertragswert aus überdurchschnittlicher Unternehmerleistung bleibt hier unberücksichtigt; enthalten ist jedoch der *Mehrertragswert aus Monopolen.*

(3) Vermögen im Sinne des *„marktmäßig objektivierten Ertragswertes* der Unternehmung"; das sei der „Reproduktionswert der Unternehmung", d. h. die „Summe der Tagesbeschaffungswerte aller . . . Vermögensteile einschließlich der immateriellen Kostenwerte".[41] *„Monopole"* sind hier nur insoweit berücksichtigt, wie sie *Kosten* verursacht haben (als immaterielle Kostenwerte erfaßbar sind).

Schmidt meint, der *Reproduktionswert* des Unternehmens sei ein „marktmäßig objektivierter" Ertragswert: *„Marktmäßig"* objektiviert bedeutet, daß dieser Ertragswert auf der Summierung von Marktpreisen (Tagesbeschaffungswerten) beruht; einen *Ertragswert* sieht Schmidt im Reproduktionswert, weil es sich bei den Tagesbeschaffungswerten um die „ausgehandelten Ertragswerte aller einzelnen Vermögensteile" handle.[42] Es gebe „keinen besseren Maßstab für die allgemeine marktwirtschaftliche Ertragsfähigkeit eines Gutes . . . als den Tagesbeschaffungswert".[43]

41 Schmidt, S. 124 (alle Zitate; im Original zum Teil hervorgehoben).
42 Schmidt, S. 125.
43 Schmidt, S. 126.

1. Schmidt aktiviert ohne Rücksicht auf Objektivierungserfordernisse und auf Einzelveräußerbarkeit: sogar Ingangsetzungsaufwand erklärt er für aktivierungspflichtig.

2. Schmidt hält auch alle übrigen immateriellen Werte, die „Kosten" verursacht haben, für aktivierungspflichtig („immaterielle Kostenwerte").

3. Schmidt meint, durch den Ansatz aller reproduktionsfähigen Objekte (einschließlich der immateriellen Kostenwerte) lasse sich der Normalertragswert und damit das Normalvermögen bilanziell erfassen.

4. Grundsätzlich nur aktivierungsfähig, nicht aktivierungspflichtig sind nach Schmidt Monopolwerte; diese Monopolwerte verkörpern einen Mehrertragswert (gegenüber dem Normalertragswert); werden die Monopolwerte bilanziert, so erfaßt die Bilanz nach Schmidt das Unternehmungsvermögen.

5. Mehrertragswerte, die auf einer überdurchschnittlichen Unternehmerleistung beruhen, sind nach Schmidt nicht aktivierungsfähig; die Bilanz habe das Unternehmungsvermögen, nicht das Unternehmervermögen darzustellen.

II. Passivierungsregeln

1. Wertänderung am ruhenden Vermögen: Die Passivseite der Bilanz wird von Schmidt denkbar einseitig behandelt; er interessiert sich nur für den Passivposten, der das Spezifikum der organischen Bilanztheorie bildet, die „Wertänderung am ruhenden Vermögen". Dieser passive Wertänderungsposten ist das Resultat der von Schmidt propagierten Tageswertrechnung; er nimmt die Differenzbeträge zwischen Anschaffungswert und (höherem) Tageswert auf.

2. Tageswertbilanzierung: Schmidt will alle Vermögensteile in der Bilanz zu ihren *Tagesbeschaffungswerten* angesetzt wissen, nicht etwa zu ihren Anschaffungswerten: Ein Gegenstand, am 1. 5. 1999 zum Anschaffungswert von 100 GE erworben, wird in der Bilanz zum 31. 12. 1999 zu seinem Tagesbeschaffungswert am Bilanztag, 150 GE, bilanziert. Der Differenzbetrag zwischen Anschaffungswert (100 GE) und Tagesbeschaffungswert am Bilanztag (150 GE) bildet *„Wertänderung am ruhenden Vermögen"* (50 GE). Diese Wertänderung wird auf der Passivseite ausgewiesen; es handle sich um Eigenkapital: „Es darf kein Zweifel darüber bestehen, daß dieses Konto gleichberechtigt und gleichgeartet neben dem Konto des Eigenkapitals steht, daß man mit gleichem Recht die Änderungen des Vermögenswertes auch direkt auf dem Konto des Eigenkapitals buchen könnte."[44]

3. Substanzerhaltungsrechnung: Obgleich die „Wertänderung am ruhenden Vermögen" als Eigenkapital erscheint, bildet sie doch nicht *Gewinn;* „Wertänderung ist nicht Gewinn".[45] Gewinn entstehe erst mit dem Umsatz des Gutes. Schmidt plädiert nachdrücklich für eine „konsequente Trennung der Vermögensrechnung von der Erfolgsrechnung"[46]; Gewinn wird sehr eng definiert: als Überschuß des Verkaufspreises über den „Tagesbeschaffungswert am Umsatztage".[47] Bis zum Umsatztage *„ruht"* das Gut: „Die Zeit der Ruhe der Vermögensteile bestimmt sich durch den Termin ihres Ein- und Ausgangs in und aus der Unternehmung."[48]

Die im letzten Beispiel erwähnte, am 1. Mai 1999 mit einem Anschaffungswert von 100 GE erworbene Ware werde am 1. Mai 2000 („Umsatztag") zu einem Preise von 200 GE veräußert. Der „Tagesbeschaffungswert am Umsatztage" belaufe sich auf 160 GE; es ergibt sich dann eine „Wertänderung am ruhenden Vermögen" von 60 GE und ein *Gewinn* von (nur) 40 GE. In der Bilanz zum 31. 12. 2000 erscheint mithin eine „Wertänderung am ruhenden Vermögen" in Höhe von 60 GE; da in der Bilanz zum 31. 12. 1999 bereits 50 GE als Wertänderung passiviert waren, hat man im Jahre 2000 dem Passivum „Wertänderung am ruhenden Vermögen" noch einmal 10 GE zuzuführen.

Schmidt nennt den „Tagesbeschaffungswert des Umsatztages" den „grundlegenden Wert für die Erfolgsrechnung"[49]: „Gewinn ist nur der Umsatzgewinn, der über den Tagesbeschaffungswert der Kosten hinaus erzielt wird."[50] Für sämtliche Kosten bestimmt der Tagesbeschaffungswert den Gewinn; es sind z. B. auch die *Abschreibungen* von Anlagegegenständen nach dem Tagesbeschaffungswert zu bemessen.

Gewinn wird nach Schmidt auch erzielt, wenn der Verkaufspreis zwar *unter* dem Anschaffungswert liegt, aber *über* dem Tagesbeschaffungswert des Umsatztages: Eine Ware, die zu 100 GE angeschafft und zu 60 GE veräußert worden ist, habe dann einen Gewinn von 10 GE gebracht, wenn am Umsatztag ein Tagesbeschaffungswert von 50 GE gelte. Die Wertminderung (von 100 GE auf 50 GE) sei dem Wertänderungskonto (Wertänderung am ruhenden Vermögen) zu belasten; dieser Posten kann also auch zum Aktivposten werden.

Im gerade erwähnten Beispiel sei eine Anfangsbilanz gegeben, die auf der Aktivseite den Warenbestand mit 100 GE ausweise und auf der Passivseite das Eigen-

44 Schmidt, S. 103 (im Original hervorgehoben).
45 Schmidt, S. 324.
46 Schmidt, S. 87 (im Original hervorgehoben).
47 Schmidt, S. 319.
48 Schmidt, S. 305.
49 Schmidt, S. 73 (beide Zitate; im Original hervorgehoben).
50 Schmidt, S. 77 (im Original hervorgehoben).

kapital mit ebenfalls 100 GE. Die Schlußbilanz zeigt auf der Aktivseite eine Forderung (aus dem Warenverkauf) in Höhe von 60 GE, außerdem, ebenfalls auf der Aktivseite, die Wertänderung am ruhenden Vermögen in Höhe von 50 GE. Die Passivseite umfaßt das ursprüngliche Eigenkapital (100 GE) und den Gewinn (10 GE). Man könnte auch die Wertänderung am ruhenden Vermögen mit dem ursprünglichen Eigenkapital saldieren; das führte zu einem Aktivum (Forderung) von 60 GE und zu Passiven von insgesamt 60 GE (Eigenkapital 50 GE; Gewinn 10 GE).

Schmidt mißt *Gewinn* an der Möglichkeit, die veräußerte Ware *wiederzubeschaffen:* Ein Verkauf zu 60 GE und ein Tagesbeschaffungswert von 50 GE bringen einen Gewinn von 10 GE, auch wenn diese Ware zu 100 GE angeschafft wurde. Schmidt argumentiert, nach der Wiederbeschaffung (zu 50 GE) habe das Unternehmen „die gleiche Ware und einen Überschuß von 10".[51] Man sagt deshalb auch, daß Schmidt den Gewinn an der „*Substanzerhaltung*" orientiere, nicht an der „Kapitalerhaltung": Wer ein (Geld-)Kapital von 100 GE in einer Ware investiert und diese Ware zu 60 GE veräußert, hat einen Verlust an (Geld-)Kapital in Höhe von 40 GE erlitten; von einem (Geld-)Kapital-Gewinn kann nur die Rede sein, wenn eine Veräußerung zu einem über 100 GE liegenden Preise gelingt, wenn also mindestens das eingesetzte (Geld-)Kapital („Nominalkapital") erhalten ist. Die „Substanzerhaltung" (Erhaltung des Warenbestands im Beispiel) bemißt sich dagegen nicht am ursprünglich eingesetzten Geldkapital, sondern an der ursprünglich eingesetzten Substanz; Gewinn, also Überschuß, liegt hier vor, wenn die Substanz (im Beispiel die betreffende Warenmenge) wiederbeschafft werden kann. Unter dem Aspekt der Substanzerhaltung wurde im Beispiel deshalb kein Verlust (von 40 GE) erzielt, sondern ein Gewinn (von 10 GE). 10 GE sind in dem Sinne „überschüssig", daß sie für die *Substanzerhaltung* nicht gebraucht werden.

Man nennt den an der (Geld-)Kapitalerhaltung orientierten Gewinn auch den „*Nominalgewinn*": Dieser Nominalgewinn ist bei einem Fallen der Tagesbeschaffungswerte (wie im letzten Beispiel) niedriger als der *substanzorientierte* Gewinn. Steigen die Tagesbeschaffungswerte, dann liegt der Nominalgewinn dagegen über dem substanzorientierten Gewinn: Bei einem Anschaffungswert von 100 GE, einem Tagesbeschaffungswert am Umsatztag von 120 GE und einem Verkaufspreis von 150 GE wird ein Nominalgewinn von 50 GE erzielt und ein substanzorientierter Gewinn von nur 30 GE. Das bedeutet, daß vom Nominalgewinn (50 GE) ein Betrag von 20 GE (die Wertänderung am ruhenden Vermögen) zum Zwecke der Substanzerhaltung zurückbehalten wird.

Man hat die Position „Wertänderung am ruhenden Vermögen" auch, im gerade erwähnten Sinne, „*Substanzerhaltungsrücklage*" genannt: Soweit der Nominalgewinn (im letzten Beispiel 50 GE) den substanzorientierten Gewinn (im letzten

---

51 Schmidt, S. 78.

Beispiel 30 GE) übersteige, handle es sich um einen preisänderungsbedingten *„Scheingewinn"* (20 GE im Beispiel). Ein solcher Scheingewinn dürfe nicht wie ein echter Gewinn (substanzorientierter Gewinn) behandelt, insbesondere nicht besteuert oder sonstwie ausgeschüttet werden; er sei in die Substanzerhaltungsrücklage einzustellen.

---

1. Schmidt will sämtliche Aktiven zu ihren Tagesbeschaffungswerten bilanzieren; den Differenzbetrag gegenüber den (niedrigeren) Anschaffungswerten nimmt das Passivum „Wertänderung am ruhenden Vermögen" auf.

2. Als Gewinn gilt nach Schmidt der Überschuß der Umsatzerlöse über die am Umsatztag geltenden Tagesbeschaffungswerte der Aufwendungen; Schmidt will mit dieser Gewinnermittlungsvorschrift die Substanzerhaltung des Unternehmens sichern.

3. Gewinn liegt nach Schmidt stets vor, wenn die Umsatzerlöse höher sind als die am Umsatztag geltenden Tagesbeschaffungswerte; der Anschaffungswert der betreffenden Güter bestimmt mithin, anders als in der Nominalrechnung, nicht den Gewinn.

4. Der Differenzbetrag zwischen dem am Umsatztag geltenden Tagesbeschaffungswert und dem Anschaffungswert wird ebenfalls dem Passivum „Wertänderung am ruhenden Vermögen" zugeführt.

5. Schmidt will zwar wie die Statiker (und anders als Schmalenbach) richtige Vermögensermittlung und zugleich richtige Gewinnermittlung, aber im Unterschied zu den Statikern gilt nicht etwa der gesamte Vermögenszuwachs als Gewinn: Gewinn ist nach Schmidt der Vermögenszuwachs abzüglich der Wertänderung am ruhenden Vermögen.

III. Bewertungsregeln

1. Tagesbeschaffungswert: Schmidts Bewertungslehre wird dominiert von der *Tageswertkonzeption*; andere Gesichtspunkte treten bei ihm ganz zurück. Die Aktiven seien zum „Tagesbeschaffungswert des Bilanztages" anzusetzen. Die Bilanz zeige auf diese Weise den Reproduktionswert des Unternehmens, d. h. den „Betrag, der an diesem Tage hätte aufgewendet werden müssen, um die Unternehmung neu aufzubauen". Zu berücksichtigen sei freilich, daß „in der Regel ein erheblicher Teil der verzeichneten Güter, zu denen auch die immateriellen Werte, wie Patente, Propaganda, Kundschaft, zu zählen wären, nicht vollkommen neu vorhanden, sondern mit einem Abschlag vom Neuwert einzusetzen sind, der der Abnutzung entspricht."[52]

Schmidt wendet sich nachdrücklich gegen die Bilanzierung zu Anschaffungspreisen: „Der Reproduktionswert in der Bilanz besagt, was ist, der Anschaffungswert, was war."[53] Nur mittels des Reproduktionswertes ist nach Schmidt *Bilanzwahrheit* zu erreichen.

2. Realisationsprinzip: Schmidt will den Zeitwert (Bilanzstichtagswert) angesetzt wissen, aber den Zeitwert am Beschaffungsmarkt, nicht etwa am Absatzmarkt. Schmidt plädiert nachdrücklich für das *Realisationsprinzip:* Der „Verkaufswert" komme als Wertansatz nicht in Frage, stecke doch im „normalen Verkaufswert der Unternehmungsgüter ... ein Gewinn", und es sei „eine der ältesten Regeln der Bilanzierung, Gewinne erst dann in Erscheinung treten zu lassen, wenn sie erzielt sind".[54] Simon hatte das noch ganz anders gesehen; er zählte das Realisationsprinzip nicht zu den Grundsätzen ordnungsmäßiger Bilanzierung (vgl. oben, § 1 B III 3).

---

1. Schmidt konzentriert sich in seiner Bewertungslehre ganz auf den von ihm propagierten Tagesbeschaffungswert; andere Bewertungsfragen treten zurück.

2. Schmidt verwirft die übliche Bilanzierung auf der Grundlage der wirklichen (historischen) Anschaffungswerte; Bilanzwahrheit sei nur durch Ansatz der fiktiven Anschaffungswerte des Bilanzstichtags (der Tagesbeschaffungswerte) zu erreichen.

3. Schmidt verteidigt das Realisationsprinzip, in dem er, anders als Simon, „eine der ältesten Regeln der Bilanzierung" sieht.

IV. Gliederungsregeln

1. GVR-Gliederung: Schmidt betont, wie Schmalenbach, die Bedeutung einer „vollständigen, lückenlosen Erfolgsrechnung"; beide legen also das Schwergewicht auf die *Gliederung der GVR.* Diese sei „für die Beurteilung einer Unternehmung durch den Außenstehenden ... von viel größerer Bedeutung als die Bilanz. Letztere enthält nur die zufälligen Reste, welche im Verlauf des Umsatz-

---

52 Schmidt, S. 72 (alle Zitate).
53 Schmidt, S. 72 (im Original zum Teil hervorgehoben). Der Anschaffungswert habe nach dem Anschaffungszeitpunkt „nur noch historische Bedeutung" (S. 71, im Original hervorgehoben).
54 Schmidt, S. 73 (beide Zitate).

prozesses einer ganzen Periode übriggeblieben sind." „Die vielen Fehlschläge der Kapitalanlage in Aktiengesellschaften" seien „in allererster Linie durch die mangelhaften Veröffentlichungen der Erfolgsrechnungen veranlaßt worden".[55]

Schmidt will die GVR so gegliedert wissen, „daß jede einzelne Erfolgsart gesondert nach Kosten und Erlösen in Erscheinung tritt". Nicht zuletzt sei „die Sonderung der reinen Umsatzerfolge von den Spekulations- und Zinsgewinnen" bedeutsam. Ferner sollte die GVR „neben der Wertrechnung auch die Mengengestaltung berücksichtigen". Alle diese Untergliederungen seien sowohl für interne wie für zu *veröffentlichende* Abschlüsse „zu verlangen"[56]; das erforderten die „Gläubiger- wie die Aktionärsinteressen", sei aber auch in volkswirtschaftlicher Sicht geboten (damit das „Kapital immer den Stellen zugeleitet werde, die sich durch eine unverkürzte Erfolgsrechnung als die erweisen, wo ein relativ hoher Nutzen erzielt wird").[57]

2. Publizitätsüberschätzung: Schmidt argumentiert hinsichtlich möglicher Nachteile einer zu stark aufgegliederten GVR recht vordergründig: Er meint, „selbst der einzige Einwand, daß durch die vollständige Berichterstattung auch die Konkurrenz Einblicke in die Entwicklung der Unternehmungen erhielte, würde schwerlich aufrechtzuerhalten sein, wenn die vollständige und lückenlose Erfolgsrechnung für alle Aktiengesellschaften durchgesetzt wäre".[58] Dabei wird offenkundig übersehen, daß es auch Konkurrenten gibt, die nicht zu einer entsprechenden Berichterstattung verpflichtet sind (Unternehmen in anderen Rechtsformen, ausländische Unternehmen).

Schmidt läßt ungeprüft, ob eine allgemeine, ausgeprägte Unternehmenspublizität gesamtwirtschaftlich *unerwünschte* Folgen haben könnte (indem sie die Wettbewerbsintensität vermindert). Er sieht, voreingenommen, nur einen denkbaren positiven Effekt der Publizität, die effiziente Kapitallenkung; auch verkennt er die Möglichkeiten, über *erzielte* Gewinne so zuverlässig zu berichten, daß sie als nützliche Indikatoren der (für den Kapitalfluß allein relevanten) *Gewinnerwartungen* gelten können.

---

55 Schmidt, S. 255 (alle Zitate).
56 Schmidt, S. 271 (alle Zitate).
57 Schmidt, S. 272 (alle Zitate).
58 Schmidt, S. 257.

1. Schmidt betont, wie Schmalenbach, die Bedeutung der GVR-Gliederung.

2. Auch in der veröffentlichten GVR sollen Mengen und Werte gesondert gezeigt werden; ferner habe man dort die einzelnen Erfolgsarten mit ihren jeweiligen Umsatzerlösen und Aufwendungen auszuweisen.

3. Schmidt überschätzt die Bedeutung der GVR-Publizität für die Kapitallenkung; er verharmlost, im Gegensatz zu Simon, negative Effekte einer solchen Publizität.

C. Grenzen der Organik

1. Bilanzaufgaben: Schmidt will richtige Vermögensermittlung *und* richtige Erfolgsermittlung. Richtige Erfolgsermittlung aber ist nach Schmidt, wie nach Schmalenbach, im Interesse richtiger *Betriebs- und Kapitallenkung* geboten. In diesem Sinne nennt Schmidt seine Bilanz eine „volldynamische"[59]: Aus der Jahresbilanz wolle man „ersehen, was die Unternehmung leistet"[60]; sie solle „dem Leiter des Betriebes sagen, ob seine Produktion oder sein Handel . . . noch rentabel ist, ob wegen guten Gewinnes eine Betriebserweiterung oder infolge Verringerung der Umsatzspanne eine Einschränkung notwendig ist"[61].

Im geltenden Bilanzrecht hat die Gewinnermittlung nicht nur die Aufgabe, zu zeigen, „was die Unternehmung leistet", ob Betriebserweiterungen oder Betriebseinschränkungen geboten sind. Die Gewinnermittlung soll auch den Betrag bezeichnen, der ohne Gefährdung der Gläubiger *ausgeschüttet* werden kann. Diese Gewinnermittlungsaufgabe wird von Schmidt vernachlässigt: Gewinn ist nach Schmidt ein zwar in Geld ausgedrückter, aber an der Substanzerhaltung gemessener Überschuß; das Vorhandensein von Gewinn besagt in der Organik, daß die ursprüngliche Substanz erhalten, nicht auch, daß das ursprüngliche Nominalkapital (Geldkapital und damit Fremdkapital) erhalten ist. Bei Preisfall kann es dazu kommen, daß *Fremdkapital* als Gewinn deklariert und ausgeschüttet wird.

Ein Unternehmen habe in seiner Anfangsbilanz einen Warenbestand X zum Anschaffungswert von 100 GE aktiviert. Auf der Passivseite erscheine das Grundkapital von 15 GE, die gesetzliche Rücklage von 5 GE und das Fremdkapital von 80 GE. Der Warenbestand wird zu 70 GE bar veräußert bei einem Tagesbeschaffungswert am Umsatztag von 45 GE. Nach Schmidt ergibt sich folgende Schlußbilanz: Auf der Aktivseite stehen ein Kassenbestand von 70 GE

---

59 Schmidt, S. 47, s. a. Schmidt, S. 48.
60 Schmidt, S. 53.
61 Schmidt, S. 73.

und eine Wertänderung von 55 GE (in Höhe der Differenz zwischen Anschaffungswert und Tagesbeschaffungswert am Umsatztag); auf der Passivseite erscheinen das Grundkapital (15 GE), die gesetzliche Rücklage (5 GE), das Fremdkapital (80 GE) und der Gewinn (25 GE, d. h. in Höhe der Differenz zwischen Umsatzerlös und Tagesbeschaffungswert am Umsatztag). Wird dieser Gewinn ausgeschüttet, so verringert sich der Kassenbestand auf 45 GE; mit 45 GE ist zwar der ursprüngliche Warenbestand wiederbeschaffbar, also die Substanz erhalten (sofern sich der Tagesbeschaffungswert gegenüber dem Umsatztag nicht verändert hat), aber dem Fremdkapital (80 GE) steht nun ein Haftungsvermögen von nur noch 45 GE gegenüber. Es ist, in diesem Sinne, Fremdkapital ausgeschüttet worden. (Nominal ist ein Verlust von 30 GE entstanden; denn der zu 100 GE angeschaffte Warenbestand konnte nur zu 70 GE veräußert werden. Das Haftungsvermögen hat sich also bereits hierdurch von 100 GE auf 70 GE verringert. Wird nun noch die Differenz zwischen Umsatzerlös und Tagesbeschaffungswert als „Gewinn" erklärt und ausgeschüttet, so vermindert sich das Haftungsvermögen weiter von 70 auf 45 GE.)

Mit den herkömmlichen, am Gläubigerschutz orientierten Bilanzaufgaben ist ein *Aktivum* „Wertänderung am ruhenden Vermögen" nicht vereinbar. Schmidts Vorstellungen von einem substanzorientierten Gewinn lassen sich mit dem Gläubigerschutzgedanken nur vereinbaren, wenn man diese Wertänderung am ruhenden Vermögen allein als *Passivum* zuläßt: Steigen die Beschaffungspreise, wird ein solches Passivum gebildet; wenn die Beschaffungspreise wieder fallen, vermindert man das Passivum, bis es vollständig aufgelöst ist. Nach vollständiger Auflösung (und weiterem Preisfall) darf der Posten aber nicht auf die Aktivseite überwechseln. In dieser Weise wollte *Karl Hax* den Konflikt zwischen Ausschüttungssperre (Nominalkapitalerhaltung) und substanzorientierter (inflationsbereinigter) Rechnung lösen.[62]

In der Anfangsbilanz stehe wieder ein Warenbestand mit seinem Anschaffungswert von 100 GE. In der ersten Periode werde er zu 150 GE veräußert und, am Umsatztag, zu 120 GE wiederbeschafft. Es ist dann ein substanzorientierter Gewinn von 30 GE gegeben, die Differenz zum nominalen Gewinn (der 50 GE beträgt) wird einer Substanzerhaltungsrücklage zugeführt (20 GE). Nach Ausschüttung des substanzorientierten Gewinns ergibt sich folgende Bilanz: Warenbestand 120 GE auf der Aktivseite; Grundkapital 15 GE, gesetzliche Rücklage 5 GE, Fremdkapital 80 GE und Substanzerhaltungsrücklage 20 GE auf der Passivseite. In der zweiten Periode wird der Warenbestand zu 90 GE veräußert und zu 80 GE wiederbeschafft. Der substanzorientierte Gewinn beträgt nun 10 GE; nominal ist ein Verlust von 30 GE eingetreten (Anschaffungswert 120 GE, Umsatzerlös 90 GE). Die Wertänderung am ruhenden Vermögen beläuft sich auf (minus) 40 GE (Anschaffungswert 120 GE, Tagesbeschaffungswert 80 GE). Schmidt würde nun den Wertänderungsposten (die Substanzerhaltungsrück-

---

62 Vgl. insbes. Karl Hax: Die Substanzerhaltung der Betriebe, Köln und Opladen 1957.

lage) auf die Aktivseite bringen (mit 20 GE); nur unter dieser Bedingung weist die Bilanz einen Gewinn von 10 GE aus: Auf der Aktivseite erscheinen der Warenbestand (80 GE), der Kassenbestand (10 GE) und die Wertänderung (20 GE); auf der Passivseite stehen unverändert Grundkapital (15 GE), gesetzliche Rücklage (5 GE), Fremdkapital (80 GE) und zusätzlich ein Gewinn von 10 GE. Wenn man die Aktivierung der Wertänderung ausschließt, ergibt sich statt des Gewinns von 10 GE ein Verlust von 10 GE; dieser Verlust steht nun (zusammen mit dem Warenbestand und dem Kassenbestand) auf der Aktivseite und sperrt die Ausschüttungen.

2. Desobjektivierung: Schmidts Aktivierungslehre ist ein Hohn auf den *Vereinfachungs- und Objektivierungsgedanken.* Zwar weiß Schmidt, daß die „Praxis . . . nur ausnahmsweise Bilanzposten, die immaterielle Werte darstellen", ansetzt, aber er verschließt sich der wichtigsten Begründung hierfür. Er rekurriert nicht auf Objektivierungs- und Vereinfachungserfordernisse, sondern meint, diese Übung der Praxis sei „aus einer an sich erwünschten Vorsicht geboren". Solche Vorsicht bedeute jedoch „Bilanzverschleierung". „Im Interesse" einer richtigen Erfolgs- und Vermögensermittlung sei „unbedingt zu fordern, daß alle immateriellen Kostenwerte zu ihrem Tagesbeschaffungspreise nach Maßgabe des noch vorhandenen Bestandes bilanziert werden".[63]

Für die Bilanz im *Rechtssinne* ist es kaum vorstellbar, Ansatz und Bewertung immaterieller Werte der Willkür der Beteiligten zu überlassen. Hinsichtlich der Steuerbilanz ist dies offenkundig: Die jährliche Steuerbelastung würde im Ergebnis vom Gutdünken der Finanzbeamten abhängen; für eine richterliche Nachprüfung gäbe es kaum greifbare Kriterien. Doch auch hinsichtlich der Handelsbilanz wäre solche Rechtsunsicherheit unerträglich.

Bei der von Schmidt vorgeschlagenen Bilanzierungsweise bleiben Ansatz und Bewertung der Willkür der Beteiligten überlassen: Die Bilanzierung der „immateriellen Kostenwerte" erfordert, daß sich diesen Posten bestimmte Ausgaben zurechnen lassen. In vielen Fällen, ausnahmslos bei den selbsterstellten immateriellen Werten, ist es aber nur durch Willkür möglich, die von dem betreffenden Posten *verursachten* Ausgaben abzugrenzen; man denke etwa an die „Kosten für die Entwicklung eines Geheimverfahrens"[64]. In irgendeiner Weise hängen alle Aktivitäten in einer Entwicklungsabteilung, ja in einem Unternehmen schlechthin, zusammen; man kann im Einzelfall meist ohne Schwierigkeiten nachweisen, daß Geheimverfahren X nicht hätte entwickelt werden können, wenn Versuche in ganz anderer Richtung unterblieben wären etc.; Schmidt verführt den Bilanzierenden zu gewagten *Zurechnungen.*

Es genügt im übrigen nicht, einem Objekt *Ausgaben* zurechnen zu können. Ein Objekt muß auch, bei der erstmaligen Bilanzierung und in den Folgebilanzen, in

---

63 Schmidt, S. 130 (alle Zitate).
64 Schmidt, S. 118.

dem Sinne *bewertet* werden, daß man den bis zum Bilanzstichtag eingetretenen „Wertverzehr"[65], den „Teilverbrauch der Gesamtnutzleistung"[66], berücksichtigt; nicht zuletzt muß sich die Beendigung der „wirtschaftlichen Nutzungsdauer"[67] eines Objektes feststellen lassen. Schmidt konzediert, daß es sich dabei um eine „schwere Aufgabe" handelt, weil „zu viele der Bestimmungsfaktoren . . . in der Zukunft liegen"[68]: Der „Teilverbrauch der Gesamtnutzleistung", der in der Rechnungsperiode eingetreten ist, hängt auch davon ab, mit welchen Nutzungsmöglichkeiten *für die Zukunft* zu rechnen ist; hat man die „Kosten für die Entwicklung eines Geheimverfahrens" ermittelt, so muß schon bei der erstmaligen Aktivierung gefragt werden, wieviel von der „Gesamtnutzleistung" bis zum Bilanzstichtag bereits „verbraucht" wurde, wieviel davon erst künftig „verbraucht" werden wird. Man muß mithin auch wissen, wovon dieser „Verbrauch" abhängt, wie er sich überhaupt bestimmen läßt.

Schmidt kann unmöglich primär an die Bilanz im *Rechtssinne* gedacht haben; seine Bilanzierungsvorschläge entfernen sich viel zu weit von jener vereinfacht-objektivierten Vermögens- und Gewinnermittlung, wie sie für die Bilanz im Rechtssinne unabdingbar ist. Soll der Steuerpflichtige, der Finanzbeamte oder der Finanzrichter entscheiden, ob z. B. Reklameausgaben zu aktivieren sind und, falls aktiviert wird, welcher „Teilverbrauch" der in ihnen steckenden „Gesamtnutzleistung" in der Rechnungsperiode gegeben ist? Soll der Strafrichter darüber urteilen, ob bzw. in welchem Maße solche Reklameausgaben eine Vermögenskomponente bilden oder ob der Kaufmann mit der Aktivierung sein Vermögen überbewertet hat? In der Bilanz, die das Fortführungsvermögen erfassen soll, können Reklameausgaben nach Maßgabe der in ihnen für künftige Jahre steckenden „Nutzleistung" nur dann aktiviert werden, wenn *Objektivierungs- und Vereinfachungserwägungen* zurücktreten dürfen.

3. Scheinvermögensermittlung: Schmidt hat die aus der Statik überkommene Tradition objektiviert-vereinfachter Bilanzierung aufgegeben, ohne hierfür hinsichtlich der Vermögensdarstellung etwas Nennenswertes zu erlangen. Schmidt irrt, wenn er annimmt, seine Bilanzierung führe zu einer verläßlichen Annäherung an den Ertragswert, also an das wirkliche Vermögen.

Soweit Schmidt für die Bilanzierung von solchen immateriellen Gütern eintritt, die nicht „Kostenwerte", sondern *"Ertragswerte"* darstellen, verzichtet er offen auf die bilanzielle Vermögensermittlung: Der monopolbedingte „Mehrertragswert" läßt sich allein als „Überschuß des Ertragswertes über den Reproduktionswert"[69] erfassen; nur der *Reproduktionswert,* nicht der Ertragswert wird *bilanziell* bestimmt. Den monopolbedingten „Mehrertragswert" kann man

---

65 Schmidt, S. 177 (im Original hervorgehoben).
66 Schmidt, S. 176.
67 Schmidt, S. 178 (im Original hervorgehoben).
68 Schmidt, S. 179 (beide Zitate).
69 Schmidt, S. 76.

mithin erst dann in die Bilanz einsetzen, wenn man das wirkliche Vermögen (den Ertragswert) bereits kennt (auf nichtbilanziellem Wege ermittelt hat).

Unternehmen U lasse jährliche Erträge von 10 GE erwarten; der Kapitalisierungssatz betrage 10%. Es ergibt sich mithin ein Ertragswert in Höhe von 100 GE. Der „Reproduktionswert" belaufe sich auf 60 GE. Das bedeutet, daß ein *„Mehrertragswert"* (üblicherweise „Geschäftswert" genannt) in Höhe von 40 GE vorliegt. Kann man von diesem Mehrertragswert den *unternehmerbedingten* (auf überdurchschnittlicher Unternehmerleistung zurückzuführenden) Anteil ausscheiden, so ist der Rest ein *monopolbedingter* Mehrertragswert; im allgemeinen wird freilich nicht einmal die Trennung zwischen monopol- und unternehmerbedingtem Mehrertragswert zufriedenstellend gelingen. Entscheidend ist hier jedoch, daß der volle Ertragswert (100 GE im Beispiel) bilanziell nicht ermittelt werden kann.

Von einer *bilanziellen* Vermögensermittlung kann allenfalls die Rede sein im Rahmen der Bestimmung dessen, was Schmidt den *"Reproduktionswert"* nennt; denn insoweit wird nicht der erwartete Ertrag kapitalisiert (also nicht auf diesem Wege der Ertragswert bestimmt), sondern es werden die Einzelwerte von Vermögensteilen ermittelt und (unter Abzug der Schulden) zum Reinvermögen addiert („Einzelbewertung"). Schmidt vernachlässigt jedoch die Probleme einer solchen Reproduktionswerterrechnung; der Reproduktionswert Schmidts stellt eine äußerst fragwürdige Annäherung an das Reinvermögen (den Ertragswert) dar.

Der Fehler von Schmidt besteht darin, daß er die Reproduktionswertkonzeption auf sämtliche „immateriellen Kostenwerte" überträgt, daß er glaubt, z. B. für Kundenbeziehungen, für die Belegschaftsqualität, für das Organisationsniveau Reproduktionswertanteile angeben zu können. In Wirklichkeit paßt die Reproduktionswertkonzeption nicht auf solche Objekte: Mit Hilfe des Reproduktionswertes soll der Ertragswert (hilfsweise) ermittelt werden; also muß man den Reproduktionswert *ertragswertunabhängig* bestimmen. Das ist bei materiellen Gegenständen und bestimmten Rechten grundsätzlich möglich: Bei einem *Warenvorrat* z. B. wird die Menge festgestellt und mit dem Tagesbeschaffungswert multipliziert; ein Unternehmen, das etwa nur aus diesem Warenvorrat bestünde, wäre mit der Aufwendung des erwähnten Betrags „reproduziert". Man fragt hier nicht, ob sich die Reproduktion überhaupt lohnt, d. h. ob dieser Reproduktionswert nicht vielleicht *über* dem Ertragswert liegt (weil sich die betreffenden Waren nur zu einem ihren Tagesbeschaffungswert *unterschreitenden* Preis veräußern lassen); man akzeptiert, daß Reproduktionswert und Ertragswert divergieren können, sogar stark divergieren können.

Bei Objekten wie den *Kundenbeziehungen* z. B. ist eine ertragswertunabhängige Reproduktionswertbestimmung ausgeschlossen; denn solche Objekte sind, anders als Warenvorräte, Maschinen u. ä., nur *ertragswertabhängig vorhanden:* Von der Höhe des Ertragswertes hängt es ab, ob die Kundenbeziehungen, ob die

Belegschaftsqualität etc. überhaupt einen *positiven* oder einen *negativen* Wert haben. Man kann für derartige Objekte einen Reproduktionswertanteil immer nur dann bestimmen, wenn man von irgendwelchen Annahmen über die Höhe des Ertragswertes *und* über die Ertragswirksamkeit gerade dieser Objekte ausgeht; infolgedessen versagt insoweit eine auf Reproduktionswerten basierende (hilfsweise) Ertragswertermittlung. Es wäre unlogisch, eine Größe (den Ertragswert) bestimmen zu wollen und dabei Hilfsgrößen (Reproduktionswertanteile) zu benutzen, die eine Kenntnis der gesuchten Größe voraussetzen.

Die Reproduktionswertanteile von Objekten wie den Kundenbeziehungen sind in Wahrheit *Ertragswertanteile;* sie sind jedenfalls nur als Ertragswertanteile erfaßbar. Das bedeutet aber für die Reproduktionswertermittlung eine große Gefahr: Anstelle sorgfältiger Ertragswertberechnungen (Ertragskapitalisierungen) treten *gegriffene* Ertragswerthypothesen und *gegriffene* Ertragswertanteile.

Schmidt hat einen Kompromiß gesucht: Er mag davon ausgegangen sein, daß die Masse der Kaufleute durch Ertragswertberechnungen mittels Ertragskapitalisierung überfordert ist, und er wollte auch nicht die vereinfachte, objektivierte Scheinvermögensermittlung, wie sie für die Statik kennzeichnend ist. Der Weg, den Schmidt vorschlägt, führt indessen nicht zu einem sinnvollen Kompromiß: weder wird eine vertretbare, auch nur halbwegs zuverlässige Annäherung an das wirkliche Vermögen erreicht, noch wird das Mindestniveau an Objektivierung beachtet.

Man stelle sich vor, daß der Reproduktionswert (Tagesbeschaffungswert am Bilanzstichtag) eines *selbsterstellten Patents* gesucht ist. Schmidt steht zunächst vor der Frage, welche Ausgaben (Wiederbeschaffungsausgaben) dem Patent zuzurechnen sind: inwieweit sollen Ausgaben für „Grundlagenforschung", für mißglückte Anwendungsforschung, für die allgemeine Verwaltung dem Patent zugeordnet werden? Der Gesichtspunkt, daß die Summe der zugerechneten Ausgaben die Reproduktion (Wiederbeschaffung) ermöglichen soll, gibt kaum etwas her für das zu lösende Problem; denn die Frage lautet doch, wie sich gerade *dieses* Objekt reproduzieren ließe. Schmidt kann sich in derartigen Fällen auch nicht etwa hilfsweise auf Wiederbeschaffungspreise am Markt stützen; denn solche Objekte sind viel zu singulärer Natur, um ihnen eindeutige Marktpreise zuordnen zu können. Nur insoweit es sich um ein gekauftes Patent handelte, wären Ausgaben halbwegs zurechenbar, freilich auch nur in Gestalt des ursprünglichen Anschaffungspreises, nicht des gegenwärtigen Wiederbeschaffungspreises.

Schmidt steht aber nicht nur vor der Frage, dem selbsterstellten Patent Ausgaben zuzuordnen. Gleich schwierig ist das Problem, diese Ausgaben auf die Jahre, die von ihnen einen Nutzen haben, zu verteilen: An jedem Bilanzstichtag ergibt sich erneut die Frage, was man für die Wiederbeschaffung des betreffenden Patents noch aufwenden würde; dieser potentielle Wiederbeschaffungspreis aber hängt davon ab, welche *Ertragswirksamkeit* man sich von dem Patent für die *Zukunft* noch verspricht. Man muß infolgedessen prüfen, wie es mit den Ertragserwartungen des Unternehmens insgesamt bestellt ist: ein Patent, das die Herstellkosten bestimmter Produkte drastisch senkt, liefert nur einen bescheidenen Ertragswertbeitrag, wenn es mit den Absatzmöglichkeiten dieser Produkte schlecht bestellt ist. Man muß ferner prüfen, inwieweit gerade diesem Patent künftige Erträge zurechenbar sind; es drohen Überaktivierungen (Mehrfachaktivierungen), wenn man, auf gute Ertragserwartungen vertrauend, Reproduktionswerte für das Patent, für Reklameausgaben, für die Belegschaftsqualität etc. bilanziert.

Die Problematik der Gleichsetzung von Reproduktionswert eines Objekts und Ertragswertbeitrag dieses Objekts betrifft nicht nur die immateriellen Werte. Auch bei einer Maschine z. B. ist ein derartiger Schluß immer fragwürdig. Man kann nicht einmal sagen, daß der Reproduktionswert einer Maschine ihren Mindest-Ertragswertbeitrag darstellt; die Maschine kann „unrentierlich" arbeiten oder das ganze Unternehmen kann „unrentierlich" sein. Immerhin läßt sich bei Objekten, denen eine gewisse „Marktgängigkeit" eigen ist (wie im Regelfall bei Maschinen), ein Reproduktionswert (Tagesbeschaffungswert) schätzen (bei bereits gebrauchten Maschinen freilich wiederum mit starken Vorbehalten); der Reproduktionswert ist in solchen Fällen ein *Marktpreis,* also im Sinne von Schmidt ein durch den Markt „objektivierter" Ertragswertbeitrag. Anders ausgedrückt: die Maschine hat einen (mit erheblichem Spielraum) zu schätzenden Marktpreis, damit hat sie einen in diesem speziellen Sinne „objektivierten" und im übrigen sehr fragwürdigen Ertragswertbeitrag. Das selbsterstellte Patent hat nichts, was als „Marktpreis" schätzbar wäre; sein Ertragswertbeitrag muß infolgedessen unmittelbar, durch (notwendigerweise fragwürdige) Ertragszurechnungen bestimmt werden.

4. Scheingewinneliminierung: Das Verdienst von Schmidt liegt nicht in seiner gewiß verunglückten Lehre von der bilanziellen Vermögensermittlung, sondern in dem Nachdruck, mit dem er auf das (preissteigerungsbedingte) *Scheingewinnproblem* hingewiesen hat. Wenn Schmidt fordert, daß die Aktiven mit dem Tagesbeschaffungswert des Bilanzstichtages anzusetzen sind, so liegt darin nicht der entscheidende Durchbruch zur Bilanzwahrheit: Zwar kann die Information über die Tagesbeschaffungswerte nützlich sein, aber sie sichert nicht etwa die bilanzielle Erfassung des *wirklichen* Vermögens. *Wichtiger* ist Schmidts Forderung, den *Aufwand* (in der GVR) mit Tagesbeschaffungswerten anzusetzen und auf diese Weise *preisänderungsbedingte* Gewinndeterminanten zu isolieren.

Auch hinsichtlich der Gewinnermittlungslehre Schmidts muß man freilich einige Vorbehalte anführen: Schmidt generalisiert zu stark; er läßt unberücksichtigt, daß es bei bestimmten Gewinnermittlungszwecken durchaus richtig ist, *nominal* zu rechnen. Wenn das deutsche Handelsbilanzrecht etwa am Nominalprinzip festhält, so ist das für bestimmte Bilanzzwecke durchaus sinnvoll: Für eine Gegenüberstellung von Vermögensobjekten und Schulden zum Zwecke der Schuldendeckungskontrolle bedarf es keiner Berücksichtigung der Geldentwertung, ebensowenig für eine Berechnung des vor Ausschüttungen zu sperrenden Mindesthaftungsvermögens; denn insoweit zählen Nominalwerte. Es interessiert allein die Möglichkeit, die Schulden begleichen (die Gläubiger befriedigen) zu können; die Schulden aber sind Nominalwerte.

Eine Aktiengesellschaft habe folgende Anfangsbilanz: Ein Warenbestand von 100 kg, bilanziert zum Anschaffungspreis von 100 GE, bildet die Aktivseite; auf der Passivseite erscheinen das Grundkapital von 15 GE, die gesetzliche Rücklage von 5 GE und Fremdkapital von 80 GE. Am Ende des Jahres ist anstelle des erwähnten Warenbestands dessen Gelderlös getreten, d. h. ein Kassenbestand von 128 GE. Es ergibt sich folgende Jahresschlußbilanz: Auf der Aktivseite steht jetzt ein Kassenbestand von 128 GE; auf der Passivseite erscheinen unverändert das Grundkapital (15 GE) und die gesetzliche Rücklage (5 GE), das Fremdkapital (ursprünglich 80 GE) sei um die zum Jahresende fälligen, aber noch nicht beglichenen Zinsen (10%, d. h. 8 GE) auf 88 GE angestiegen. Es ergibt sich dann ein (nominaler) Gewinn von 20 GE (der ebenfalls auf der Passivseite erscheint und den Bilanzausgleich bewirkt). In diesem Falle besteht kein Anlaß, den nominalen Gewinn (20 GE) mit einer Ausschüttungssperre zu belegen: Das Fremdkapital (88 GE) und der Pufferbetrag (Grundkapital und gesetzliche Rücklage, insgesamt 20 GE) sind durch Aktiven *überdeckt:* Den Aktiven von 128 GE stehen das Mindesthaftungsvermögen markierende Passiven von 108 GE gegenüber; mithin sind 20 GE ausschüttbar. Nimmt man an, daß der Tagesbeschaffungswert am Umsatztag auf 120 GE gestiegen ist, so beträgt der substanzorientierte Gewinn allerdings 0 GE: Es ist ein Umsatzerlös von 128 GE gegeben; hieraus sind zunächst die Fremdkapitalzinsen (8 GE) zu decken; der Rest (120 GE) genügt gerade zur Warenwiederbeschaffung (zur „Substanzerhaltung"). Die Erhaltung von Fremdkapital und gesetzlichem Pufferbetrag (Grundkapital, gesetzliche Rücklage) ist indessen etwas ganz anderes als die Substanzerhaltung: es hängt vom Gewinnermittlungszweck ab, ob die *Nominalkapitalerhaltung* oder die *Substanzerhaltung* relevant ist.

Für die gesetzliche Ausschüttungssperre ist nicht die Substanzerhaltung gewinnbestimmend, sondern die Nominalkapitalerhaltung. Ein Gewinn, d. h. ein ausschüttbarer Betrag, ist unter diesem Gesichtspunkt gegeben, wenn die Summe der Aktiven über der Summe der das Mindesthaftungsvermögen markierenden Passiven (Grundkapital, gesetzliche Rücklage, Fremdkapital) liegt: Dieses in den erwähnten Passiven markierte *Mindesthaftungsvermögen* ist hier das zu erhaltende *Nominalkapital;* eine Ausschüttung ist ausgeschlossen, wenn durch die Ausschüttung das so definierte Nominalkapital angegriffen wird.[70]

Schmidt denkt auch hinsichtlich seines substanzorientierten Gewinns nicht primär an die Bilanz im Rechtssinne, sondern an eine interne, rein betriebswirt-

---

70 Die Konstruktion der gesetzlichen Ausschüttungssperre wird unten, § 6, im Detail erläutert.

schaftliche Bilanz. Dafür spricht jedenfalls wieder die fehlende Objektivierung seiner Gewinnermittlungsregeln: Schmidt will in der GVR die Aufwendungen zu ihren Tagesbeschaffungswerten am Umsatztag angesetzt wissen, ein Vorschlag, der dem Kaufmann (neben einer kaum zumutbaren Arbeitsbelastung) einen breiten Ermessensspielraum beschert; denn bei sehr vielen Aufwandskomponenten sind verläßliche Informationen über die Tagesbeschaffungswerte am Umsatztag nicht erlangbar. Schmidts Vorschlag erscheint freilich auch ein wenig pedantisch: Gewinnermittlungen sind immer mit so ausgeprägten Unsicherheiten belastet (man denke z. B. an das Problem der Nutzungsdauerschätzung bei der Abschreibungsbemessung), daß es sich nicht recht lohnt, in Einzelfragen übergenau zu sein; statt die an den jeweiligen *Umsatztagen* geltenden Tagesbeschaffungswerte dem substanzorientierten Gewinn zugrunde zu legen, muß es genügen, mit *pauschalierten* Tagesbeschaffungswerten zu arbeiten.

Der Tagesbeschaffungswert am *Umsatztag* ist ohnehin recht fragwürdig, wenn der Gewinn an der „Substanzerhaltung" orientiert werden soll; denn erfolgt die Wiederbeschaffung später als am Umsatztag, und sind die Beschaffungspreise inzwischen weiter gestiegen, so erlauben nur die *realisierten* Wiederbeschaffungswerte die Substanzerhaltung: Ein Händler verfügte über einen Warenbestand, den er zu 100 GE erworben und zu 125 GE veräußert hatte. Am Umsatztag betrug der Tagesbeschaffungswert 120 GE; die tatsächliche Wiederbeschaffung erfolgte später, zu einem Preis von 130 GE. Nach Schmidt, d. h. bei Zugrundelegung des Tagesbeschaffungswertes am Umsatztag (120 GE), wird ein substanzorientierter Gewinn von 5 GE erzielt; in Wahrheit genügt der Erlös (125 GE) nicht, um die Substanz wiederzubeschaffen (zu erhalten). Das steht im Widerspruch zu Schmidts These, „oberster Grundsatz der Tageswertrechnung" sei „die Betriebserhaltung in ihrem realen Zustande".[71]

Schmidt verteidigt sich: der wirkliche, *nach* dem Umsatztag liegende Wiederbeschaffungspreis sei „nur schätzbar, nicht exakt faßbar"; er bilde keine „sichere Rechnungsgröße".[72] Dabei läßt Schmidt unberücksichtigt, daß doch auch der Tagesbeschaffungswert am Umsatztag im allgemeinen „nur schätzbar, nicht exakt faßbar" ist, daß also insofern allenfalls ein gradueller Unterschied zwischen beiden Werten besteht.

Es ist hier nicht der Ort zu prüfen, ob Schmidts These, der substanzorientierte Gewinn sei im Interesse der „Steuergerechtigkeit" geboten, zutrifft.[73] Als unbestritten darf gelten, daß ein substanzorientierter Gewinn in der internen, rein betriebswirtschaftlichen Erfolgsrechnung wichtige Informationen liefert, daß er hier eine unentbehrliche *Ergänzung* des Nominalgewinns bildet: Bei Preissteigerungen interessieren sich die Eigner auch für die möglich erscheinenden künfti-

---

71 Schmidt, S. 77.
72 Schmidt, S. 73 (beide Zitate).
73 Schmidt, S. 395; vgl. zu dieser Frage z. B. Adolf Moxter: Betriebswirtschaftliche Gewinnermittlung, Tübingen 1982, zusammenfassend S. 209–211.

gen „realen" Durchschnittsausschüttungen. Ausschüttungskriterium ist in dieser rein betriebswirtschaftlichen Betrachtung nicht irgendeine gesetzliche Ausschüttungssperre, sondern allein die Konsumgestaltung der Unternehmenseigner: Die Ausschüttungen alimentieren den Konsum; der bilanziell zu ermittelnde Gewinn kann zeigen, welcher Strom uniformer jährlicher Ausschüttungen dann möglich wäre, wenn sich die Verhältnisse der *Rechnungsperiode* in den künftigen Perioden ständig (mindestens im Durchschnitt) *wiederholten*.

Es sei ein Händler gegeben, der die Warenmenge X in der Vorperiode zu 100 GE (Anschaffungskosten) erworben und in der Rechnungsperiode zu 200 GE veräußert hat. Sein Nominalgewinn beträgt mithin 100 GE. Kann der Händler die in der Vorperiode (zu 100 GE) angeschaffte Warenmenge X in der Rechnungsperiode nur zu 110 GE wiederbeschaffen, weil eine allgemeine, auch für diese Waren geltende Preissteigerung von 10% eingetreten ist, so bedeutet das: Der Händler wird für die Zukunft jährliche Ausgaben von 110 GE und jährliche Verkaufserlöse von 200 GE annehmen, also jährliche Ausschüttungen von 90 GE. Unterstellt man statt dessen eine Fortsetzung der Inflation (eine jährliche Geldentwertungsrate von 10%), so ergibt sich folgender Verlauf der Beschaffungs- und Veräußerungspreise:

Periode:	0	1	2	3
Beschaffungspreise:	100	110	121	133,1
Veräußerungspreise:		200	220	242
Nominale Ausschüttung:	−100	+ 90	+ 99	+ 108,9

Der Händler „investiert" in Periode 0 den Betrag von 100 GE (negative Ausschüttung); er kann von Periode 1 (Rechnungsperiode) ab mit einem Ausschüttungsstrom rechnen, der *nominal* um 10% (mit der Inflationsrate) wächst, der aber *real* gleichbleibt. Real, d. h. gemessen in Geldeinheiten der Periode 1, verfügt der Händler pro Periode nur über 90 GE. Wenn ihm in Periode 2 nominal 99 GE zufließen, so haben diese 99 GE, wegen der gegenüber Periode 1 eingetretenen Geldentwertung von 10%, nur die gleiche Kaufkraft wie die 90 GE, die ihm in Periode 1 zugeflossen waren.

Man vereinfacht das Berechnungsmodell (und erhält die gleichen Aussagen), wenn man annimmt, daß es lediglich in Periode 1 (in der Rechnungsperiode) zu Preissteigerungen gekommen ist; von künftigen Preissteigerungen wird also abgesehen. Die Periode 1 steht jetzt unmittelbar mit ihren Ausgaben (110) und Einnahmen (200 GE) für alle Folgeperioden; die am Ende von Periode 1 beginnende Reihe jährlicher Ausschüttungen ergibt sich direkt als Überschuß der jährlichen Betriebseinnahmen (200 GE) über die jährlichen Betriebsausgaben (110 GE). Dagegen wird der Strom jährlicher Ausschüttungen zu *hoch* angesetzt (mit 100 GE), wenn man auf der Basis von (historischen) *Anschaffungswerten* rechnet: Die Anschaffungswerte, im Beispiel 100 GE, sind aus Vorperioden überkommen und repräsentieren deshalb bei Preissteigerungen nicht die auf der Preisbasis der Rechnungsperiode veranschlagten künftigen jährlichen Ausgaben.

Die gerade erörterte Prognosebedeutung von Wiederbeschaffungswerten wird in der angelsächsischen Literatur besonders hervorgehoben. Einen guten Überblick gibt Revsine.[74]

1. Schmidts Gewinnermittlung ist rein substanzorientiert; mit dem Gläubigerschutzgedanken ist seine Bilanzierung nur zu vereinbaren, wenn man die Wertänderung am ruhenden Vermögen allein als Passivposten zuläßt.

2. Schmidt vernachlässigt mit seinem Versuch, immaterielle Anlagewerte umfassend zu bilanzieren, alle Vereinfachungs- und Objektivierungsgesichtspunkte; für die Bilanz im Rechtssinne sind seine Vorschläge insoweit untauglich.

3. Schmidt kann selbst bei extremer Zurückdrängung von Vereinfachungs- und Objektivierungsgesichtspunkten bilanziell nur einen Reproduktionswert erfassen; der „Mehrertragswert" (Geschäftswert) ist bilanziell nicht bestimmbar.

4. Schon bei der Reproduktionswertermittlung muß Schmidt mit Hypothesen über Höhe und Aufteilung des Ertragswertes arbeiten; anders lassen sich Bilanzposten wie z. B. Management- und Belegschaftsqualität, Kunden- und Lieferantenbeziehungen nicht erfassen.

5. Die Vernachlässigung der im (positiven oder negativen) Geschäftswert steckenden Faktoren führt dazu, daß Schmidt ein Scheinvermögen ermittelt; der Ansatz der Bilanzposten zu Tagesbeschaffungswerten (statt Anschaffungswerten) ist so gesehen ein wenig bedeutsamer Schritt zur Bilanzwahrheit.

6. Schmidts Verdienst liegt in der Warnung vor preissteigerungsbedingten Scheingewinnen; es gibt allerdings auch Gewinnermittlungszwecke, für die eine Nominalrechnung ausreicht (handelsrechtliche Ausschüttungssperre).

---

74 Vgl. Lawrence Revsine: Replacement Cost Accounting, Englewood Cliffs (1973).

Zweites Kapitel

Einführung in die moderne Bilanztheorie

§ 4. Bilanzierung zum Zwecke der Dokumentation

A. Die Bilanzaufgabe „Dokumentation"

1. Istbestandskontrolle: „Dokumentation" von Vermögensgegenständen und Schulden heißt, ihren Zugang und ihr Vorhandensein bzw. ihren Abgang in bestimmten Aufzeichnungen festzuhalten. Mit Hilfe dieser Aufzeichnungen läßt sich der *Sollbestand* an Vermögensgegenständen und Schulden belegen, also der Istbestand überprüfen.

2. Dokumentationsinstrumente: Erstes Dokumentationsinstrument ist die laufende *Buchführung*. Hier werden die Zugänge und die Abgänge von Vermögensgegenständen und Schulden festgehalten. Zweites Dokumentationsinstrument ist das *Inventar*. Inventar nennt man das Verzeichnis der am jeweiligen Stichtag vorhandenen *einzelnen* Vermögensgegenstände und *einzelnen* Schulden nach Art, Menge und Wert. In dieser Einzeldarstellung von Vermögensgegenständen und Schulden unterscheidet sich das Inventar von der *Bilanz,* dem dritten Dokumentationsinstrument: In der Bilanz werden zwar alle im zugehörigen Inventar enthaltenen Vermögensgegenstände und Schulden angeführt, aber in *zusammengefaßter* Form. In der Bilanz erscheinen z. B. sämtliche kurzfristig gehaltenen Wertpapiere in einer (einzigen) Position (etwa: „Umlaufwertpapiere, 5 000 DM"). Das Inventar weist dagegen die verschiedenen Wertpapiere für sich aus (etwa: „10 Siemens-Aktien, 2 000 DM; 12 Bankverein-Aktien, 3 000 DM"). Das Inventar erlaubt, im Unterschied zur Bilanz, die *Identifizierung* der einzelnen Vermögensgegenstände und Schulden, auch hinsichtlich ihres jeweiligen Einzelwertes.

Auf die Dokumentation von Vermögensgegenständen und Schulden in der laufenden *Buchführung* kann nur zurückgegriffen werden, solange diese Handelsbücher *existieren* (aufbewahrungspflichtig sind): Es gibt Vermögensgegenstände und Schulden, über die der Kaufmann am Bilanzstichtag noch verfügt, deren Zugang aber nicht mehr belegt werden kann, weil die entsprechenden

Handelsbücher wegen Ablaufs der gesetzlichen Aufbewahrungsfristen vernichtet wurden. In *Inventar* und *Bilanz* werden dagegen Vermögensgegenstände und Schulden *alljährlich* erneut dokumentiert.

3. Gläubigerschutzfunktion: Eine vollständige Dokumentation der einzelnen Vermögensgegenstände und der einzelnen Schulden ist bilanzrechtlich sehr wichtig; sie erschwert das betrügerische *Beiseiteschaffen* von Vermögensgegenständen wie auch das betrügerische „Erdichten" von Schulden. Bei Konkurslage gerät mancher Kaufmann in Versuchung, seine Gläubiger zu betrügen; er verheimlicht die Existenz bestimmter Vermögensgegenstände, um sie der Konkursmasse und damit dem Gläubigerzugriff zu entziehen. Auch kann ein Kaufmann Schulden (gegenüber Strohmännern) erfinden, um auf dem Umweg über die Befriedigung dieser Scheingläubiger Vermögen für sich zu retten (der Anteil der Scheingläubiger an der Konkursmasse fließt dem Kaufmann zu).

Man wird die Bedeutung der Dokumentationsfunktion nicht überschätzen: Es gibt Möglichkeiten, dieses Gläubigerschutzinstrument zu *umgehen,* zum Beispiel durch Fälschung der Eintragungen in Buchführung, Inventar und Bilanz (unvollständige Dokumentation). Doch wird man berücksichtigen, daß alle Instrumente des bilanzrechtlichen (und sonstigen) Gläubigerschutzes unvollkommen sind; die Dokumentation ist einstweilen *unentbehrliches Gläubigerschutzinstrument*. Auch zeigen die Fälle, in denen mit Hilfe von Buchführung, Inventar und Bilanz Unterschlagungen von Gläubigerzugriffsvermögen aufgedeckt werden konnten, daß die Dokumentation nicht etwa völlig wirkungslos ist.

4. Gesellschafterschutz: Sind mehrere Unternehmenseigner gegeben, so droht die Gefahr, daß sich ein Gesellschafter auf Kosten seiner Mitgesellschafter bereichert; eines der Mittel hierzu ist der heimliche Entzug von zum *Gesellschaftsvermögen* gehörenden Gegenständen. Durch Dokumentation der zum Gesellschaftsvermögen gehörenden Gegenstände in Buchführung, Inventar und Bilanz werden derartige Betrügereien erschwert.

B. Dokumentationsadäquater Bilanzinhalt

I. Bilanzierungsprinzipien

1. Einzelveräußerbarkeitsprinzip: Der Dokumentationszweck wirkt sich, wie jeder Bilanzzweck, auf den *Bilanzinhalt* aus; die Bilanzzwecke werden an dieser Stelle gerade erörtert, um zu erklären, wie eine Bilanz beschaffen sein muß, die bestimmte Aufgaben erfüllen soll. Dokumentiert werden muß jeder Vermögensgegenstand, der sich zur Beiseiteschaffung eignet; dokumentiert werden müssen

1. Dokumentation der Vermögensgegenstände und Schulden erfolgt, um dem Istbestand an Vermögensgegenständen und Schulden den Sollbestand gegenüberstellen zu können.

2. Dokumentationsinstrumente sind die laufende Buchführung, das Inventar und die Bilanz.

3. In Inventar und Bilanz werden Vermögensgegenstände und Schulden alljährlich erneut dokumentiert.

4. Das Inventar erlaubt, anders als die Bilanz, die Identifikation der einzelnen Vermögensgegenstände und Schulden.

5. Die Dokumentation dient dem Gläubigerschutz und dem Gesellschafterschutz: Unterschlagungen werden erschwert.

außerdem alle (wirklichen) Schulden. Beiseitegeschafft werden kann jedes Objekt, das überhaupt *einzeln* entziehbar ist, zum Beispiel ein Wertpapier, eine Maschine, aber auch ein bestimmtes Know-how. Ungeeignet zur Beiseiteschaffung sind nur solche Güter, die für sich gesehen keinen Wert haben, vielmehr ihren Wert allein aus der Kombination mit anderen Gütern herleiten: Die (funktionierende) Organisation eines Unternehmens ist z. B. ein solches Gut; man kann sie nicht isoliert beiseiteschaffen, weil sie sich nicht *isoliert* verwerten läßt. Etwas anderes gilt nur, wenn nicht an die Organisation im allgemeinen gedacht ist, sondern an bestimmtes, einzeln übertragbares Organisations-Know-how (etwa bestimmte EDV-Programme).

Im Bilanzrecht bezeichnet man Vermögensgegenstände, die als (wertvolle) Objekte einzeln abgehen können, die sich also in diesem Sinne beiseiteschaffen lassen, als *„einzelverkehrsfähig"* [1]: Gemeint ist, daß sie einzeln, für sich, voll am Rechtsverkehr teilnehmen (insbesondere veräußert werden) können. Nicht einzelverkehrsfähig ist, unter anderem, die (allgemeine) Organisation; denn sie kann nicht für sich, nicht isoliert, sondern nur in Verbindung mit anderen Objekten am Rechtsverkehr teilnehmen: Will man die allgemeine Organisation veräußern, muß man das ganze Unternehmen oder jedenfalls bestimmte Betriebsteile mitveräußern. Infolgedessen bedarf die allgemeine Organisation keiner (besonderen) Dokumentation: Sind die anderen Objekte dokumentiert, so ist die allgemeine Organisation hinsichtlich eines drohenden Beiseiteschaffens zwangsläufig mitdokumentiert. Nur das *einzelveräußerbare* Objekt bedarf der Dokumentation.

---

1 Vgl. insbes. Reinhard Goerdeler und Welf Müller, in: Hachenburg, Gesetz betreffend die Gesellschaften mit beschränkter Haftung, Großkommentar, 7. Aufl., bearb. von Carl Hans Barz u. a., 2. Band, Berlin und New York 1979, Anm. 53 zu § 42; Bruno Kropff, in: Aktiengesetz, Kommentar von Ernst Geßler u. a., Band 3, München 1973, Anm. 47 zu § 149.

2. Vollständigkeitsprinzip: Der Kreis der einzelveräußerbaren Objekte ist überraschend groß: Einzelveräußerbar sind z. B. auch die vorhandenen Kundenbeziehungen; denn Kunden lassen sich grundsätzlich an Dritte, zum Beispiel auf dem Wege von Empfehlungen (durch den bisherigen Geschäftsinhaber), einzeln übertragen. Ein Kaufmann, der bei Konkurslage bestimmte Kundenbeziehungen (oder Lieferantenbeziehungen) verschweigt, kann hieraus auf Kosten seiner Gläubiger erheblichen Vorteil ziehen. (Die Gläubiger hätten bei Kennntnis solcher Beziehungen vielleicht eine zeitweilige Unternehmensfortführung beschlossen; der Kaufmann kann sein Wissen gegen Entgelt an Dritte, etwa an bisherige Konkurrenten, übertragen.)

Die Dokumentationsaufgabe erfordert, *sämtliche* einzelveräußerbaren Vermögensgegenstände zu bilanzieren. Die abstrakte Einzelveräußerbarkeit genügt; ob im konkreten Fall für einen Gegenstand ein (positiver) Einzelverkaufserlös erwartet werden kann, ist mithin unerheblich. Unerheblich sind ferner etwaige Zweifel an der abstrakten Einzelveräußerbarkeit eines Gegenstandes: die Dokumentationsaufgabe erzwingt ein *striktes Vollständigkeitsprinzip*.

Dem Dokumentationserfordernis wird im übrigen Genüge getan, wenn das entziehbare Objekt als solches festgehalten wird; es muß grundsätzlich nicht mit seinem wirklichen Wert angegeben werden: Die Existenz einer Maschine zum Beispiel ist auch dann dokumentiert, wenn sie mit ihrem Erinnerungswert (1 DM) bilanziert wird. Etwas anderes gilt selbstverständlich bei solchen Vermögensgegenständen, die nur durch die Wertangabe vollständig zu belegen sind; so darf zum Beispiel der Kassenbestand oder das Bankguthaben nicht etwa mit einem Erinnerungswert bilanziert werden.

II. Bilanztyp: vollständigkeitsorientierte Zerschlagungsbilanz

Eine Bilanz, in der nur die einzelveräußerbaren Vermögensgegenstände erfaßt (und den Schulden gegenübergestellt) werden, heißt *„Zerschlagungsbilanz"*: Bei Unternehmenszerschlagung setzt sich das Vermögen ausschließlich aus den einzelveräußerbaren Gegenständen (abzüglich der Schulden) zusammen. So gesehen läßt sich sagen, daß die *„Dokumentationsbilanz"* eine Zerschlagungsbilanz darstellt, allerdings eine spezielle, nämlich dem strikten Vollständigkeitsprinzip unterworfene Zerschlagungsbilanz.

Eine am strikten *Vollständigkeitsprinzip* orientierte Zerschlagungsbilanz ist sehr schwierig zu erstellen: Im allgemeinen haben die Kaufleute mit Unternehmenszerschlagungen wenig Erfahrung; aber selbst wenn solche Erfahrungen vorhanden sind, kann der Kreis derjenigen Objekte, die einen positiven oder negativen Zerschlagungserlös brächten, nicht verläßlich angegeben werden.

1. Die der Dokumentationsaufgabe entsprechende Bilanz ist gekennzeichnet durch das Einzelveräußerbarkeitsprinzip und durch das Vollständigkeitsprinzip: Es brauchen nur einzelveräußerbare Objekte bilanziert zu werden, diese aber vollständig.

2. In Zerschlagungsbilanzen werden nur einzelveräußerbare Aktiven angeführt; denn bei Unternehmenszerschlagung ist nicht Vermögensgegenstand, was nicht einzelveräußerbar ist.

3. Die Dokumentationsbilanz entspricht mithin dem Bilanztyp „Zerschlagungsbilanz".

§ 5. Bilanzierung zum Zwecke der Schuldendeckungskontrolle

A. Die Bilanzaufgabe „Schuldendeckungskontrolle"

1. Konkursvorsorge: Schuldendeckungskontrolle erfolgt, um die Schuldendeckungsfähigkeit zu ermitteln. Schuldendeckungsfähigkeit bedeutet soviel wie „Zahlungsfähigkeit", d. h. die Möglichkeit, Schulden begleichen zu können; *„zahlungsunfähig"* (illiquide) im Sinne des Konkursrechts ist, wer *fällige* Schulden *nachhaltig* nicht zu begleichen vermag.[1]

Die Zahlungsunfähigkeit wird zwar für einen bestimmten *Zeitpunkt* festgestellt, sie wird aber nach den für einen *Zeitraum* gegebenen Einnahmen- und Ausgabenerwartungen beurteilt: Es kommt darauf an, die jeweils *fälligen* Schulden begleichen zu können. Mithin genügt es, wenn *künftig* fällig werdende Schulden durch *künftige* Einnahmen gedeckt sind; ein Kaufmann, der gegenwärtig nicht in der Lage ist, die erst künftig fälligen Schulden zu begleichen, gilt deshalb noch nicht etwa als zahlungsunfähig.

Zahlungsunfähigkeit bedeutet außerdem, daß *„nachhaltiges"* Unvermögen zur Deckung fälliger Schulden vorliegt: Es genügt zur Zahlungsunfähigkeit nicht, in einer vorübergehenden Zahlungsschwierigkeit (Liquiditätsanspannung) zu sein. Viele Unternehmen geraten immer wieder in gewisse Liquiditätsanspannungen, etwa weil sich Zahlungseingänge unerwartet verzögern; dennoch sind diese Unternehmen nach kurzer Zeit wieder liquide und in diesem Sinne nachhaltig in der Lage, ihre Schulden zu begleichen.

Die Zahlungsunfähigkeit im gerade erläuterten Sinne ist *Konkursgrund*. Eine Kontrolle der Schuldendeckungsfähigkeit liegt mithin, jedenfalls bei größeren Unternehmen, auch im öffentlichen Interesse.

2. Finanzplanung: Zur Bestimmung der Schuldendeckungsfähigkeit bedarf es grundsätzlich eines Finanzplans. Unter einem Finanzplan versteht man eine *nach Perioden geordnete* Gegenüberstellung von *erwarteten Einnahmen* und *erwarteten Ausgaben*.[2] Schulden gehen in einen solchen Finanzplan als Ausgaben ein (in ihrer Fälligkeitsperiode); die Schuldendeckungsfähigkeit wird im Finanzplan mithin nach dem Verhältnis von (erwarteten) Einnahmen und (erwarteten) Ausgaben beurteilt. Schuldendeckungskontrolle bedeutet, so gesehen, Ausgabendeckungskontrolle.

---

1 Vgl. etwa Wilhelm Uhlenbruck: Insolvenzrecht, Bonn 1979, S. 34.
2 Vgl. Eberhard Witte: Finanzrechnung, insbesondere Finanzplanung. In: Handwörterbuch des Rechnungswesens, 2. Aufl., hrsg. von Erich Kosiol u. a., Stuttgart 1981, Sp. 544–557 (mit ausführlichen Literaturangaben).

Durch sorgfältige Finanzplanung sind finanzielle Schwierigkeiten nicht etwa sicher vermeidbar: Es kann zu ganz anderen Entwicklungen der Einnahmen bzw. der Ausgaben kommen, als sie veranschlagt wurden, und selbst die eingeplanten Liquiditätsreserven mögen sich als nicht ausreichend erweisen. Doch läßt sich umgekehrt sagen, daß finanzielle Schwierigkeiten praktisch unvermeidbar sind, wenn es an einer sorgfältigen Finanzplanung fehlt: Wer Investitionen tätigt und Schulden eingeht, ohne deren künftige Einnahmen-Ausgaben-Wirkungen zu beachten, sieht sich im allgemeinen sehr bald wenn nicht vor dem Ruin, so mindestens vor erheblichen Liquiditätsanspannungen.

Nicht bei allen Unternehmen bedarf es einer schriftlich fixierten Finanzplanung. Es gibt sehr einfache Verhältnisse, in denen der Kaufmann die Einnahmen-Ausgaben-Erwartungen im Kopf hat; das gilt vor allem dann, wenn nach dem Gang der Geschäfte eine ausgeprägte Stetigkeit in der Höhe der Einnahmen und Ausgaben zu erwarten ist. In den meisten Fällen sichert indessen erst die systematische Zusammenstellung aller künftige Einnahmen und künftige Ausgaben verursachenden Vorgänge den Einblick des Kaufmanns in seine Liquiditätserwartungen bzw. die Optimierung dieser Liquiditätserwartungen.

---

1. Schuldendeckungskontrolle erfolgt, um Zahlungsunfähigkeit zu erschweren.

2. Zahlungsunfähigkeit im Sinne des Konkursrechts bedeutet nachhaltiges Unvermögen, fällige Schulden zu begleichen.

3. Adäquates Instrument der Schuldendeckungskontrolle ist der Finanzplan, das heißt die periodisch geordnete Gegenüberstellung erwarteter Einnahmen und erwarteter Ausgaben.

4. Bei unzureichender Finanzplanung sind finanzielle Schwierigkeiten kaum vermeidbar; Schuldendeckungskontrolle ist ein im öffentlichen Interesse gebotenes Mittel der Konkursvorsorge.

B. Adäquater Bilanzinhalt

I. Bilanztyp „Fortführungsbilanz"

1. Finanzplantorso: Bilanzen haben grundsätzlich andere Aufgaben als Finanzpläne und deshalb auch einen anderen Inhalt. Finanzpläne werden ihrer Aufgabe, der Schuldendeckungskontrolle, nur gerecht, wenn sie die erwarteten Einnahmen und die erwarteten Ausgaben *umfassend* wiedergeben; eine lückenhafte Gegenüberstellung der künftigen Einnahmen und der künftigen Ausgaben ist eine gefährliche Basis zur Beurteilung der Schuldendeckungsfähigkeit. *Bilanzen* enthalten jedoch nur dann eine umfassende Gegenüberstellung der erwarteten Einnahmen und der erwarteten Ausgaben, wenn sie als Zerschlagungsbilanzen verstanden werden (Gegenüberstellungen des Zerschlagungsvermögens und der Zerschlagungsschulden). Zerschlagungsbilanzen geben freilich allein die für den Zerschlagungsfall zu erwartenden Einnahmen und Ausgaben wieder; Zerschlagungsbilanzen stellen mithin einen zwar vollständigen, aber nur für den Zerschlagungsfall geltenden Finanzplan dar.

Fortführungsbilanzen basieren auf der Annahme einer Fortsetzung der Unternehmenstätigkeit; sie sind ganz anders konzipiert als Zerschlagungsbilanzen. Man mag die Fortführungsbilanzen in einem statischen, dynamischen oder organischen Sinne interpretieren; immer gilt, daß die in einer Fortführungsbilanz verzeichneten Aktiven und Passiven bestenfalls als *Finanzplantorso* zu werten sind: Diese Aktiven und Passiven können zwar als Auslöser künftiger Einnahmen und künftiger Ausgaben gelten, aber von einer auch nur halbwegs vollständigen Erfassung der künftigen Einnahmen und der künftigen Ausgaben kann nicht die Rede sein.

Wenn auch die Fortführungsbilanz nur einen Finanzplantorso darstellt, so lassen sich mit ihrer Hilfe doch gewisse *Anhaltspunkte* über die Schuldendeckungsfähigkeit gewinnen. Wer den Finanzplan nicht einsehen kann, vermag anhand der Fortführungsbilanz oft zu erkennen, wie sich die Schuldendeckungsfähigkeit tendenziell entwickelt. So kann etwa eine verschlechterte Relation von (bilanziellem) Eigenkapital zu Fremdkapital Hinweise auf Liquiditätsanspannungen geben; freilich mag diese Relationsverschlechterung auch umgekehrt Ausdruck des besonderen Vertrauens der Gläubiger in das Unternehmen sein. Eine drastische Verminderung der ausgewiesenen liquiden und „liquiditätsnahen" Mittel (Zahlungsmittel, Forderungen) kann ebenso auf finanzielle Schwierigkeiten hindeuten wie eine verschlechterte Relation dieser Mittel zu den (insbesondere kurzfristigen) Verbindlichkeiten; aber beides kann auch Ausdruck einer besonders guten Ertragssituation sein (die eine erhebliche Verminderung der Liquiditätsreserven zuläßt oder erzwingt). Stets wird man deshalb, statt sich allein an bestimmten bilanziellen Liquiditätskennzahlen zu orientieren, *außerbilanzielle* Indikatoren zusätzlich verwerten: Bilanzielle Liquiditätskennzahlen, wie sie auch immer im einzelnen beschaffen sein mögen, können Liquiditätsbeurteilungen veranlassen, aber nicht in sinnvoller Weise verkörpern.

Man darf den gerade vorgetragenen Hinweis auf die Grenzen bilanzieller Liquiditätsbeurteilungen nicht mißverstehen: Er besagt, daß Bilanzen, selbst in liquiditätsgerechter Aufmachung, meist nur unzuverlässige Anhaltspunkte über die Zahlungsfähigkeit bzw. deren Veränderung gewähren; er besagt nicht, daß Bilanzen insoweit etwa völlig wertlos sind. Es gibt durchaus Fälle, in denen erst anhand der Bilanzen ungünstige Entwicklungen der Zahlungsfähigkeit erkannt

wurden; man wird also nicht leugnen wollen, daß der (liquiditätsgerecht aufge-
machten) Bilanz für den Gläubigerschutz eine gewisse Bedeutung zukommt.
Aber es gibt auch Fälle, in denen eine ungünstige Entwicklung der Zahlungsfähigkeit zu spät erkannt wurde, weil man sich am insoweit weniger tauglichen
Informationsinstrument, der Bilanz (statt am Finanzplan), orientierte.[3]

2. Liquiditätsgliederung: Bilanzen, die in der gerade skizzierten Weise Anhaltspunkte über die Schuldendeckungsfähigkeit geben sollen, müssen entsprechend
gegliedert werden. Man wird die Schulden nach ihren Fälligkeitszeitpunkten
getrennt ausweisen; mindestens wird man in kurz-, mittel- und langfristig fällig
werdende Schulden gliedern. Auf der Aktivseite ist entsprechend zu verfahren;
insbesondere die Forderungen und Ausleihungen sind nach Fälligkeiten getrennt zu zeigen. Anhand solcher Bilanzen läßt sich immerhin erkennen, in
welchen Perioden der Finanzplan derartige Belastungen (Schuldentilgungen)
bzw. Entlastungen (Forderungseingänge) aufweist. Auch wird man Positionen,
die als Liquiditätsreserven dienlich sein können, gesondert bilanzieren: Für die
Liquiditätsbeurteilung kann es z. B. bedeutsam sein, ob bestimmte Wertpapiere
zum Ausgleich von möglichen Liquiditätsengpässen gedacht sind oder zur
Einflußnahme auf ein anderes Unternehmen; bei den Warenvorräten kann es
wichtig sein zu wissen, inwieweit es sich um „eiserne Bestände" handelt und
inwieweit jederzeit veräußerbare Güter gegeben sind.

Es wäre sinnlos, Fortführungsbilanzen so aufmachen zu wollen, daß sie die
künftigen Einnahmen und Ausgaben *vollständig* zeigten. Dies sprengte den einer
Fortführungsbilanz, das heißt einer Gegenüberstellung von Aktiven und Passiven, gezogenen Rahmen; es handelte sich nicht mehr um eine Bilanz, sondern
um einen Finanzplan. Eine an der Unternehmensfortführung orientierte Gegenüberstellung von Aktiven und Passiven kann nur *hilfsweise* als Instrument der
Schuldendeckungskontrolle dienen. Diese Hilfsfunktion von Fortführungsbilanzen wird durch die gerade erwähnte, liquiditätsorientierte Bilanzgliederung
erleichtert.

---

3 Eine ausführliche Zusammenstellung der Literatur hierzu findet sich bei Adolf Gerhard Coenen-
berg und Hans-Peter Berndsen: Forschung, empirische, und Rechnungswesen. In: Handwörterbuch des Rechnungswesens, 2. Aufl., hrsg. von Erich Kosiol u. a., Stuttgart 1981, Sp. 569–580;
ferner bei Robert Buchner: Bilanzanalyse und Bilanzkritik. In: Handwörterbuch des Rechnungswesens, 2. Aufl., hrsg. von Erich Kosiol u. a., Stuttgart 1981, Sp. 194–205.

1. Auf der Annahme der Unternehmensfortführung basierende Bilanzen vermögen die künftigen Einnahmen und Ausgaben nur (sehr) partiell wiederzugeben; sie stellen bestenfalls einen Finanzplantorso dar.

2. Will man Fortführungsbilanzen hilfsweise zur Schuldendeckungskontrolle heranziehen, müssen sie liquiditätsorientiert gegliedert werden; insbesondere sind die Fälligkeiten von Forderungen und Verbindlichkeiten sowie die Liquiditätsreserven anzugeben.

3. Auch bei ausgeprägt liquiditätsorientierter Gliederung kann eine sich allein auf die Fortführungsbilanz stützende Liquiditätsbeurteilung zu gefährlichen Fehlschlüssen führen.

II. Bilanztyp: „vorsichtsgeprägte Zerschlagungsbilanz"

1. Zerschlagungsfinanzplan: Die Zerschlagungsbilanz verkörpert, wie gerade erwähnt, einen ganz *speziellen* Finanzplan; sie enthält (richtig aufgestellt) sämtliche Zerschlagungsvermögensgegenstände und damit sämtliche Einnahmen, die bei einer *Unternehmensauflösung* zu erwarten sind, und sie enthält ferner sämtliche Zerschlagungsschulden und damit sämtliche bei Unternehmensauflösung zu erwartenden Ausgaben. Die Bedeutung einer solchen Information über die Schuldendeckungsmöglichkeiten bei (fiktiver) Unternehmensauflösung darf nicht unterschätzt werden: Weiß der Kaufmann etwa (oder wissen seine Gläubiger), daß im Notfall (der Unternehmenszerschlagung) die Schuldendeckung gewährleistet erscheint, so läßt sich eine Liquiditätsanspannung entschieden besser meistern. Man darf freilich nicht glauben, der Spezialfinanzplan „Zerschlagungsbilanz" ersetze eine umfassende Finanzplanung: Finanzplanung muß, wegen der ihr anhaftenden Unsicherheit, unter der Annahme unterschiedlicher Zukunftslagen erfolgen, also für günstige und für weniger günstige Unternehmensentwicklungen. Nur auf diese Weise kann sie ihrer Vorsorgefunktion gerecht werden.

2. Einzelveräußerbarkeitsprinzip: Aktiven bilden in einer Bilanz, die etwas über die Schuldendeckungsfähigkeit im Zerschlagungsfall aussagen soll, nur *einzelveräußerbare* Objekte; insoweit unterscheidet sich diese Bilanz nicht von jener Bilanz, die der *Dokumentation* dient: Dokumentationsbedürftig sind die einzelnen unterschlagungsfähigen, d. h. einzelveräußerbaren Objekte, und Gegenstand des Schuldendeckungspotentials bei Unternehmenszerschlagung sind ebenfalls die einzelveräußerbaren Objekte. In der Dokumentationsbilanz *müssen* nur die einzelveräußerbaren Objekte erfaßt werden; in der Schuldendeckungskontrollbilanz *dürfen* nur die einzelveräußerbaren Objekte erscheinen.

3. Vorsichtsprinzip: Wenngleich für Dokumentationsbilanzen und für Schuldendeckungskontrollbilanzen die Einzelveräußerbarkeit Aktivierungskriterium ist, folgt doch aus den unterschiedlichen Zwecken dieser Bilanzen eine unterschiedliche Behandlung von Posten mit *fragwürdiger* Einzelveräußerbarkeit (wie z. B. Kundenbeziehungen): In einer der Dokumentation dienenden Bilanz wird man *im Zweifel* aktivieren und damit dokumentieren; Überdokumentationen sind nicht nachteilig. In Schuldendeckungskontrollbilanzen dagegen verzichtet man *im Zweifel* auf die Aktivierung; denn der Sinn einer solchen bilanziellen Schuldendeckungskontrolle besteht darin, den Kaufmann zu einer gläubigerschützenden, d. h. eher vorsichtigen Beurteilung seiner Schuldendeckungsfähigkeit zu veranlassen. Kunden- und Lieferantenbeziehungen z. B. haben in einer der Schuldendeckungskontrolle dienenden Zerschlagungsbilanz grundsätzlich keinen Platz.

Dient eine (einzige) Bilanz zugleich der Dokumentation und der Schuldendeckungskontrolle, so läßt sich ein Kompromiß mittels der Bewertung der Aktiven erreichen: Posten mit fragwürdiger Einzelveräußerbarkeit werden zwar aktiviert (dokumentiert), aber nur mit einem „*Erinnerungswert*" (1 DM); damit werden Überschätzungen der Schuldendeckungsfähigkeit verhindert.

Der Bilanzierende hat im allgemeinen keine Erfahrungen mit Konkurslagen, und selbst wenn solche Erfahrungen vorliegen, lassen sich die bei Konkurslage gegebenen Zerschlagungserlöse im allgemeinen nur der Größenordnung nach beziffern. Man behilft sich auch hier durch Anwendung des *Vorsichtsprinzips:* Bei den Aktiven wird im Zweifel stets der niedrigere Wertansatz gewählt, damit verhindert man eine Überbewertung des Schuldendeckungspotentials. Die Schulden werden im Zweifel mit dem höheren Wert bilanziert. Beides, *Aktivenunterbewertung* und *Schuldenüberbewertung,* veranlassen zu einer (durchaus erwünschten) „vorsichtigen" Beurteilung der Schuldendeckungsfähigkeit. Eine übertriebene Vorsicht kann freilich zu fragwürdigen Aussagen über die Schuldendeckungsfähigkeit führen. So gesehen sind Zerschlagungsbilanzen, wie Fortführungsbilanzen, nur sehr beschränkt tauglich zur Schuldendeckungskontrolle; dennoch besteht hier ein wichtiger Unterschied: Fortführungsbilanzen sind, weil an anderen Aufgaben orientiert, grundsätzlich ungeeignet zur Schuldendeckungskontrolle; das adäquate Instrument zur Schuldendeckungskontrolle bei Unternehmensfortführung ist der *Finanzplan,* nicht irgendeine Bilanz. Zerschlagungsbilanzen dagegen sind durchaus an der Schuldendeckungskontrolle orientiert; denn eine Zerschlagungsbilanz bildet den bei Unternehmenszerschlagung *maßgeblichen* Finanzplan. Die Mängel von Zerschlagungsbilanzen hinsichtlich der Schuldendeckungskontrolle sind mithin anderer Art; sie beruhen allein auf der Schwierigkeit, Einnahmen (Zerschlagungserlöse) und Ausgaben (Zerschlagungsschulden) zutreffend zu prognostizieren, nicht darauf, daß ein *aufgabeninadäquates* Beurteilungsinstrument verwendet wird.

Die Dokumentationsaufgabe der Bilanz erfordert eine Zerschlagungsbilanz, die durch eine umfassende Aktivierung, also ein striktes Vollständigkeitsprinzip gekennzeichnet ist. Eine an der Schuldendeckungskontrolle orientierte Zerschlagungsbilanz wird dagegen vom *Vorsichtsprinzip* beherrscht: Um eine vorsichtige Beurteilung der Schuldendeckungsfähigkeit zu erreichen, werden Objekte mit zweifelhafter Einzelveräußerbarkeit kurzerhand nicht bilanziert, zweifelhafte Schulden dagegen stets passiviert; außerdem gilt für die Bewertung der Aktiven ein Niederstwertprinzip, für die Bewertung der Schulden ein Höchstwertprinzip.

---

1. Die Zerschlagungsbilanz stellt einen Zerschlagungsfinanzplan dar; Zerschlagungsbilanzen eignen sich nur für eine an der Unternehmenszerschlagung orientierte Schuldendeckungskontrolle.

2. Zerschlagungsbilanzen sind durch das Einzelveräußerbarkeitsprinzip gekennzeichnet.

3. Für die an der Schuldendeckungskontrolle orientierte Zerschlagungsbilanz gilt, anders als für die an der Dokumentation orientierte Zerschlagungsbilanz, nicht das Vollständigkeitsprinzip.

4. An Stelle des Vollständigkeitsprinzips tritt bei Schuldendeckungskontrollbilanzen das Vorsichtsprinzip: Vermögensgegenstände sind im Zweifel wegzulassen oder unterzubewerten; Schulden sind im Zweifel anzusetzen oder überzubewerten.

---

§ 6. Bilanzierung zum Zwecke der Ausschüttungssperre

A. Die Bilanzaufgabe „Ausschüttungssperre"

1. Haftungsbeschränkung: Bei Unternehmen bestimmter Rechtsform haften die Eigner den Gläubigern grundsätzlich nur mit dem Unternehmensvermögen, nicht mit ihrem Privatvermögen. Das gilt für die Aktiengesellschaft (§ 1 Abs. 1 Satz 2 AktG: „Für die Verbindlichkeiten der Gesellschaft haftet den Gläubigern nur das Gesellschaftsvermögen"); es gilt außerdem für die GmbH (§ 13 Abs. 2 GmbHG) und für die eingetragene Genossenschaft (§ 2 GenG).

2. Mindesthaftungsvermögen: Die Haftungsbeschränkung auf das Gesellschaftsvermögen (Genossenschaftsvermögen) birgt für die Gläubiger erhebliche Gefahren. Das Gesetz versucht deshalb eine Kompensation: Bei Unternehmen mit Haftungsbeschränkung sind nur begrenzte Ausschüttungen an die Unternehmenseigner zulässig; diese Ausschüttungssperre soll den Gläubigern ein gewisses Mindesthaftungsvermögen sichern. Man will verhindern, daß die Unternehmenseigner in unbegrenztem Maße verfügbare Mittel vom haftenden Bereich in den nichthaftenden Bereich (vom Gesellschaftsvermögen in das Privatvermögen) übertragen und so dem Gläubigerzugriff voll entziehen.

Für die Aktiengesellschaft gilt: „Vor Auflösung der Gesellschaft darf unter die Aktionäre nur der Bilanzgewinn verteilt werden" (§ 58 Abs. 5 AktG). Die Aktionäre wie auch Vorstand und Aufsichtsrat haften grundsätzlich, wenn entgegen dieser Vorschrift Ausschüttungen erfolgt sind, wenn also die Ausschüttungsbegrenzung auf den Bilanzgewinn mißachtet wurde (§§ 62, 93, 116 AktG). Ähnliche Regelungen finden sich im GmbH-Gesetz und im Genossenschaftsgesetz (§§ 29–32 GmbHG; § 22 GenG).

Durch eine Ausschüttungssperre läßt sich nicht verhindern, daß bereits bei der Gründung des Unternehmens oder bei späteren Kapitalerhöhungen nur Scheinvermögensgegenstände eingebracht werden; auch ist eine Ausschüttungssperre ungeeignet, um die Auszehrung des Gesellschaftsvermögens durch im Geschäftsbetrieb entstehende Verluste zu vermeiden: Die Ausschüttungssperre ist nur ein Gläubigerschutzinstrument unter vielen (gesetzlich realisierten) Gläubigerschutzinstrumenten. Doch ist die Ausschüttungssperre, wenn Haftungsbeschränkung besteht, ein ganz unentbehrliches Mittel zur Gläubigersicherung.

3. Ausschüttungssperrtechnik: Eine Ausschüttungssperre läßt sich auf verschiedene Weise erreichen. Das deutsche Aktiengesetz sperrt Aktiven in Höhe von Grundkapital, gesetzlicher Rücklage und Schulden. Ausschüttbar ist nur der Überschuß der Summe der Aktiven über die Summe *dieser* Passiven.

Beispiel: Wenn die Summe der Aktiven (das Bilanzbruttovermögen) 100 Mio. DM ausmacht und wenn das Grundkapital 50 Mio. DM, die gesetzliche Rücklage 5 Mio. DM und die Schulden 50 Mio. DM betragen, so sind Ausschüttungen unzulässig: Die Summe der Aktiven (100 Mio. DM) liegt unter der Summe der ausschüttungssperrenden Passiven (105 Mio. DM). Eine Ausschüttung wäre dagegen rechtlich möglich, wenn unter sonst gleichen Umständen nur Schulden in Höhe von 40 Mio. DM vorlägen; dann dürften 5 Mio. DM ausgeschüttet werden. (Das entspricht der – jetzt positiven – Differenz zwischen Aktiven und ausschüttungssperrenden Passiven.)

Zu den *ausschüttungssperrenden* Passiven zählen neben den Schulden und dem Grundkapital nur die *„gesetzlichen"*, nicht dagegen die *„freien"* Rücklagen. „Freie" Rücklagen werden vom Gesetz nicht erzwungen; in Höhe der freien Rücklagen dürfen Vorstand und Aufsichtsrat Mittel zur Ausschüttung vorsehen.

Ein Betrag, dessen Ausschüttung *rechtlich* möglich ist, muß nicht in liquider Form vorhanden sein: Man hat streng zu trennen zwischen der rechtlichen Ausschüttungsmöglichkeit und der unter dem *Liquiditätsgesichtspunkt* gegebenen Ausschüttungsmöglichkeit.

---

1. Für Unternehmen mit Haftungsbeschränkung gilt eine gesetzliche Ausschüttungssperre.

2. Mit der gesetzlichen Ausschüttungssperre will man ein gewisses Mindesthaftungsvermögen vor dem Entzug durch die Anteilseigner bewahren.

3. Das deutsche Aktiengesetz sperrt Ausschüttungen, wenn die Aktiven niedriger sind als die Summe von Grundkapital, gesetzlicher Rücklage und Schulden.

B. Adäquater Bilanzinhalt

I. Bilanzierungsprinzipien

1. Einzelveräußerbarkeit: Die gesetzliche Ausschüttungssperre hat, wie gerade erwähnt, den Sinn, den Gläubigern für den Fall der Konkurslage ein gewisses Mindestzugriffsvermögen zu sichern. Bei Konkurslage ist im allgemeinen mit Unternehmenszerschlagung zu rechnen; das vor Ausschüttungen zu bewahrende Mindestzugriffsvermögen hat man daher grundsätzlich als *Zerschlagungsvermögen* zu verstehen. Ausschüttungen müssen unterbleiben, wenn das Verhältnis des Zerschlagungsvermögens zu den Zerschlagungsschulden einen bestimmten, gesetzlich festzulegenden Wert erreicht; Ausschüttungen sollten jedenfalls dann ausgeschlossen sein, wenn Überschuldung in dem Sinne gegeben ist, daß die Zerschlagungsschulden das Zerschlagungsvermögen übersteigen.

Wird das vor Ausschüttungen zu bewahrende Mindestzugriffsvermögen als Zerschlagungsvermögen interpretiert, so sind als Aktiven nur *einzelveräußerbare* Vermögensgegenstände anzusetzen. Was nicht einzelveräußerbar ist, etwa der Wert der allgemeinen Organisation, bildet bei Unternehmenszerschlagung nicht Zugriffsvermögen und bleibt deshalb in der Ausschüttungssperrbilanz unberücksichtigt. Die *Bewertung* der Aktiven hat zu ihren Einzelveräußerungspreisen zu erfolgen; denn in Höhe dieser Einzelveräußerungspreise bilden die Aktiven bei Unternehmenszerschlagung Schuldendeckungspotential.

2. Vorsichtsprinzip: Bestehen Zweifel über die Höhe des für ein Aktivum erzielbaren Einzelveräußerungspreises, so gilt aus Vorsichtsgründen ein *Niederstwertprinzip;* das kann die Aktivierung zum Erinnerungswert (1 DM) bedeuten. Für die Passivseite, das heißt für die Zerschlagungsschulden, gilt, daß bei Zweifeln über ihren Wert der höhere Wertansatz zu wählen ist, also ein *Höchstwertprinzip.* Diese Vorsichtsbetonung folgt unmittelbar aus dem Zweck der Ausschüttungssperrbilanz, der Konkursvorsorge.

3. Objektivierungserfordernis: Ausschüttungssperren werden dem Bilanzierenden zugunsten seiner Gläubiger aufgezwungen; das Gesetz muß diese Ausschüttungssperren so gestalten, daß sie vom Bilanzierenden nicht unterlaufen werden können. Das erfordert strenge Objektivierungen; der Ermessensspielraum und damit die Mißbrauchsmöglichkeiten des Bilanzierenden müssen eng begrenzt werden.

Für eine wirksame Ausschüttungssperre genügt es insbesondere nicht, wenn sich das Gesetz darauf beschränkt, das Aktivierungskriterium „Einzelveräußerbarkeit" anzuführen. Der Kreis der einzelveräußerbaren Güter ist, wie mehrfach erwähnt, sehr groß; selbst Arbeitnehmer oder Kunden lassen sich, auf dem Wege von Empfehlungen, veräußern; bestimmtes Know-how, bis hin zu Lieferantenbeziehungen, kann zu Geld gemacht werden. Eine so unbestimmte Regelung der Aktivierungsgrenzen gäbe dem Bilanzierenden, der an hohen Ausschüttungen interessiert ist, einen beträchtlichen Bilanzierungsspielraum.

Das Gesetz muß mit (unwiderlegbaren) Vermutungen über die Einzelveräußerbarkeit arbeiten, etwa in der Weise, daß es nur die Aktivierung von *Sachen* und von *bestimmten Rechten* zuläßt, andere Rechte und insbesondere rein wirtschaftliche Güter von der Aktivierung dagegen ausschließt. Auch rein wirtschaftliche Güter, das heißt Nichtrechte, können zwar einzelveräußerbar sein, und für die Einzelveräußerbarkeit kann zum Beispiel der entgeltliche Erwerb solcher Güter von Dritten (die Einzelveräußerung durch Dritte) sprechen. Aber das gerade erwähnte Vorsichtsprinzip veranlaßt Objektivierungen, die den Kreis der Aktiven stark beschränken. Schon Simon hatte die aus der Aktivierung rein wirtschaftlicher Güter drohenden Gefahren betont (vgl. oben, § 1 B I).

Der Objektivierung bedarf auch die Bilanzbewertung; denn der bei Unternehmenszerschlagung zu erwartende Einzelveräußerungspreis wird bei den meisten Bilanzposten von sehr subjektiven Überzeugungen bestimmt (schon weil im allgemeinen entsprechende Erfahrungen fehlen). Das Gesetz wird sich grundsätzlich am *gemeinen Wert*, also am marktüblichen (im gewöhnlichen Geschäftsverkehr, nicht bei Unternehmenszerschlagung, erzielbaren) Einzelveräußerungspreis orientieren.

Eine zusätzliche, *vorsichtsbetonte* Objektivierung wird erreicht, wenn in Form eines Niederstwertprinzips die Anschaffungskosten als absolute Wertobergrenze gelten. (Anschaffungskosten sind in den meisten Fällen noch sicherer bestimmbar als gemeine Werte; nur der gegenüber den Anschaffungskosten *niedrigere gemeine Wert* ist dann maßgeblich.)

Bei Anlagegegenständen, deren Nutzung zeitlich begrenzt ist (wie z. B. Maschinen), wird aus Objektivierungsrücksichten auf den gemeinen Wert verzichtet; denn dieser ist bei solchen Gegenständen im allgemeinen nur mit einem sehr breiten Ermessensspielraum festzustellen. An die Stelle des Ansatzes gemeiner Werte tritt hier das *Abschreibungsprinzip,* das heißt die Verteilung der Anschaffungskosten auf die Nutzungsdauer des Gegenstands. Vorsichtserwägungen verbieten einen überhöhten Nutzungsdaueransatz und ein progressives Abschreibungsverfahren (jährlich steigende Abschreibungsbeträge).

II. Bilanztyp: objektivierungsgeprägte Zerschlagungsbilanz

1. Zerschlagungsbilanztypen: Die an der Ausschüttungssperre orientierte Bilanz ist, wie gerade dargestellt, grundsätzlich Zerschlagungsbilanz. Aber sie ist eine Zerschlagungsbilanz besonderer Art: Auch die der Dokumentation dienende Bilanz ist Zerschlagungsbilanz; doch dominiert hier, mit Rücksicht auf die umfassende Dokumentation der Aktiven, das Vollständigkeitsprinzip. Dieses Vollständigkeitsprinzip tritt bereits in der der Schuldendeckungskontrolle dienenden Zerschlagungsbilanz zurück: Hier wird das Vollständigkeitsprinzip vom *Vorsichtsprinzip* verdrängt; denn die Schuldendeckungsmöglichkeiten sollen mit Rücksicht auf die Konkursvorsorge im Zweifel ungünstiger dargestellt, also vom Bilanzierenden nicht überschätzt werden. Das Vorsichtsprinzip gilt auch für die an der Ausschüttungssperre orientierte Zerschlagungsbilanz, wird aber ergänzt durch das hier ganz ausgeprägte *Objektivierungserfordernis.*

2. Objektivierungsnebenwirkungen: Dem Gesetzgeber steht es frei, eine Ausschüttungssperre statt an der Zerschlagungsbilanz an der Fortführungsvermögensbilanz zu orientieren. Zwar ist die Zerschlagungsbilanz der Fortführungsvermögensbilanz insoweit klar überlegen, aber das gilt nur für eine ausschließlich an der Ausschüttungssperre orientierte Bilanz. Soll eine Bilanz neben der Ausschüttungssperre zugleich andere Aufgaben erfüllen, und werden diese Aufgaben gegenüber der Ausschüttungssperre als vorrangig angesehen, so kann das selbstverständlich zu einem anderen Bilanztyp führen.

Entscheidend ist, daß das Objektivierungserfordernis den Bilanzinhalt so sehr dominiert, daß der zugrunde liegende Bilanztyp meist nicht mehr klar erkennbar ist. Insbesondere die Grenzlinien zwischen Zerschlagungsbilanz und Fortführungsvermögensbilanz verwischen sich: Eine Annäherung an den Bilanztyp „Fortführungsvermögensbilanz" bedeutet z. B. die Verwendung des *Abschreibungsprinzips* und das ebenfalls objektivierungsbedingte Weglassen *konkursspezifischer Schulden* (etwa Sozialplanlasten); eine Annäherung an den Bilanztyp „Zerschlagungsbilanz" kann man im *Niederstwertprinzip* und in der Nichtaktivierung *rein wirtschaftlicher Güter* sehen (vgl. auch oben, § 1 C 3).

---

1. Aus dem Sinn der Ausschüttungssperre, der Sicherung eines bestimmten Mindestzugriffsvermögens bei Konkurslage, folgt das Einzelveräußerbarkeitsprinzip; nur einzelveräußerbare Objekte bilden Zugriffsvermögen im Zerschlagungsfall und sind deshalb in der Ausschüttungssperrbilanz Aktiven.

2. Aus der Konkursvorsorgefunktion der Ausschüttungssperrbilanz folgt ein allgemeines Vorsichtsprinzip (Niederstwertprinzip bei den Aktiven, Höchstwertprinzip bei den Passiven).

3. Um die Umgehung der gesetzlichen Ausschüttungssperre zu verhindern, bedarf die Ausschüttungssperrbilanz ausgeprägter Objektivierungen: Der Kreis der Aktiven wird sich auf Sachen und bestimmte Rechte beschränken; die Bewertung hat zu den Anschaffungswerten oder zum niedrigeren gemeinen Wert zu erfolgen; bei Anlagegegenständen mit zeitlich begrenzter Nutzung gilt das Abschreibungsprinzip.

4. Die Ausschüttungssperrbilanz ist eine vorsichtsbetonte, objektivierungsgeprägte Zerschlagungsbilanz; wegen der starken Objektivierung verwischen sich freilich die Grenzlinien zur Fortführungsvermögensbilanz.

§ 7. Bilanzierung zum Zwecke der Gewinnverteilung

A. Die Bilanzaufgabe „Gewinnverteilung"

1. Gewinnverteilung: Gewinnverteilung bedeutet *Gewinnzuweisung* an (mehrere) Gewinnberechtigte. Die Bilanzierung bestimmt die Gewinnhöhe und damit die Höhe der Gewinnzuweisung; Interessenkonflikte hinsichtlich der Höhe der Gewinnzuweisung können entstehen:

(1) wenn die Beteiligten unterschiedliche Ausschüttungsinteressen haben;

(2) wenn die Beteiligten in unterschiedlichem Verhältnis am Gewinn und am Vermögen partizipieren.

2. Mindestausschüttungsgebot: Hat ein Unternehmen mehrere Eigner, so sind oft unterschiedliche Ausschüttungsinteressen gegeben. Der Nutzen, den gegenwärtige Ausschüttungen bringen, wird von den Eignern ebenso uneinheitlich beurteilt wie der Nutzen, den künftige (aus einem gegenwärtigen Ausschüttungsverzicht resultierende) Mehrausschüttungen erwarten lassen. Die Gesetze und oft auch die Gesellschaftsverträge (Satzungen) sichern den Eignern für diesen Fall divergierender Ausschüttungsinteressen eine gewisse Mindestausschüttung: Die *„Aushungerung"* von Minderheiten soll verhindert werden.

3. Mindestausschüttungsregelungen: § 122 HGB bestimmt für die offene Handelsgesellschaft, daß jeder Gesellschafter:

(1) einen Betrag in Höhe von 4% „seines für das letzte Geschäftsjahr festgestellten Kapitalanteils" entnehmen darf, ferner, daß er

(2) „soweit es nicht zum offenbaren Schaden der Gesellschaft gereicht, auch die Auszahlung seines den bezeichneten Betrag übersteigenden Anteils am Gewinne des letzten Jahres" verlangen kann.

Die Vorschrift bedeutet: Entnahmen in Höhe von 4% des letztjährigen Kapitalanteils sind grundsätzlich *unabhängig* davon möglich, ob Gewinn oder Verlust erzielt wurde; auch bedarf es hierzu nicht etwa der Einwilligung der anderen Gesellschafter. Höhere Entnahmen sind, bis zum *Gewinnanteil* des betreffenden Gesellschafters, ebenfalls zulässig (es sei denn, es drohte durch sie ein offenbarer Schaden für die Gesellschaft); nur für Entnahmen, die den Gewinnanteil des Gesellschafters übersteigen, bedarf der Gesellschafter der Einwilligung der anderen Gesellschafter.

§ 169 HGB regelt, daß bei der Kommanditgesellschaft der Kommanditist Anspruch auf Auszahlung seines Gewinnanteils hat. Im Unterschied zum Gesellschafter der offenen Handelsgesellschaft (und zum Komplementär, das heißt zum vollhaftenden Gesellschafter der Kommanditgesellschaft) hat der Kommanditist zwar kein gewinnunabhängiges Entnahmerecht (in Höhe von 4% seines Kapitalanteils), aber in Höhe seines *Gewinnanteils* besteht für den Kommanditisten ein Entnahmerecht (soweit sein Kapitalanteil nicht durch frühere Verluste „unter den auf die bedungene Einlage geleisteten Betrag herabgemindert ist oder durch die Auszahlung unter diesen Betrag herabgemindert werden würde").

Der stille Gesellschafter hat ebenfalls einen Anspruch auf Auszahlung des auf ihn entfallenden Gewinns (§ 337 Abs. 1 HGB).

Auch das Aktiengesetz kennt Vorschriften über das Ausschüttungsrecht (Dividendenrecht) der Aktionäre: § 58 AktG begrenzt die Befugnis von Vorstand und Aufsichtsrat, den erzielten „Jahresüberschuß" (Überschuß der Erträge über die Aufwendungen) in *Rücklagen* einzustellen (statt auszuschütten); nur aufgrund einer besonderen *Satzungsermächtigung* dürfen Vorstand und Aufsichtsrat bei der Feststellung des Jahresabschlusses mehr als die Hälfte des Jahresüberschusses den freien Rücklagen zuführen, und dies auch nur so lange, bis die freien Rücklagen die Hälfte des Grundkapitals erreicht haben. Zwar kann die Hauptversammlung weitere Beträge in Rücklagen einstellen (oder als Gewinn vortragen), aber § 254 AktG gewährt Minderheiten ein Recht, solche Hauptversammlungsbeschlüsse anzufechten, sofern die Mittelzurückbehaltung „bei vernünftiger kaufmännischer Beurteilung nicht notwendig ist, um die Lebens- und Widerstandsfähigkeit der Gesellschaft für einen hinsichtlich der wirtschaftlichen und finanziellen Notwendigkeiten übersehbaren Zeitraum zu sichern und dadurch unter die Aktionäre kein Gewinn in Höhe von mindestens vier vom Hundert des Grundkapitals abzüglich von noch nicht eingeforderten Einlagen verteilt werden kann".

Man beachte, daß bei der Aktiengesellschaft das Recht zur „*Feststellung*" des Jahresabschlusses und damit das Recht, bestimmte Teile des erzielten Jahresüberschusses den Rücklagen zuzuführen, nicht der Hauptversammlung zusteht, sondern Vorstand und Aufsichtsrat (§ 172 Satz 1 AktG). Allerdings können Vorstand und Aufsichtsrat dieses Recht der Hauptversammlung übertragen, was im Regelfall aber nicht geschieht. Im Regelfall hat die Hauptversammlung nur die Befugnis, über die Verwendung des ihr von Vorstand und Aufsichtsrat zur Ausschüttung vorgeschlagenen Betrags, der aktienrechtlich „*Bilanzgewinn*" genannt wird, zu entscheiden; die Hauptversammlung kann also (im Rahmen des gerade erwähnten § 254 AktG) von dem ihr vorgelegten Gewinnverwendungsvorschlag abweichen, indem sie *weitere* Beträge den Rücklagen zuführt.

Beispiel: Eine Aktiengesellschaft weist in ihrer GVR Erträge von 100 Mio. DM und Aufwendungen von 90 Mio. DM aus; der aktienrechtliche *Jahresüberschuß* beläuft sich mithin auf 10 Mio. DM. Vorstand und Aufsichtsrat beschließen, hiervon 6 Mio. DM den freien Rücklagen zuzuführen; sie schlagen der Hauptversammlung vor, den verbleibenden *Bilanzgewinn* von 4 Mio. DM auszuschütten. Die Hauptversammlung kann dann nicht wirksam beschließen, etwa 7 Mio. DM auszuschütten; denn die Hauptversammlung verfügt nur über den Bilanzgewinn, nicht über den Jahresüberschuß. Wohl aber kann die Hauptversammlung, im Rahmen des mehrfach erwähnten § 254 AktG, beschließen, etwa weitere 3 Mio. DM in freie Rücklagen einzustellen, also nur 1 Mio. DM auszuschütten.

Für den Minderheitsaktionär ergibt sich mithin eine doppelte Gefahr: Seine Ausschüttungswünsche können erstens durch Vorstand und Aufsichtsrat mißachtet werden (im Beschluß über die Jahresabschlußfeststellung, das heißt über den der Hauptversammlung zur Ausschüttung vorzuschlagenden Betrag). Den Ausschüttungswünschen des Minderheitsaktionärs kann zweitens die Hauptversammlungsmehrheit widersprechen (im Beschluß über die Verwendung des von Vorstand und Aufsichtsrat der Hauptversammlung zur Ausschüttung „freigegebenen" Bilanzgewinns). Dieser doppelten Gefahr trägt das Gesetz Rechnung, indem es, wie erwähnt, sowohl Vorstand und Aufsichtsrat als auch die Hauptversammlung in ihren Möglichkeiten der Rücklagenbildung beschränkt.

Mindestausschüttungen können sich bei Personenhandelsgesellschaften und stillen Gesellschaften auch aus den Gesellschaftsverträgen ergeben. Bei Kapitalgesellschaften kann die Satzung entsprechende Bestimmungen enthalten.

4. Ausschüttungsrichtgröße: Das gesellschaftsrechtliche Mindestausschüttungsgebot setzt eine Ausschüttungsrichtgröße voraus, das heißt eine Konzeption vom fairerweise auszuschüttenden Betrag. Ohne eine solche Konzeption fehlte dem gesellschaftsrechtlichen Mindestausschüttungsgebot die erforderliche Konkretisierung; es erschöpfte sich dann in einem abstrakten *„Gewinnverkürzungsverbot"*, das offenläßt, welcher Art der Gewinn, der nicht verkürzt werden darf, überhaupt ist.

Die Konzeption des fairerweise auszuschüttenden Betrags darf nicht verwechselt werden mit der Konzeption der *Optimalausschüttung*. Die Optimalausschüttung ergibt sich aus einem Nutzenvergleich von sicheren Gegenwartsausschüttungen und unsicheren Zukunftsausschüttungen; denn Gegenwartsausschüttungen erfolgen grundsätzlich auf Kosten von Zukunftsausschüttungen. Die Bilanzrechnungen gesetzten technischen Grenzen schließen ein solches Optimierungskalkül aus; die Optimalausschüttung wird bestimmt mittels einer umfassenden Finanzplanung, das heißt einer mehrwertigen (die Unsicherheit berücksichtigenden) Projektion der zu erwartenden Einnahmen und Ausgaben.

Der bilanziell zu ermittelnde, fairerweise auszuschüttende Betrag ist nach überkommenem Bilanzrecht als *„Vermögenszuwachs"* konzipiert: Es herrscht die Vorstellung, daß bei Unternehmensgründung bestimmte „Vermögenseinlagen" erfolgen (z. B. Bareinlagen), am Ende des ersten Geschäftsjahrs ergibt sich, bei positiver Entwicklung, ein Vermögenszuwachs; dieser Vermögenszuwachs gilt als Überschuß, als ausschüttbarer Betrag. Wird auf die Ausschüttung des Vermögenszuwachses jedoch ganz oder teilweise verzichtet, so erhöht sich grundsätzlich die ursprüngliche Vermögenseinlage um den nicht ausgeschütteten Betrag. Im zweiten Geschäftsjahr gilt diese erhöhte Vermögenseinlage als Ausgangsvermögen; der im zweiten Geschäftsjahr erzielte ausschüttbare Betrag ergibt sich wiederum als Vermögenszuwachs.

Beispiel: Bei der Gründung des Unternehmens werden 100 GE in bar eingelegt; am Ende des ersten Geschäftsjahrs ist dieses Ursprungsvermögen auf 150 GE gestiegen. Der Vermögenszuwachs (50 GE) gilt als ausschüttbarer Betrag. Wird er nur zur Hälfte ausgeschüttet, so beläuft sich das Geschäftsjahrsanfangsvermögen im zweiten Geschäftsjahr auf 125 GE; ist das Vermögen am Ende des zweiten Geschäftsjahrs auf 145 GE gestiegen, so ist ein Vermögenszuwachs und damit ein ausschüttbarer Betrag von 20 GE erzielt worden.

Der Ausschüttungsrichtgröße „Vermögenszuwachs" liegt die einfache Vorstellung zugrunde, daß das ausschüttbar ist, was im Geschäftsjahr (an Vermögen) *zugeflossen* ist. Nur das im Geschäftsjahr hinzugekommene Vermögen, nicht das Anfangsvermögen des Geschäftsjahrs bildet in diesem Sinne Gewinn; die Ausschüttungsrichtgröße wird so bemessen, daß bei einer Ausschüttung in Höhe der Ausschüttungsrichtgröße das *Anfangsvermögen* des Geschäftsjahres *erhalten* bleibt. Diese Konzeption einer Ausschüttungsrichtgröße ist nicht etwa selbstverständlich; eine alternative Konzeption hierzu wird unten, § 9, erörtert („Ausschüttungsniveau").

5. Ausschüttungsunabhängige Gewinnverteilung: Wenn alle Gesellschafter an Gewinn und Vermögen im gleichen Verhältnis partizipieren, interessiert die Gewinnermittlung (gesellschaftsrechtlich) nur hinsichtlich der *Ausschüttung.* Gibt es jedoch Gesellschafter (oder andere Gewinnberechtigte), die stärker am Gewinn als am Vermögen (oder die nur am Gewinn) beteiligt sind, dann ist eine faire Gewinnermittlung unabhängig von der Gewinnausschüttung bedeutsam: Eine Gewinnverkürzung wirkt sich dann einseitig zu Lasten des stärker (oder allein) Gewinnbeteiligten aus. In solchen Fällen besteht deshalb ein gesetzliches bzw. gesellschaftsrechtliches Interesse daran, Gewinnverkürzungen unabhängig vom Mindestausschüttungsgebot zu verhindern. Zu berücksichtigen ist jedoch, daß mit einer Gewinnverteilung (Gewinnzuweisung) grundsätzlich auch eine Gewinnausschüttung verbunden ist; infolgedessen ist der gesellschaftsrechtliche Gewinn (Bilanzinhalt), der zum Zwecke der Gewinnverteilung ermittelt wird, gleich dem am Mindestausschüttungsgebot orientierten Gewinn (Bilanzinhalt): Der *„verteilbare"* Gewinn entspricht dem *„ausschüttbaren"* Gewinn.

Beispiel: Bei der (echten) stillen Gesellschaft ist der stille Gesellschafter nur am Gewinn, nicht am Vermögen beteiligt (§ 337 HGB); der stille Gesellschafter erhält eine jährliche Gewinnauszahlung und bei Vertragsbeendigung lediglich eine Einlagenrückgewähr. Die Einlage des stillen Gesellschafters betrage 1 Mio.

DM, die Vertragsdauer 10 Jahre, sein Gewinnanteil 50%; die jährlichen Gewinne belaufen sich auf 0,5 Mio. DM. Fairerweise muß der Stille dann eine jährliche Gewinnzuweisung von 0,25 Mio. DM erhalten (und zwar unabhängig davon, ob diese Gewinnverteilung zur Gewinnausschüttung führt, ob also eine – sofortige – Gewinnauszahlung erfolgt); nach 10 Jahren erhält der Stille außerdem seine Einlage (1 Mio. DM) zurück. Gewinnverkürzungen begünstigen den Geschäftsinhaber und benachteiligen den Stillen; es ist nicht etwa so, daß der Stille bei Vertragsbeendigung mehr als seine Einlage (1 Mio. DM) zurückerhielte, wenn er während der Vertragslaufzeit aufgrund eines zu niedrig ermittelten Unternehmensgewinns weniger als 0,25 Mio. DM pro Jahr zugewiesen bekommt. Wird der Gewinn verkürzt ermittelt, wird z. B. nur ein jährlicher Unternehmensgewinn in Höhe von 0,2 Mio. DM errechnet, so muß sich der Stille mit einem jährlichen Gewinnanteil von 0,1 Mio. DM (und der Einlagenrückgewähr, 1 Mio. DM) zufriedengeben; der Stille wird betrogen.

Handelte es sich im Beispiel um eine *unechte* stille Gesellschaft (oder etwa um eine OHG), dann wäre die Interessenlage anders. Die Gesellschafter sind hier grundsätzlich im gleichen Verhältnis am Gewinn und am Vermögen beteiligt; was also dem einzelnen Gesellschafter an Gewinnzuweisungen entgeht, wächst ihm als Vermögensanteil zu: Die Gewinnverkürzung wird kompensiert durch die Vermögenssteigerung.

Im Beispiel mögen (unechter) Stiller und Geschäftsinhaber im Verhältnis 1 : 3 an Gewinn und Vermögen beteiligt sein. Wird jährlich statt des wirklichen Gewinns von 0,5 Mio. DM nur ein Gewinn von 0,2 Mio. DM ermittelt und ausgeschüttet, so erhöht sich durch diese Bildung „stiller Reserven" (grundsätzlich) das Unternehmensvermögen; es sei nach 10 Jahren auf 10 Mio. DM gestiegen. Scheidet der Stille nun aus, so erhält er als Abfindung einen Vermögensanteil von 2,5 Mio. DM. In diesem Vermögensanteil stecken (unter anderem) die Gewinnanteile, die dem Stillen 10 Jahre lang entgangen sind: Der Stille hätte eine jährliche Gewinnzuweisung von 0,125 Mio. DM erhalten müssen; die tatsächliche Gewinnzuweisung betrug nur 0,05 Mio. DM; der Differenzbetrag hat sich vermögenserhöhend ausgewirkt, fließt dem Stillen also als Vermögensabfindung zu.

B. Adäquater Bilanzinhalt

I. Bilanzierungsprinzipien

1. Gewinnverkürzungsverbot: Wenn Gesetze oder Gesellschaftsverträge gewisse Mindestausschüttungen wollen, so müssen sie wegen der *Gewinnabhängigkeit* der Ausschüttungen auch wollen, daß der Geschäftsjahrsgewinn (aktienrechtlich der Jahresüberschuß) nicht „verkürzt" ermittelt wird. Mindestausschüttungsgebote könnten leicht unterlaufen werden, wenn es zulässig wäre, den

1. Bei Unternehmen mit mehreren Eignern besteht die Gefahr, daß die Ausschüttungswünsche von Minderheiten durch die Mehrheit mißachtet werden.

2. Gesetze und viele Gesellschaftsverträge enthalten Bestimmungen, die einen gewinnabhängigen Ausschüttungsanspruch (ein Aushungerungsverbot) vorsehen.

3. Bei Aktiengesellschaften beschränkt das Gesetz (1) das Recht von Vorstand und Aufsichtsrat, im Rahmen der Jahresabschlußfeststellung Beträge den freien Rücklagen zuzuführen, (2) das Recht der Hauptversammlung, im Rahmen des Gewinnverwendungsbeschlusses Rücklagenzuführungen vorzunehmen.

4. Das gesellschaftsrechtliche Mindestausschüttungsgebot bedarf zur Konkretisierung einer Ausschüttungsrichtgröße; diese wird bilanzrechtlich nicht etwa als Optimalausschüttung verstanden, sondern als im Geschäftsjahr erzielter Vermögenszuwachs.

5. Gesellschaftsrechtlich interessiert die Gewinnermittlung unabhängig von der Gewinnausschüttung, wenn Gesellschafter stärker am Gewinn als am Vermögen beteiligt sind. Ähnliches gilt für Gewinnbeteiligungsabreden.

Geschäftsjahrsgewinn (Jahresüberschuß), also den für Ausschüttungen *verfügbaren* Betrag, beliebig niedrig zu bemessen. Eine ausschüttungsunwillige Gesellschaftermehrheit würde in diesem Falle durch Legung „stiller Reserven" den Geschäftsjahrsgewinn von vornherein ihren Vorstellungen über den auszuschüttenden Gewinn anpassen.

Gewinn- und damit Ausschüttungsverkürzungen lassen sich durch vier Gruppen von Vorschriften erschweren:

(1) Für Aktiven besteht nicht nur Aktivierungsfähigkeit, sondern *Aktivierungspflicht*. Bilanzierungswahlrechte sind insoweit ausgeschlossen. Es ist unzulässig, „stille Reserven" in der Weise zu bilden, daß man Aktiven ganz wegläßt.

(2) Alle Aktiven sind mit bestimmten *Mindestwerten* anzusetzen; die Bildung „stiller Reserven" durch Unterbewertung von Aktiven ist mithin nicht erlaubt.

(3) Bestimmte Passiven sind bilanzunfähig. Es ist unzulässig, „stille Reserven" in der Weise zu bilden, daß man *fiktive Lasten* passiviert.

(4) Für die bilanzierbaren Passiven gelten *Höchstwerte*. Damit sind auch aus der Überbewertung von Passiven resultierende „stille Reserven" ausgeschlossen.

2. Objektivierungsgebot: Gesetzliche oder gesellschaftsvertragliche Aktivierungsgebote oder Passivierungsverbote haben wenig Gewicht, wenn sie den Kreis der Aktiven und Passiven nicht *eindeutig* umreißen. Auch Unterbewertungsverbote für die Aktiven und Überbewertungsverbote für die Passiven lassen sich umgehen, wenn sie nicht klar gefaßt sind. Gewinnverkürzungsverbote und Vorsichtsbegrenzungsgebote müssen, um wirksam zu sein, das Ermessen des Bilanzierenden und damit sein *Mißbrauchspotential* sehr stark einengen.

3. Realisationsprinzip: Der Vermögenszuwachs, der als gesellschaftsrechtliche Ausschüttungsrichtgröße dient, wird auf der Basis des Realisationsprinzips ermittelt. Das bedeutet, daß ein Vermögenszuwachs nur nach Maßgabe erzielter *Umsätze* (Lieferungen und sonstiger Leistungen im Rechtssinne) gegeben ist. Im einzelnen wird auf dieses Realisationsprinzip im folgenden Paragraphen, bei der Darstellung der Steuerbilanz, einzugehen sein.

4. Imparitätsprinzip: Das Imparitätsprinzip stellt eine wichtige Ausnahme vom Realisationsprinzip dar. Es besagt, daß zwar Wertsteigerungen (Vermögenszuwächse) nur nach Maßgabe erzielter Umsätze berücksichtigt werden dürfen, daß aber *Wertminderungen* schon vor dem Umsatzakt Rechnung zu tragen ist: Eine zu 100 GE angeschaffte Ware, deren Bilanzstichtagswert 125 GE beträgt, muß mithin gemäß dem Realisationsprinzip zu 100 GE bilanziert werden; beläuft sich der Bilanzstichtagswert dagegen auf 75 GE, so ist nach dem Imparitätsprinzip dieser (niedrigere) Wert anzusetzen. Auch auf dieses Imparitätsprinzip wird im Zusammenhang mit der Darstellung der Steuerbilanzprinzipien noch ausführlicher einzugehen sein.

5. Vorsichtsprinzip: Sowohl im Realisationsprinzip als auch im Imparitätsprinzip drückt sich ein Vorsichtsprinzip aus; Wertminderungen (gegenüber den Anschaffungs- oder Herstellungskosten) sind uneingeschränkt zu berücksichtigen; Wertsteigerungen (gegenüber den Anschaffungs- oder Herstellungskosten) wird nur Rechnung getragen, wenn sie durch einen Umsatzakt bestätigt sind. Dieses Vorsichtsprinzip gilt indessen generell, das heißt unabhängig von Realisationsprinzip und Imparitätsprinzip: Im Zweifel sind Aktiven stets mit dem *niedrigeren,* Passiven (Schulden) mit dem *höheren* Wert zu bilanzieren; so hat man z. B. die Nutzungsdauer von Anlagen eher zu niedrig als zu hoch anzusetzen.

Das Vorsichtsprinzip steht in gewisser Hinsicht im Konflikt mit dem Gewinnverkürzungsverbot: Durch Überbetonung der Vorsicht wird der Gewinn verkürzt, wird also das Mindestausschüttungsgebot verletzt. Doch nur bei Überbetonung der Vorsicht tritt dieser Konflikt auf; das Gesetz läßt keinen Zweifel daran, daß es das Mindestausschüttungsgebot an einer Ausschüttungsrichtgröße orientiert, die vorsichtsgeprägt ist: Die Überbetonung vorsichtiger Bilanzierung, nicht die vorsichtige Bilanzierung schlechthin ist gesetzeswidrig. Hierauf wird im einzelnen unten, § 12, einzugehen sein.

II. Bilanztyp: vorsichtsgeprägte Fortführungsvermögensbilanz

1. Fortführungsvermögensbilanz: Im Bilanzrecht wird das Vermögen, das zur Bestimmung der Ausschüttungsrichtgröße „Vermögenszuwachs" dient, grundsätzlich als Fortführungsvermögen, nicht als Zerschlagungsvermögen verstanden. Das gilt freilich nur so lange, wie realistischerweise von einer *Unternehmensfortführung* ausgegangen werden darf; bei drohendem Unternehmenszusammenbruch tritt an Stelle dieses Prinzips des „going concern" das Prinzip der Unternehmenszerschlagung.

Das der Bestimmung einer Ausschüttungsrichtgröße dienende Fortführungsvermögen wird *objektiviert* ermittelt. Das bedeutet, wie schon bei der Darstellung der statischen Bilanztheorie (§ 1 C) erläutert wurde, eine Verwischung der Grenzen von Fortführungsvermögensbilanz und Zerschlagungsvermögensbilanz. Die Objektivierung, jedenfalls eine gewisse Mindestobjektivierung, ist mit Rücksicht auf den Zweck, eine Mindestausschüttung zu sichern, zwingend. Infolgedessen ist es kaum sinnvoll, Überlegungen darüber anzustellen, ob die bilanzrechtliche Ausschüttungsrichtgröße vielleicht besser am Zerschlagungsvermögen zu orientieren wäre.

2. Vorsichtsgeprägte Fortführungsvermögensbilanz: Bei der Bestimmung einer handelsrechtlichen Ausschüttungsrichtgröße dominiert, wie gerade gezeigt wurde, das Vorsichtsprinzip; es schlägt sich im Realisationsprinzip und im Imparitätsprinzip direkt nieder und gilt nach allgemeiner Auffassung auch über das Realisationsprinzip und das Imparitätsprinzip hinaus. Es ist mithin, ganz unabhängig von Objektivierungserfordernissen, nicht das wirkliche Fortführungsvermögen und nicht der wirkliche Fortführungsvermögenszuwachs gesucht, sondern ein *vorsichtig ermitteltes* Fortführungsvermögen und ein vorsichtig ermittelter Fortführungsvermögenszuwachs.

Das gesetzliche Vorsichtsprinzip verdeutlicht, daß die handelsrechtliche Ausschüttungsrichtgröße nicht allein vom Minderheitenschutz (Mindestausschüttungsgebot) bestimmt wird. Unter diesen gesellschaftsrechtlichen Aspekten wäre auf den *wahrscheinlichen,* nicht auf den vorsichtig ermittelten Vermögenszuwachs abzustellen; das gilt auch mit Rücksicht auf die im Vorsichtsprinzip liegende Mißbrauchsgefahr (Vorsichtsüberbetonung).

Beispiel: Es ist eine Forderung zu bewerten. Ihr Nominalwert beträgt 100 GE; man rechnet damit, daß mindestens 40 GE und höchstens 60 GE eingehen werden; alle Werte zwischen 40 und 60 GE sind gleich wahrscheinlich. Der wahrscheinliche Wert der Forderung (im Sinne des mathematischen Erwartungswerts) beträgt 50 GE; er wäre maßgeblich, wenn gesellschaftsrechtliche Erwägungen (Minderheitenschutz) die gesuchte Ausschüttungsrichtgröße dominierten. Ein vorsichtiger Ansatz der Forderung darf einen Wert von 40 GE nicht wesentlich übersteigen; das Gesetz erzwingt diesen vorsichtigen Ansatz und stellt damit klar, daß die Ausschüttungsrichtgröße nicht allein vom Minderheitenschutz bestimmt wird.

Das Gesetz ordnet den Minderheitenschutz dem Gläubigerschutz (der Konkursvorsorge) unter. Das mag darauf zurückzuführen sein, daß es eine vorsichtige, gläubigerschützende *Schuldendeckungskontrolle* stärker gewichtet als eine minderheitenschützende Mindestausschüttungsbemessung: Der Kaufmann soll sein Vermögen vorsichtig ermitteln, damit er seine Schuldendeckungsfähigkeit nicht überschätze; im Beispiel hat er *aus diesem Grunde* die Forderung mit 40 GE (statt mit dem für den Minderheitenschutz maßgeblichen Wert von 50 GE) anzusetzen. Mit Ausschüttungssperrerwägungen kann die Zurückdrängung des Minderheitenschutzes dagegen nicht begründet werden: die Ausschüttungssperre gilt nur für Unternehmen mit Haftungsbeschränkung; das Vorsichtsprinzip gilt dagegen allgemein, also z. B. auch für die offene Handelsgesellschaft. Für die Bilanz einer solchen OHG ist der Gesichtspunkt des Minderheitenschutzes bestimmend, nicht dagegen der Gesichtspunkt der Ausschüttungssperre; wenn auch die OHG das Vorsichtsprinzip beachten (im Beispiel die Forderung mit einem nicht wesentlich über 40 GE liegenden Wert ansetzen) muß, dann liegen dem zwar Gläubigerschutzerwägungen zugrunde, aber nicht der Gedanke einer Ausschüttungssperre.

Die Zurückdrängung des Minderheitenschutzes durch den Gläubigerschutz, die sich in einer *vorsichtsgeprägten* Ausschüttungsrichtgröße zeigt, muß nicht durch das Übergewicht der gläubigerschützenden Schuldendeckungskontrolle erklärt werden. Es ist möglich, daß das Gesetz die vorsichtsgeprägte Ausschüttungsrichtgröße will, um im Gläubigerinteresse jedenfalls die gesellschaftsrechtlichen Zwangsausschüttungen zu begrenzen: Die gesetzliche Ausschüttungsrichtgröße resultiert zwar aus der Notwendigkeit des gesellschaftsrechtlichen Minderheitenschutzes, ihre Bedeutung geht aber darüber hinaus; deshalb könnte das Gesetz die gesellschaftsrechtliche Zwangsausschüttung auf die *im Gläubigerinteresse vertretbare Ausschüttung* beschränken. Zwar besteht bei Unternehmen ohne Haftungsbeschränkung die Durchgriffsmöglichkeit der Gläubiger auf das Privatvermögen; die Gläubiger können mithin in diesem Falle, anders als bei Haftungsbeschränkung, auch auf realisierte Ausschüttungen zugreifen (sofern die Mittel nicht inzwischen verbraucht worden sind). So gesehen gibt es also bei Unternehmen ohne Haftungsbeschränkung keinen Grund zur gläubigerschützenden Ausschüttungsbegrenzung; das gilt um so mehr, als bei solchen Unternehmen ohnehin, wiederum anders als bei Unternehmen mit Haftungsbeschränkung, Ausschüttungen jeder Größe grundsätzlich zulässig sind. (Im Beispiel werden – bei der OHG – die rechtlich zulässigen Ausschüttungen – anders als die gesellschaftsrechtlichen Zwangsausschüttungen – nicht davon bestimmt, ob die Forderung mit 40 GE oder mit 50 GE angesetzt wird; bei einer Aktiengesellschaft z. B. ist das anders: Bei der Aktiengesellschaft vermindern sich die zulässigen Ausschüttungen um 10 GE, wenn die Forderung statt mit 50 GE nur mit 40 GE bilanziert wird.) Aber dem Gesetz muß unabhängig von dieser Ausschüttungsfreiheit daran gelegen sein, die Kaufleute zu einer eher konservativen Ausschüttungspolitik anzuhalten; Zurückhaltung bei den Ausschüttungen bedeutet grundsätzlich *verminderte Konkursanfälligkeit.*

Das Gesetz will mithin einen vierfachen (bilanziellen) Gläubigerschutz: Der Kaufmann soll, erstens, sein Vermögen vorsichtig ermitteln, sich nicht reich rechnen, damit er seine *Schuldendeckungsfähigkeit nicht überschätze.* Der Kaufmann soll zweitens, auch bei Vollhaftung, seine Ausschüttungen eher vorsichtig bemessen, damit er seine *Schuldendeckungsfähigkeit nicht beeinträchtige* (durch überhöhte Ausschüttungen). Im Sonderfall der Haftungsbeschränkung gilt, drittens, eine rigorose *Ausschüttungssperre.* Viertens dient die *Dokumentation* dem Gläubigerschutz.

---

1. Aus dem gesellschaftsrechtlichen Mindestausschüttungsgebot folgt ein Gewinnverkürzungsverbot; Unteraktivierungen und Überpassivierungen sind unzulässig.

2. Die Durchsetzung des gesellschaftsrechtlichen Mindestausschüttungsgebots erfordert eine gewisse Mindestobjektivierung des Bilanzinhalts.

3. Das gesellschaftsrechtliche Mindestausschüttungsgebot bedingt eine Ausschüttungsrichtgröße; diese wird im geltenden Bilanzrecht grundsätzlich als Fortführungsvermögenszuwachs verstanden.

4. Das geltende Bilanzrecht betont das Vorsichtsprinzip; als Ausschüttungsrichtgröße gilt der vorsichtsgeprägte Fortführungsvermögenszuwachs.

5. Das Vorsichtsprinzip bedeutet, daß der gesellschaftsrechtliche Minderheitenschutz insoweit hinter Gläubigerschutzerwägungen (Konkursvorsorgeerwägungen) zurücktritt.

6. Das Gesetz will nur eine (durch den gesellschaftsrechtlichen Minderheitenschutz bedingte) Zwangsausschüttung, die Gläubigerschutzerwägungen genügt.

§ 8. Bilanzierung zum Zwecke der Einkommensbesteuerung

A. Die Bilanzaufgabe „steuerliche Gewinnermittlung"

1. Wirtschaftliche Leistungsfähigkeit: Die Einkommensbesteuerung orientiert sich grundsätzlich an der wirtschaftlichen Leistungsfähigkeit; nach Maßgabe dieser *wirtschaftlichen* Leistungsfähigkeit sollen die Individuen *steuerlich* belastet werden. Wirtschaftliche Leistungsfähigkeit bedeutet „Bedürfnisbefriedigungsmöglichkeit"; die Bedürfnisbefriedigungsmöglichkeiten sind begrenzt, weil die Bedürfnisbefriedigungsmittel („Güter") begrenzt („knapp") sind.

2. Vermögen: Im „Vermögen" drückt sich der Umfang der verfügbaren knappen Güter („Wirtschaftsgüter") aus. Je größer das Vermögen ist, um so größer sind die Bedürfnisbefriedigungsmöglichkeiten.

Beispiel: Das Vermögen von Kaufmann A bestehe ausschließlich aus einem verpachteten Gebäude; Schulden seien nicht gegeben. Das gleiche gelte für Kaufmann B. Das Gebäude des A habe zum Zeitpunkt 0 (Beginn des Geschäftsjahres) einen Verkehrswert (das heißt potentiellen Preis am Markt) von 10 Mio. DM, das Gebäude des B dagegen nur von 5 Mio. DM. A ist damit zum Zeitpunkt 0 wirtschaftlich leistungsfähiger als B.

Das Vermögen ist nur *indirekter* Ausdruck der Bedürfnisbefriedigungsmöglichkeiten: Vermögen ist eine *Zeitpunktgröße;* Bedürfnisbefriedigung erfolgt dagegen im *Zeitablauf.* Im Vermögen ist die künftig erreichbare Bedürfnisbefriedigung zu ihrem Gegenwartswert, zu einer Zeitpunktgröße, geronnen. Diese künftigen Bedürfnisbefriedigungsmöglichkeiten werden durch die erwarteten Vermögenserträge bestimmt: Das Vermögen stellt den für den Berechnungszeitpunkt geltenden Wert der Vermögenserträge (den „Ertragswert") dar. Am Markt haben Vermögenserträge („Ertragserwartungen") Preise; sie drücken sich aus im Marktzins.

Im Beispiel hat das Gebäude A zum Zeitpunkt O einen Verkehrswert (potentiellen Preis am Markt) in Höhe von 10 Mio. DM. Es lasse unendlich lange jährliche Nettopachteinnahmen, beginnend zum Ende des Geschäftsjahres (Zeitpunkt 1), in Höhe von 1 Mio. DM erwarten. Bezieht man nun diesen Einnahmenstrom (Ertragsstrom) von 1 Mio. DM auf den zum Zeitpunkt 0 geltenden Verkehrswert (10 Mio. DM), so ergibt sich eine Verzinsung von 10%. Am Markt gilt mithin (für einen Ertragsstrom dieses Unsicherheitsgrades) ein Zinssatz von 10%. Sind der Ertragsstrom (1 Mio. DM) und der Marktzinssatz (10%) bekannt, so läßt sich der Verkehrswert (Marktwert) eines Vermögensobjekts berechnen (10 Mio. DM = 1 Mio. DM/0,10).

Für das Gebäude B gilt im Beispiel, daß es unendlich lange jährliche Pachteinnahmen (Erträge) in Höhe von 0,5 Mio. DM erwarten läßt (und zwar mit der
gleichen Wahrscheinlichkeit, mit der Gebäude A Pachteinnahmen in Höhe von
1 Mio. DM verspricht). Bei einem Marktzins von 10% resultiert hieraus ein
Verkehrswert von Gebäude B in Höhe von 5 Mio. DM.

3. Vermögenszuwachs: Nach geltendem Einkommensteuerrecht wird der Gewinn bei Steuerpflichtigen, die Bücher führen und regelmäßig Abschlüsse erstellen, durch *Vermögensvergleich* ermittelt: „Gewinn ist der Unterschiedsbetrag
zwischen dem Betriebsvermögen am Schluß des Wirtschaftsjahrs und dem
Betriebsvermögen am Schluß des vorangegangenen Wirtschaftsjahrs, vermehrt
um den Wert der Entnahmen und vermindert um den Wert der Einlagen" (§ 4
Abs. 1 Satz 1 EStG). Gewinn im Sinne des § 4 Abs. 1 EStG ist mithin als (Rein-)
Vermögenszuwachs konzipiert.

Wirtschaftliche Leistungsfähigkeit im Vermögenszuwachs zu erfassen ist keineswegs selbstverständlich. Vom Grundsätzlichen her bestehen sogar erhebliche
Bedenken: Im Vermögen drückt sich, wie gerade dargestellt, wirtschaftliche Leistungsfähigkeit nur indirekt aus; Vermögen darf nur als Hilfsmaßstab wirtschaftlicher Leistungsfähigkeit gelten. Im Vermögen wird die im Zeitraum
erfolgende Bedürfnisbefriedigung auf eine fiktive *Zeitpunkt-Bedürfnisbefriedi-
gung* reduziert. Wirtschaftliche Leistungsfähigkeit als Vermögenszuwachs zu
erfassen heißt, Anfangs- und Endvermögen der Periode als Bedürfnisbefriedi-
gungspotential zu verstehen: Vermögenszuwachs wird mit Zuwachs an Bedürfnisbefriedigungsmöglichkeiten gleichgesetzt. Diese Gleichsetzung ist unzulässig; denn Vermögen, als Effektivvermögen verstanden, wird nicht nur von den
Ertragserwartungen bestimmt, sondern auch vom relevanten Kapitalisierungssatz, und bei *Zinssatzsenkungen* müssen Vermögenssteigerungen nicht mit
einem Zuwachs an Bedürfnisbefriedigungsmöglichkeiten einhergehen.

Im gerade dargestellten Beispiel ergebe sich am Ende des Geschäftsjahres (Zeitpunkt 1) folgende Situation: A habe eine Pachteinnahme von 1 Mio. DM erzielt;
er könne, so sei zunächst angenommen, auch weiterhin mit jährlichen Pachteinnahmen in dieser Höhe rechnen. Doch habe sich der Marktzinssatz auf 8%
reduziert: Der Verkehrswert des Grundstücks ist mithin zum Zeitpunkt 1 (nach
Ausschüttung der Pachteinnahme) auf 12,5 Mio. DM gestiegen:

$$12,5 \text{ Mio. DM} = \frac{1 \text{ Mio. DM}}{0,08}.$$

Der Vermögenszuwachs des A im Geschäftsjahr ergibt sich als Summe aus
Pachteinnahmen (1 Mio. DM) und Verkehrswertsteigerung (2,5 Mio. DM); er
beträgt also 3,5 Mio. DM.

Unterstellt man nun, A habe zwar am Ende des Geschäftsjahres eine Pachteinnahme in Höhe von 1 Mio. DM erzielt, er könne aber künftig nur noch mit
jährlichen Pachteinnahmen in Höhe von 0,88 Mio. DM rechnen, so beträgt der

Verkehrswert des Gebäudes zum Zeitpunkt 1 (beim gegebenen Marktzinssatz von 8% und wiederum nach Ausschüttung):

$$11 \text{ Mio. DM} = \frac{0,88 \text{ Mio. DM}}{0,08}.$$

Der Vermögenszuwachs des A im Geschäftsjahr ergibt sich als Summe aus Pachteinnahmen (1 Mio. DM) und Verkehrswertsteigerung (1 Mio. DM); er beläuft sich mithin auf 2 Mio. DM.

In der ersten Variante des Beispiels (gleichgebliebene Ertragserwartungen, gefallener Zinssatz) täuscht die Verkehrswertsteigerung (2,5 Mio. DM) einen Zuwachs der wirtschaftlichen Leistungsfähigkeit vor. Ein solcher Zuwachs ist in Wirklichkeit nicht gegeben: Zu Beginn des Geschäftsjahres konnte ein Bedürfnisbefriedigungsniveau erwartet werden, das durch Konsumausgaben (Pachteinnahmen) in Höhe von jährlich 1 Mio. DM gekennzeichnet war; daran hat sich am Ende des Geschäftsjahres nichts geändert.

In der zweiten Variante des Beispiels (verminderte Ertragserwartungen, gefallener Zinssatz) wird der Rückgang der Ertragserwartungen und damit des Bedürfnisbefriedigungsniveaus überkompensiert durch den Zinsrückgang. Die *Verkehrswertsteigerung* (1 Mio. DM) täuscht eine Anhebung der wirtschaftlichen Leistungsfähigkeit vor; tatsächlich hat sich die wirtschaftliche Leistungsfähigkeit *vermindert*.

Die Beispiele veranschaulichen, daß sich im Vermögen insofern wirtschaftliche Leistungsfähigkeit ausdrückt, als das Vermögen Ertragserwartungen und damit Konsumausgaben verkörpert. Die Beispiele veranschaulichen jedoch auch, daß der *Vermögenszuwachs* ein sehr unzuverlässiger Maßstab für den Leistungsfähigkeitszuwachs ist. Wenn man die Veränderung wirtschaftlicher Leistungsfähigkeit zuverlässig messen will, muß man unmittelbar auf die Veränderung der *Ertragserwartungen* abstellen und auf diese Weise den störenden Einfluß von Zinssatzschwankungen ausschalten.

An dieser Stelle kann die Kritik an Vermögen und Vermögenszuwachs als Maßstäben wirtschaftlicher Leistungsfähigkeit nur angedeutet werden.[1] Es genügt zu erkennen, daß diese dem Steuerrecht zugrunde liegenden Konzeptionen wirtschaftlicher Leistungsfähigkeit keineswegs als gesichert gelten dürfen.

4. Doppelbesteuerung: Neben der *Einkommensbesteuerung,* die (bei bücherführenden und abschlußerstellenden Steuerpflichtigen) den Vermögenszuwachs belastet, gibt es eine *Vermögensbesteuerung;* diese belastet das Vermögen. Wirtschaftliche Leistungsfähigkeit wird also steuerlich doppelt erfaßt.

Das Vermögen, das zur Berechnung des Vermögenszuwachses und damit der *Einkommensteuerlast* herangezogen wird, ist nach deutschem Recht anders

1 Vgl. zu Einzelheiten Moxter, Gewinnermittlung, insbes. S. 5–42, und die dort angegebene Literatur.

konzipiert als das Vermögen, das als Grundlage der *Vermögensbesteuerung* dient; die Materie ist sogar in verschiedenen Gesetzen (Einkommensteuergesetz, Bewertungsgesetz) geregelt. Die Vermögensermittlung, die zum Zwecke der Einkommensbesteuerung erfolgt, ist vor allem durch das *Realisationsprinzip* gekennzeichnet; das Realisationsprinzip besagt, wie mehrfach erwähnt, daß ein Vermögenszuwachs erst mit dem Umsatz als verwirklicht gilt. Ein die Anschaffungskosten übersteigender Wert bleibt mithin bis zum Umsatz des Wirtschaftsgutes unberücksichtigt. Für die im Bewertungsgesetz geregelte, für die Vermögensbesteuerung maßgebliche Ermittlung des Betriebsvermögens (Vermögensaufstellung genannt) gilt dieses Realisationsprinzip nicht. Die einzelnen Wirtschaftsgüter sind in der Vermögensaufstellung grundsätzlich zum Teilwert anzusetzen (§ 109 Abs. 1 BewG); der Teilwert wird grundsätzlich nach den am Bewertungsstichtag geltenden Wiederbeschaffungskosten bemessen; die am Bewertungsstichtag geltenden Wiederbeschaffungskosten können über oder unter den Anschaffungs- oder Herstellungskosten liegen.

---

1. Wirtschaftliche Leistungsfähigkeit drückt sich in den Bedürfnisbefriedigungsmöglichkeiten aus; diese erfaßt man hilfsweise im Vermögen und im Vermögenszuwachs.

2. Nach geltendem Einkommensteuerrecht ist bei bücherführenden und abschlußerstellenden Steuerpflichtigen der (Rein-)Vermögenszuwachs Besteuerungsgrundlage; die Ermittlung erfolgt anhand der (im Einkommensteuergesetz geregelten) Steuerbilanz.

3. Nach geltendem Vermögensteuerrecht wird zusätzlich das Vermögen besteuert; die Ermittlung dieses Vermögens erfolgt anhand der (im Bewertungsgesetz geregelten) Vermögensaufstellung.

B. Adäquater Bilanzinhalt

I. Bilanzierungsprinzipien

1. Einzelbewertungsprinzip: An dieser Stelle geht es noch nicht darum, das Gefüge der die Steuerbilanz beherrschenden Prinzipien im Detail darzustellen (vgl. hierzu unten, § 12). Hier kommt es nur darauf an, die Steuerbilanzprinzipien soweit herauszuarbeiten, daß der die Steuerbilanz charakterisierende Bilanztyp sichtbar wird.

Die Steuerbilanz wird ganz von Objektivierungs- und Vereinfachungserwägungen beherrscht:

(1) *Objektivierung,* also Ermessensbeschränkung, ist erforderlich, um Gewinnmanipulationen, auch durch die Steuerbehörden, zu vermeiden oder jedenfalls zu beschränken;

(2) *Vereinfachungen* sind notwendig, um den Verfahrensaufwand zu begrenzen und um die Verfahrenstechnik dem breiten Kreis von Betroffenen verständlich zu machen.

Die Folge von Objektivierung und Vereinfachung ist, daß man in der Steuerbilanz nicht das Effektivvermögen (den Ertragswert) des Unternehmens erfassen kann, sondern nur ein *Buchvermögen.* Das ergibt sich aus dem für die Steuerbilanz maßgeblichen grundlegenden Vermögensermittlungsverfahren: Die Vermögensermittlung geschieht nicht in der Weise, daß man die Ertragserwartungen bestimmt und kapitalisiert, also nach dem potentiellen Preis dieser Ertragserwartungen und damit dieses Unternehmens am Markt fragt. Statt solcher Ertragsbewertung (Gesamtbewertung) erfolgt eine *Einzelbewertung:* Die einzelnen (positiven und negativen) im Unternehmen vorhandenen Wirtschaftsgüter werden bewertet und diese so ermittelten Einzelwerte zum Wert des gesamten Unternehmens addiert.[2]

Bei der Einzelbewertung bleiben Vermögenskomponenten, die sich nur mit großen Schwierigkeiten und infolgedessen nur mit einem erheblichen Ermessensspielraum bestimmen lassen, in um so stärkerem Maße unberücksichtigt, je mehr Vereinfachung bzw. Objektivierung erstrebt wird. So verzichtet man in Steuerbilanzen z. B. grundsätzlich darauf, selbstentwickelte Patente zu bilanzieren, mögen diese im Einzelfall auch noch so wertvoll (vermögenserhöhend) erscheinen: Die Bewertung, d. h. die Zurechnung bestimmter „Herstellungskosten" wäre zu schwierig und nicht ohne einen erheblichen Ermessensspielraum möglich. Dagegen werden gekaufte Patente stets bilanziert, selbst wenn ihre Vermögenswirksamkeit eher zweifelhaft ist: Man hat im Anschaffungspreis eines solchen gekauften Patents jedenfalls einen verläßlichen Ausgangswert für den Bilanzansatz.

Die objektivierungs- und vereinfachungsbedingte Vernachlässigung positiver und negativer Vermögenskomponenten führt beim Einzelbewertungsverfahren dazu, daß das Bilanzreinvermögen sehr stark vom Effektivvermögen (Ertragswert) abweichen kann. Man nennt den Differenzbetrag zwischen Bilanzreinvermögen und Effektivvermögen *„Geschäfts- oder Firmenwert"* („Goodwill"): Dieser Geschäfts- oder Firmenwert kann positiv sein (das Effektivvermögen übersteigt das Bilanzreinvermögen) oder negativ (das Effektivvermögen liegt unter dem Bilanzreinvermögen).

Der mit Hilfe der Steuerbilanz ermittelte Bilanzvermögenszuwachs ist ein bedenklicher Maßstab wirtschaftlicher Leistungsfähigkeit: Die Vernachlässigung

---

2 Vgl. zu Einzelheiten des Einzelbewertungsansatzes Moxter, Gewinnermittlung, S. 90–103 (mit ausführlichen Literaturnachweisen).

der im Geschäfts- oder Firmenwert ausgedrückten positiven und negativen Vermögenskomponenten kann z. B. dazu führen, daß in einer Periode trotz drastischer *Leistungsfähigkeitsverschlechterung* (deutlich ungünstigeren Ertragserwartungen) ein Bilanzvermögenszuwachs ausgewiesen (und besteuert) wird.

Beispiel: Die GVR eines Unternehmens zeigt Erträge in Höhe von 100 Mio. DM, Aufwendungen in Höhe von 90 Mio. DM, also einen Geschäftsjahrsgewinn in Höhe von 10 Mio. DM. Dem entspricht ein Bilanzreinvermögen, das von 400 Mio. DM auf 410 Mio. DM gestiegen ist. Das Effektivvermögen des Unternehmens ist jedoch von 800 Mio. DM auf 400 Mio. DM gefallen: Ein zu Periodenanfang vorhandener positiver Geschäfts- oder Firmenwert von 400 Mio. DM (800 Mio. DM Effektivvermögen minus 400 Mio. DM Bilanzreinvermögen) hat sich in einen negativen Geschäfts- oder Firmenwert von 10 Mio. DM verwandelt (400 Mio. DM Effektivvermögen minus 410 Mio. DM Bilanzreinvermögen). Die Minderung des Effektivvermögens mag etwa darauf beruhen, daß sich die Zukunftsaussichten des Unternehmens radikal verschlechtert haben: Die Konkurrenz ist durch bestimmte Neuentwicklungen im Begriff, das Unternehmen aus seinen angestammten Märkten zu verdrängen; hierdurch haben sich die Ertragserwartungen (Ausschüttungserwartungen) des Unternehmens und mit diesen das Effektivvermögen halbiert. Das Unternehmen hätte also zu Beginn des Geschäftsjahrs noch zu 800 Mio. DM verkauft werden können; zum Geschäftsjahrsende beträgt dieser potentielle Verkaufspreis des Unternehmens nur noch 400 Mio. DM. Die bilanzielle, also dem Einzelbewertungsansatz folgende Vermögensermittlung drückt diese Vermögensverschlechterung nicht aus.

Objektivierung und Vereinfachung erzwingen die Vernachlässigung des Geschäfts- oder Firmenwertes, das heißt sie führen zur Ermittlung eines Scheinvermögens. Objektivierung und Vereinfachung werden ihrerseits erzwungen durch den Grundansatz, wonach wirtschaftliche Leistungsfähigkeit im *Vermögenszuwachs* gesehen wird. Will man eine sinnvollere Einkommensbesteuerung erreichen, muß man nach einem anderen Grundansatz suchen: Es bedarf dann eines Maßstabs wirtschaftlicher Leistungsfähigkeit, der weniger objektivierungs- und vereinfachungsbedingte Verzerrungen mit sich bringt und doch eine Leistungsfähigkeitserfassung ermöglicht. Man tendiert heute in der Wissenschaft dazu, diesen Maßstab im realisierten Konsum zu sehen.[3]

Das Einzelbewertungsprinzip ist charakteristisch für die bilanzielle Vermögensermittlung schlechthin; es prägt also nicht etwa nur die Steuerbilanz, sondern auch die Handelsbilanz sowie rein betriebswirtschaftliche Bilanzen: Bei jeder Bilanz wird das Vermögen durch Bewertung der einzelnen, positiven und negativen Wirtschaftsgüter bestimmt; das Einzelbewertungsprinzip ist bei bilanzieller Vermögensermittlung (und bilanzieller Gewinnermittlung) also eine Selbstver-

---

3 Vgl. zu Einzelheiten Moxter, Gewinnermittlung, S. 21–24, und die dort angegebene Literatur.

ständlichkeit. Wenn das Einzelbewertungsprinzip hier für die Steuerbilanz betont wird, so weil es die Diskrepanz zwischen Rechtsschein und Wirklichkeit beleuchtet: Steuerliches Vermögen und damit steuerlicher Vermögenszuwachs sind, objektivierungs- und vereinfachungsbedingt, Hilfsgrößen (Buchgrößen), nicht (im ökonomischen Sinne) Effektivgrößen.

2. Realisationsprinzip: Für die Steuerbilanz gilt das Realisationsprinzip. Es besagt in seiner einfachsten Interpretation, daß Aktiven nicht über ihren Anschaffungs- oder Herstellungskosten und daß Passiven nicht unter ihren Anschaffungskosten bewertet werden dürfen. Wertsteigerungen, die ein vorhandenes Aktivum gegenüber seinen Anschaffungs- oder Herstellungskosten erfährt, bilden mithin keinen (steuerlich relevanten) Vermögenszuwachs: Ein Vermögenszuwachs gilt erst als verwirklicht, wenn ein *Umsatz* (eine Lieferung oder sonstige Leistung im Rechtssinne) erfolgt ist. Mit dem Umsatz tritt anstelle des betreffenden Aktivums eine Forderung (bei Kreditverkauf) bzw. ein Zahlungsmittelbestand (bei Barverkauf); erst diese Forderung bzw. dieser Zahlungsmittelbestand verkörpert den Vermögenszuwachs.

Das Realisationsprinzip läßt sich im Rahmen einer bilanziellen Vermögensermittlung als Ausdruck des allgemeinen *Vorsichtsprinzips* deuten: Bevor Umsätze erfolgt sind, gilt ein Vermögenszuwachs als zu unsicher; erst der Umsatz bestätigt den Vermögenszuwachs. Es gibt keine praktikablere Trennlinie zwischen konkretisierten und fragwürdigen Vermögenszuwächsen. Im Rahmen steuerlicher Vermögensermittlung drängt sich das Realisationsprinzip noch aus einem zweiten Grund auf: Umsatz schafft (grundsätzlich) *Liquidität* (Forderungs- oder Zahlungsmitteleingänge); diese Liquidität ist Voraussetzung für die Begleichung der anfallenden Steuerzahlungen.

Man kann das Realisationsprinzip auch als *Objektivierungsprinzip* deuten. Es besagt dann, in seiner einfachsten Interpretation, nach wie vor, daß die Anschaffungs- oder Herstellungskosten der Aktiven nicht überschritten (und daß die Anschaffungskosten der Verbindlichkeiten nicht unterschritten) werden dürfen; aber die Begründung liegt jetzt nicht in der vorsichtigen Vermögensermittlung, sondern in der Ermessensbeschränkung: Anschaffungskosten sind meist eindeutiger bestimmbar als Bilanzstichtagswerte; Anschaffungskosten sind jedenfalls partiell belegbar (durch Rechnungen und ähnliches). Man wird annehmen dürfen, daß das Gesetz beide Begründungen des Realisationsprinzips, Vorsicht und Objektivierung, meint.

3. Niederstwertprinzip: Das Niederstwertprinzip besagt grundsätzlich, daß bei Aktiven anstelle der Anschaffungs- oder Herstellungskosten der *niedrigere* Bilanzstichtagswert und bei Verbindlichkeiten anstelle der Anschaffungskosten der *höhere* Bilanzstichtagswert maßgeblich ist. Das Niederstwertprinzip schränkt also die Bewertung zu Anschaffungskosten und damit das Realisationsprinzip ein: Das Realisationsprinzip gilt nur für „Gewinne" (Wertsteigerungen der Aktiven, Wertminderungen der Verbindlichkeiten); Gewinne dürfen immer erst mit der Realisierung bilanziell berücksichtigt werden. „Verlusten" (Wertminderungen bei den Aktiven, Wertsteigerungen bei den Verbindlichkeiten) ist dagegen unabhängig von ihrer Realisierung Rechnung zu tragen.

Das Niederstwertprinzip läßt sich auch als *Imparitätsprinzip* charakterisieren: Gewinne und Verluste werden ungleich behandelt; unrealisierte Gewinne dürfen nicht berücksichtigt werden, unrealisierte Verluste müssen berücksichtigt werden.

4. Teilwertprinzip: Der gegenüber den Anschaffungs- oder Herstellungskosten niedrigere Wert ist in der Steuerbilanz grundsätzlich als Teilwert zu verstehen.[4] Das Gesetz definiert ihn wie folgt: „Teilwert ist der Betrag, den ein Erwerber des ganzen Betriebs im Rahmen des Gesamtkaufpreises für das einzelne Wirtschaftsgut ansetzen würde; dabei ist davon auszugehen, daß der Erwerber den Betrieb fortführt" (§ 6 Abs. 1 Nr. 1 Satz 3 EStG).

Das Teilwertprinzip besagt, daß der gegenüber den Anschaffungs- oder Herstellungskosten niedrigere Wert grundsätzlich als *subjektiver,* unternehmensspezifischer Wert zu verstehen ist, nicht als objektiver, marktbezogener Wert: Wurde für ein Grundstück mit Rücksicht auf dessen besondere Bedeutung für das Unternehmen ein Anschaffungspreis von 10 Mio. DM bewilligt, ließe sich dieses Grundstück aber wegen der geringeren Bedeutung für Dritte nur für 7 Mio. DM wieder veräußern, so ist in der Steuerbilanz eine Abwertung ausgeschlossen; der subjektive Wert (Teilwert) entspricht den Anschaffungskosten (10 Mio. DM), der niedrigere objektive Wert interessiert nicht, solange das Grundstück nicht zur Wiederveräußerung vorgesehen ist.

Das Teilwertprinzip folgt unmittelbar aus der Aufgabe der Steuerbilanz, die individuelle steuerliche Leistungsfähigkeit zu erfassen; nur durch Erfassung der individuellen steuerlichen Leistungsfähigkeit ist eine gleichmäßige Besteuerung erreichbar. Das Teilwertprinzip wird freilich durch das Objektivierungsprinzip zurückgedrängt; hierauf wird sogleich zurückzukommen sein.

5. Stichtagsprinzip: Im Rahmen einer am Einzelbewertungsgrundsatz orientierten *Vermögensermittlung* ist das Prinzip, die (niedrigeren) *Bilanzstichtagswerte* zu wählen, eine Selbstverständlichkeit. Diese Vermögensermittlung wird beherrscht durch den Stichtagsgrundsatz: Die für den Vermögensermittlungsstichtag maßgebenden Werte sind anzusetzen. Nicht ganz selbstverständlich scheint im Rahmen einer solchen Vermögensermittlung das Realisationsprinzip; denn das Realisationsprinzip erzwingt eine Vermögensermittlung, die gerade nicht

---

4 Vgl. zum gesetzlichen Teilwertbegriff und dessen Interpretation durch den Bundesfinanzhof Adolf Moxter: Bilanzierung nach der Rechtsprechung des Bundesfinanzhofs, Tübingen 1982, S. 217–268 (mit ausführlichen Literaturnachweisen).

auf die Bilanzstichtagswerte abstellt (sondern auf die historischen Anschaffungskosten). Vom Stichtagsgrundsatz her gesehen erscheint das Realisationsprinzip als eine Ausnahme, die sich aus Vorsichts- und Objektivierungserwägungen aufdrängt.

Man könnte versucht sein, im Ansatz der Bilanzstichtagswerte ein Element vermögensorientierter Bilanzauffassung zu sehen, im Realisationsprinzip dagegen ein Element gewinnorientierter Bilanzauffassung. Doch wäre eine solche Unterscheidung vordergründig: Das Realisationsprinzip ist ein unentbehrliches Element vermögensorientierter Bilanzauffassung, weil erst aus dem Realisationsprinzip folgt, was in einer Fortführungsbilanz überhaupt als Aktivum und Passivum zu gelten hat; hierauf wird im einzelnen sogleich zurückzukommen sein.

6. Nominalwertprinzip: Nach geltendem Bilanzsteuerrecht ist der Vermögenszuwachs nominal zu ermitteln; ein *inflationsbedingter* Vermögenszuwachs wird also grundsätzlich voll erfaßt. Das mag Vereinfachungen der Gewinnermittlung mit sich bringen; mit dem Leistungsfähigkeitsgrundsatz ist es sicher nicht vereinbar: Ein Vermögenszuwachs, der lediglich der Inflationsrate entspricht, stellt nur einen *Scheinzuwachs* wirtschaftlicher Leistungsfähigkeit dar.

Beispiel: Ein Steuerpflichtiger besitzt am Beginn des Wirtschaftsjahres ein Vermögen in Höhe von 10 Mio. DM; am Ende des Wirtschaftsjahres ist das Vermögen auf 10,8 Mio. DM gestiegen, also ein Vermögenszuwachs von 0,8 Mio. DM gegeben. Wenn die Inflationsrate im Wirtschaftsjahr 10% betrug, heißt das: Das Endvermögen verkörpert eine niedrigere Kaufkraft als das Anfangsvermögen. Nur *nominal,* das heißt in entwerteten Geldeinheiten gemessen, ist ein Vermögenszuwachs gegeben; *real,* das heißt hinsichtlich der vorhandenen Kaufkraft (den Bedürfnisbefriedigungsmöglichkeiten), ist eine Vermögensminderung eingetreten. Trotz dieser Kaufkraft-, also Leistungsfähigkeitsminderung wird bilanzsteuerrechtlich ein „Gewinn" in Höhe von 0,8 Mio. DM angenommen und besteuert.

Das Nominalwertprinzip verfälscht die Grundkonzeption der Einkommensbesteuerung: Mit der Einkommensteuer soll das „Hereinkommen" von Bedürfnisbefriedigungsmitteln, der *Leistungsfähigkeitszuwachs* (Vermögenszuwachs) belastet werden; hierin unterscheidet sich die Einkommensteuer von der Vermögensteuer, die ohne Rücksicht auf Leistungsfähigkeitszuwächse einen *Leistungsfähigkeitsbestand* belastet. Das Nominalwertprinzip führt dazu, daß die Einkommensteuer zur *verkappten Vermögensteuer* wird.

Beispiel: Jemand besitzt ein Aktienpaket, das zum Zeitpunkt 0 jährliche Ausschüttungen (Dividenden), zum Zeitpunkt 1 beginnend, von 1 Mio. DM erwarten läßt. Bei einem (relevanten) Marktzinssatz von 10% hat dieses Aktienpaket zum Zeitpunkt 0 einen Wert (potentiellen Marktpreis) in Höhe von 10 Mio. DM. Nach einem Jahr, zum Zeitpunkt 1, haben sich die Ausschüttungserwartungen drastisch vermindert: Zum Zeitpunkt 1 wird überhaupt keine Dividende gezahlt; man erwartet vom Zeitpunkt 2 ab Dividendenzahlungen in Höhe von 0,5 Mio. DM. Bei unverändertem Marktzinssatz ergibt sich zum Zeitpunkt 1 ein Vermögen (Wert des Aktienpakets) von 5 Mio. DM. Einkommensteuer fällt nicht an, wohl aber Vermögensteuer (denn das Vermögen ist nach wie vor positiv). Die Vermögensteuer greift in die „Substanz" ein, das heißt sie belastet den Steuerpflichtigen unabhängig davon, ob ein Vermögenszuwachs vorliegt. Im gleichen Sinne greift eine auf dem Nominalwertprinzip beruhende Einkommensteuer in die Substanz ein; denn es werden Scheinvermögenszuwächse wie echte Vermögenszuwächse behandelt.

7. Objektivierungsprinzip: Im Rahmen der steuerlichen Gewinnermittlung ist Objektivierung, also Ermessensbeschränkung besonders wichtig; ohne Objektivierung drohten Ermessensmißbräuche größten Ausmaßes, nicht nur bei den Steuerpflichtigen. Objektivierungserfordernisse schlagen sich, wie gerade gezeigt, im Einzelbewertungsprinzip und im Realisationsprinzip nieder. Durch Objektivierungserfordernisse wird ferner das Niederstwertprinzip (Imparitätsprinzip) eingeschränkt: Nur hinreichend konkretisierte Wertminderungen sind steuerlich berücksichtigungsfähig. Nicht zuletzt höhlen Objektivierungserfordernisse das Teilwertprinzip aus: Subjektive, unternehmensspezifische Werte sind meist nicht hinreichend objektiviert feststellbar; man muß hilfsweise doch wieder auf Marktwerte zurückgreifen.

Beispiel: Ein Grundstück mag für ein Unternehmen einen deutlich höheren Wert haben als für Dritte; das Unternehmen kann das betreffende Grundstück besser nutzen als Dritte. Das bedeutet, wie schon im letzten Teilwertbeispiel erwähnt, daß der Teilwert des Grundstücks zum Zeitpunkt der Grundstücksanschaffung den Anschaffungskosten entspricht; eine sofortige Abwertung auf den niedrigeren objektiven Wert (Wert für Dritte) kommt also in der Steuerbilanz nicht in Betracht. Für die Folgebilanzen gilt jedoch etwas anderes: Der Anschaffungswert ist, wegen des Zeitablaufs, nicht mehr maßgeblich; das heißt der Teilwert kann jetzt nicht mehr nach dem Anschaffungswert bemessen werden. Man muß vielmehr fragen, welche Wiederbeschaffungskosten das Unternehmen für das Grundstück aufzuwenden hätte; man wird deshalb den Verkehrswert (objektiven Wert) des Grundstücks ermitteln und hierauf, um zum Teilwert zu kommen, einen Zuschlag vornehmen. In diesem Zuschlag drückt sich der Mehrwert aus, den das Unternehmen zu zahlen hätte (und den der Grundstücksverkäufer, der die besondere Bedeutung des Grundstücks für das betreffende Unternehmen kennt, fordern würde); die Höhe eines solchen Zuschlages wäre aber ganz vom Bewerterermessen abhängig, also nicht objektiviert bestimmbar.

II. Bilanztyp: objektivierungsgeprägte Fortführungsvermögensbilanz

1. Objektivierungsdominanz: Der steuerliche Gewinn ist bei bücherführenden und abschlußerstellenden Steuerpflichtigen als Vermögenszuwachs konzipiert; denn er wird, wie gezeigt, durch einen *Vermögensvergleich* ermittelt. Das bedeutet, daß die Steuerbilanz grundsätzlich eine Vermögensbilanz ist; Bilanztypen, in denen sich neben Vermögenskomponenten auch bloße Verrechnungsposten finden (vgl. unten, § 9), sind so gesehen ausgeschlossen. Ausgeschlossen ist nach herrschender Meinung auch diejenige Vermögensbilanz, die auf der Fiktion einer Unternehmenszerschlagung beruht; die Steuerbilanz gilt als *Fortführungsvermögensbilanz.*

Man wird mit der herrschenden Meinung davon ausgehen dürfen, daß bei der bilanzsteuerrechtlichen Vermögensermittlung die Annahme der Unternehmensfortführung zugrunde zu legen ist. Ganz selbstverständlich erscheint dies freilich nicht;[5] doch ist der Streit um Fortführungsvermögensbilanz oder Zerschlagungsvermögensbilanz in Anbetracht des Gewichts von Objektivierungs- und Vereinfachungsrestriktionen wenig bedeutsam. Wie mehrfach gezeigt (vgl. insbesondere oben, § 1 C 3), verwischen sich, objektivierungs- und vereinfachungsbedingt, die Grenzen zwischen Zerschlagungsbilanz und Fortführungsvermögensbilanz bis zur Unkenntlichkeit.

Es gibt einige wenige Fälle, in denen die Charakterisierung der Steuerbilanz als Fortführungsvermögensbilanz (statt als Zerschlagungsbilanz) praktische Konsequenzen hat. Sie liegen sämtlich im Bereich der Frage, was ein Aktivum und was ein Passivum bildet; denn für die *Bewertung* der Aktiven und Passiven besagt die steuerliche Teilwertvorschrift ausdrücklich, daß insoweit von einer *Unternehmensfortführung* auszugehen ist. So bildet z. B. ein Warenzeichen nur in der Fortführungsvermögensbilanz, nicht in der Zerschlagungsbilanz ein Aktivum; denn Warenzeichen sind nicht einzelveräußerbar und infolgedessen unter der Annahme der Unternehmenszerschlagung wertlos. Der Bundesfinanzhof bejaht die Aktivierung von Warenzeichen; er sieht in der Steuerbilanz eine Fortführungsvermögensbilanz.[6]

Der Bundesfinanzhof verneint z. B. die Aktivierungsfähigkeit von Ausgaben für Reklamefeldzüge.[7] Doch geschieht dies nicht etwa mit der Begründung, einer solchen Position fehle die Einzelveräußerbarkeit. Maßgeblich sind Objektivierungs- und Vereinfachungserwägungen. Für die Frage, was in der Steuerbilanz zum Kreis der Aktiven und Passiven gehört, ist es entscheidend, welches

---

5 Vgl. insbes. Winfried Mellwig: Bilanzrechtsprechung und Betriebswirtschaftslehre. In: BB, 38. Jg. (1983), S. 1613–1620, insbes. S. 1618 f.
6 Vgl. Moxter, Bilanzierung nach der Rechtsprechung des Bundesfinanzhofs, S. 59.
7 Vgl. Moxter, Bilanzierung nach der Rechtsprechung des Bundesfinanzhofs, S. 25, 33, 42, 73.

Gewicht man Objektivierungs- und Vereinfachungserwägungen einräumt; die Frage der Einzelveräußerbarkeit tritt demgegenüber zurück.

Objektivierung ist kein Spezifikum der Steuerbilanz; jede bilanzielle Vermögensermittlung, also auch die Handelsbilanz, ist durch das Objektivierungserfordernis geprägt. Immerhin gibt es graduelle Unterschiede; sie betreffen vor allem die *Abschreibungsregelungen.* In der Handelsbilanz muß der Kaufmann die Anschaffungskosten planmäßig auf die Nutzungsdauer verteilen; er ist gehalten, Nutzungsdauer und Abschreibungsverfahren nach dem Vorsichtsprinzip zu bestimmen, muß aber extrem vorsichtige Abschreibungen mit Rücksicht auf das gesellschaftsrechtliche Mindestausschüttungsgebot unterlassen. Das Maß an zu beachtender Vorsicht wird in diesem Rahmen durch sein Ermessen bestimmt. In der Steuerbilanz wird das Kaufmannsermessen bei der Abschreibung („Absetzung für Abnutzung": AfA) zwar nicht etwa völlig ausgeschaltet, aber ungleich stärker beschränkt: Die Nutzungsdauer ist zum Teil gesetzlich reglementiert (Gebäude), zum Teil wird sie durch die Finanzverwaltung an Erfahrungswerte (AfA-Tabellen) gebunden. Für eine vorsichtige Verteilung der Anschaffungskosten auf die gegebene Nutzungsdauer, also für ein degressives Abschreibungsverfahren, gibt es in der Steuerbilanz noch engere Grenzen (z. B. darf der degressive Abschreibungssatz bei beweglichen Wirtschaftsgütern nur 30% bzw. das Dreifache des linearen Abschreibungssatzes betragen, vgl. § 7 EStG).

2. Durch das Realisationsprinzip geprägte Vermögensbilanz: Will man das Fortführungsvermögen bilanziell erfassen, so muß man, dem Einzelbewertungsansatz entsprechend, die am Bilanzstichtag vorhandenen Aktiven und Passiven bilanzieren. Das setzt voraus, daß der Kreis dieser Aktiven und Passiven festliegt: Was sind, unter der Annahme der Unternehmensfortführung, die am Bilanzstichtag zu erfassenden Aktiven und Passiven? Nur bei einer sehr abstrakten, für die praktische Bilanzierung kaum hilfreichen Betrachtung gilt, daß Aktivum ist, was einen positiven *Ertragswertbeitrag* bildet und daß Passivum (vom Eigenkapital abgesehen) ist, was einen negativen Ertragswertbeitrag darstellt. Für die Bilanzierungspraxis bedarf es einer weniger abstrakten, dem Objektivierungs- und dem Vereinfachungserfordernis genügenden Definition der Aktiven und Passiven.

Schon Simon, der in seiner statischen Bilanz ebenfalls das *Fortführungsvermögen* ermitteln wollte, stand vor dem Problem, Aktiven und Passiven, also die Fortführungsvermögenskomponenten, zu definieren. Er hat den Kreis der Aktiven beschränkt auf die vier Gruppen Sachen, Forderungen, durch Aufwendungen erworbene sonstige Rechte und entgeltlich erworbene, rein wirtschaftliche Güter; die Passiven begrenzte er, vom Eigenkapital abgesehen, auf Schulden im Rechtssinne. Maßgeblich waren dabei Objektivierungs- und Vereinfachungserwägungen. Ungelöst blieb bei Simon das wichtige Problem, zu welchem *Zeit-*

punkt derartige Aktiven oder Passiven zu bilanzieren sind, ob man also am Bilanzstichtag ein Aktivum oder ein Passivum *schon* oder *noch* bilanzieren darf (vgl. oben, § 1 B I, II).

Man kann das Problem des zeitlichen Zugangs und Abgangs von Aktiven und Passiven mit Hilfe einer rein *formalrechtlichen* Betrachtungsweise lösen: Aktiven sind demnach zu erfassen, sobald rechtliches Eigentum vorliegt; Passiven (mit Ausnahme des Eigenkapitals) sind zu bilanzieren, sobald eine Verbindlichkeit im Rechtssinne gegeben ist. Doch entfernte man sich damit unnötig weit von einer *wirtschaftlichen* Betrachtungsweise des zu ermittelnden Vermögens. In wirtschaftlicher Betrachtungsweise kann eine positive Vermögenskomponente gegeben sein, ohne daß (schon oder noch) rechtliches Eigentum vorliegt, und eine negative Vermögenskomponente darf in wirtschaftlicher Betrachtungsweise nicht mit dem Vorhandensein einer Schuld im Rechtssinne gleichgesetzt werden.

In wirtschaftlicher Betrachtungsweise wird die Bilanzvermögensermittlung durch das Realisationsprinzip geprägt. Das besagt, wie mehrfach erwähnt, daß ein Vermögenszuwachs, also ein so verstandener Gewinn, erst mit dem Umsatz gegeben ist; der Vermögenszuwachs ist in dieser Betrachtung ein *Umsatzgewinn*. Aus dieser allgemein bejahten Grundthese folgen zwei für den Bilanzierungszeitpunkt wichtige Regeln:

(1) Vor dem Bilanzstichtag erfolgte Ausgaben, die erst *künftige Umsätze* (statt Geschäftsjahrsumsätze) alimentieren, werden grundsätzlich *aktiviert* (statt in der GVR als Aufwand angesetzt). Zu dieser Gruppe zählt der regelmäßig größte Teil der Aktiven (Maschinen, Vorräte und ähnliches). Aktiviert werden ferner nach dem Bilanzstichtag erfolgende Einnahmen, die *für Geschäftsjahrsumsätze* geleistet werden (Forderungen aus Warenlieferungen und sonstigen Leistungen).

(2) Nach dem Bilanzstichtag erfolgende *Ausgaben,* die bereits *Geschäftsjahrsumsätze* alimentiert haben, werden grundsätzlich *passiviert* (und damit der GVR des Geschäftsjahrs als Aufwand belastet); Beispiele sind Garantierückstellungen und Rückstellungen für die Kosten des Jahresabschlusses. Passiviert werden ferner vor dem Bilanzstichtag erfolgende *Einnahmen,* die für *künftige Umsätze* geleistet wurden (z. B. Kundenvorauszahlungen, passive Rechnungsabgrenzungsposten).

Die wirtschaftliche, am Realisationsprinzip orientierte Betrachtungsweise der Aktiven und Passiven bedarf in der Steuerbilanz dann Einschränkungen, wenn sie keine hinreichende *Objektivierung* erlaubt. So wird der Bundesfinanzhof etwa, objektivierungsbedingt, davon absehen, die Aktivierung von „Reklamefeldzügen" zu fordern (obgleich eine Alimentierung *künftiger* Umsätze vorliegt), und er wird, ebenfalls objektivierungsbedingt, die Passivierung „unterlassener Reklameausgaben" nicht zulassen. Dagegen verlangt der Bundesfinanzhof grundsätzlich zu Recht die Aktivierung von Mietereinbauten[8] (trotz fehlenden rechtlichen Eigentums), und er läßt, ebenfalls zu Recht, die Passivierung von Jahresabschlußkostenrückstellungen zu[9] (trotz fehlender Schuld im Rechtssinne); weder für die Mietereinbauten noch für die Jahresabschlußkostenrückstellungen gilt, daß man aus Objektivierungserwägungen auf ihre Bilanzierung verzichten müßte.

Die durch das Realisationsprinzip geprägte Vermögensermittlung ist kein Spezifikum der Steuerbilanz, schon deshalb, weil die steuerrechtlichen Aktivierungs- und Passivierungsvorschriften grundsätzlich durch die *handelsrechtlichen GoB* bestimmt werden (Maßgeblichkeitsprinzip, § 5 Abs. 1 EStG). Die Betonung des Realisationsprinzips an dieser Stelle soll verdeutlichen, daß es in wirtschaftlicher Betrachtungsweise für eine am Einzelbewertungsprinzip orientierte steuerliche Vermögensermittlung keine Alternative zum Realisationsprinzip gibt: In wirtschaftlicher Betrachtungsweise ist insoweit keine vom jetzigen Gesetzeszustand abweichende (sinnvolle) Regelung denkbar.

---

1. Die gesetzliche Steuerbilanz wird von Objektivierungs- und Vereinfachungserfordernissen beherrscht.

2. Objektivierte, vereinfachte Vermögensermittlung bedeutet Buchvermögensermittlung statt Effektivvermögensermittlung; es gilt für die Steuerbilanz, wie für jede Bilanz, das Prinzip der Vermögensermittlung durch Einzelbewertung.

3. Vom Bilanztyp her ist die Steuerbilanz eine Fortführungsvermögensbilanz; objektivierungs- und vereinfachungsbedingt verwischen sich allerdings die Grenzen zwischen Fortführungsvermögensbilanz und Zerschlagungsvermögensbilanz bis auf einige Ausnahmefälle (z. B. Warenzeichenaktivierung).

4. Der Vermögenszuwachs bestimmt sich in der Steuerbilanz nach dem Realisationsprinzip (als Umsatzgewinn); aus dieser (auch für die Handelsbilanz geltenden) Konzeption folgen die grundlegenden, nur durch Objektivierungserfordernisse eingeschränkten Aktivierungs- und Passivierungsregeln.

5. Neben dem Realisationsprinzip wird die Steuerbilanz insbesondere geprägt durch das Niederstwertprinzip (Imparitätsprinzip), das Teilwertprinzip, das Stichtagsprinzip und das Nominalwertprinzip; nur das Teilwertprinzip ist ein Spezifikum der Steuerbilanz (gegenüber der Handelsbilanz).

---

8 Vgl. Moxter, Bilanzierung nach der Rechtsprechung des Bundesfinanzhofs, S. 11, 14f., 29, 33, 68, 195, 198, 226.
9 Vgl. Moxter, Bilanzierung nach der Rechtsprechung des Bundesfinanzhofs, S. 89, 106ff., 129.

§ 9. Bilanzierung zum Zwecke der Anteilsbewertung

A. Die Bilanzaufgabe „Anteilsbewertung"

1. Schutzfunktion: Wer einen Unternehmensanteil oder ein ganzes Unternehmen erwirbt bzw. veräußert, muß den Preis hierfür nach den erworbenen (veräußerten) Ausschüttungserwartungen bemessen; denn die Ausschüttungserwartungen verkörpern die (finanziellen) Vorteile, die dem Käufer mit dem Unternehmenserwerb zufließen (und dem Verkäufer mit der Unternehmensveräußerung künftig entgehen). Am Markt haben Ausschüttungserwartungen bestimmte Preise; die Kenntnis der von einem Unternehmen verkörperten Ausschüttungserwartungen und der hierfür gegebenen Marktpreise schützt Käufer und Verkäufer davor, unangemessene Preise zu bewilligen.

Beim Kauf ganzer Unternehmen und oft auch beim Kauf von Unternehmensanteilen spielen Bilanzen zur Bestimmung der Ausschüttungserwartungen kaum eine Rolle; Bilanzen (und die zugehörigen Inventare) haben hier mehr die Funktion, die zu übertragenden Vermögensgegenstände und Schulden zu dokumentieren. Zur Bestimmung der Ausschüttungserwartungen greift man auf aussagefähigere Instrumente, nämlich Plangewinnermittlungen und Finanzplanungen, zurück; man stützt sich, meist unter Heranziehung von Gutachtern, auf subjektive Schätzungen der künftigen Ausschüttungen.[1] Die *bilanzielle* Ermittlung der Ausschüttungserwartungen ist nur dann bedeutsam, wenn die Ermittlung stark *vereinfacht* und vor allem stark *objektiviert* erfolgen muß; diese Voraussetzung ist vor allem gegeben, wenn, bei öffentlichem Anteilshandel, Käufer und Verkäufer von Anteilen durch *öffentliche Rechnungslegung* vor Übervorteilungen geschützt werden sollen.

Vereinfachte, objektivierte Information über die Ausschüttungserwartungen bedeutet verkürzte Information; im Rahmen bilanzieller Darstellung der Ausschüttungserwartungen ist nur eine gewisse Mindestinformation möglich. Man kann bilanziell, zudem im Rahmen öffentlicher Rechnungslegung, nicht darstellen, unter welchen Bedingungen sich diese oder jene Entwicklung der Ausschüttungen ergeben wird und was sich für die Wahrscheinlichkeit einer Verwirklichung der Bedingungen jeweils anführen läßt. Die begrenzten Informationen, die man mittels Bilanzen über die Ausschüttungserwartungen zu gewähren vermag, haben überdies den gravierenden Nachteil, die Adressaten im allgemeinen zu spät zu erreichen: Verschlechterungen bzw. Verbesserungen der Ausschüttungserwartungen haben sich im allgemeinen längst *vor* der Bilanzveröf-

---

1 Vgl. zu Details etwa Adolf Moxter: Grundsätze ordnungsmäßiger Unternehmensbewertung, 2. Aufl., Wiesbaden 1983, insbes. S. 97–122.

fentlichung in den Börsenkursen ausgewirkt; denn es gibt keine wirksame Möglichkeit, den Anteilshandel besser Informierter mehr als partiell zu begrenzen.[2] Man sollte die Schutzwirkung einer Zwangspublizität der Ausschüttungserwartungen mithin nicht überschätzen; es besteht jedoch ebensowenig Anlaß, sie generell abzutun. Die Zwangspublizität der Gewinnerwartungen kann so gestaltet werden, daß sie die Benachteiligung Außenstehender immerhin begrenzt. An der Börse herrscht stets die Gefahr, daß Kurse durch gefälschte Informationen für eine gewisse Zeit erheblich beeinflußt werden: Eine Gruppe von Marktbeteiligten mag etwa Hiobsbotschaften lancieren, nach entsprechendem Kursfall Aktien aufkaufen, anschließend geschönte Informationen verbreiten, zum dann gestiegenen Kurs wieder verkaufen etc. Es ist freilich nicht ganz leicht, auf diese Weise an einer Fehlinformation des Publikums zu verdienen; der Markt entspricht nicht dem Schwarzweißbild von Desinformierten einerseits und Vollinformierten andererseits. Kaum wird eine Fehlinformationen verbreitende Gruppe von Marktbeteiligten wirklich geschlossen auftreten; die Versuchung für einzelne Gruppenmitglieder, durch (heimliches) Ausscheren die eigenen Gewinnanteile (auf Kosten der übrigen Mitglieder) zu maximieren, ist recht ausgeprägt, und jedes Ausscheren einzelner (durch vorzeitigen Kauf oder Verkauf) begrenzt die Wirksamkeit des Gruppenvorgehens. Auch wird man berücksichtigen, daß sich das unprofessionelle Publikum mit gezielten Fehlinformationen ohnehin kaum erreichen läßt; professionelle Kapitalanleger aber können in ihrer Gesamtheit nicht so leicht getäuscht werden: Es pflegen Störgruppen aufzutreten, die auf die gegenteilige Entwicklung setzen; auch kann eine Gruppe von Insidern gegenüber professionellen Anlegern nicht *nachhaltig* mit Fehlinformationen operieren, denn sie beraubt sich damit der Glaubwürdigkeit, des Vertrauens. Öffentliche Rechnungslegung kann aber gerade insoweit wirksam sein: Eine Unternehmensleitung wird ungern Informationen über eine ausgeprägt günstige oder über eine ausgeprägt ungünstige Unternehmensentwicklung lancieren, wenn sie befürchten muß, daß der nächste Jahresabschluß hierfür überhaupt keine Indizien liefert. Freilich hängt nun alles davon ab, inwieweit der Jahresabschluß und die ihn ergänzenden Berichte zutreffende Indizien der Unternehmensentwicklung gewähren; Jahresabschlüsse können auch pervertiert, d. h. dazu benutzt werden, *Fehlinformationen* zu lancieren.

2. Ausschüttungsniveau: Man kann in den die Bilanz (GVR) *ergänzenden* Berichten grundsätzlich ebenso differenziert wie weitläufig über die Ausschüttungserwartungen informieren; die Ausschüttungsdeterminanten samt ihrer

---

2 Vgl. zu dieser Problematik insbes. Wolfgang Ballwieser: Zur Begründbarkeit informationsorientierter Jahresabschlußverbesserung. In: ZfbF, 34. Jg. (1982), S. 772–793; Reinhard Schmidt: Rechnungslegung als Informationsproduktion auf nahezu effizienten Kapitalmärkten. In: ZfbF, 34. Jg. (1982), S. 728–748; Franz W. Wagner: Zur Informations- und Ausschüttungsbemessungsfunktion des Jahresabschlusses auf einem organisierten Kapitalmarkt. In: ZfbF, 34. Jg. (1982), 749–771 (alle mit ausführlichen Literaturangaben).

Wahrscheinlichkeit und die jeweils resultierende Ausschüttungshöhe lassen sich in solchen Berichten im Detail darstellen. Freilich bedingt eine derart umfassende Information, daß subjektives Ermessen des Berichtenden dominiert; es droht mithin die Gefahr eines Ermessensmißbrauchs.

Eine *bilanzielle*, das heißt stark vereinfachte und stark objektivierte Ermittlung und Darstellung der Ausschüttungserwartungen muß in einer *Partialerfassung* resultieren: Man kann den bilanziellen Gewinn konzipieren als den Betrag, dessen Ausschüttung gegenwärtig und künftig pro Jahr dann möglich ist, wenn sich die gewinnbeeinflussenden Bedingungen des (abgelaufenen) Geschäftsjahrs künftig – jedenfalls im Durchschnitt der Jahre – ständig *wiederholten*. Ein Informationsadressat, der diese Geschäftsjahrsbedingungen und ihre künftige Wiederkehr wenigstens in großen Zügen zu beurteilen vermag, kann auch die Wahrscheinlichkeit einer künftigen Wiederkehr des so verstandenen Geschäftsjahrsgewinns schätzen.

Ein Gewinnbetrag, der die bei Wiederkehr der Geschäftsjahrsbedingungen gegebenen Ausschüttungserwartungen, die dann erzielbare Ausschüttungshöhe, bezeichnet, gibt ein „Ausschüttungsniveau" wieder. Ausschüttungsniveau nennt man einen uniformen (jährlich gleichbleibenden) Ausschüttungsstrom (eine Durchschnittsausschüttung); ein Ausschüttungsbetrag in Höhe des Ausschüttungsniveaus besagt, welche Ausschüttung *gegenwärtig* möglich ist, ohne gleich große *künftige* (jährliche) Ausschüttungen zu beeinträchtigen.

Beispiel: Jemand besitzt zum Zeitpunkt 0 einen Betrag von 110 GE; der Betrag ist zum Zinssatz von 10% angelegt. Die maximal mögliche uniforme Ausschüttungsreihe, also das erreichbare Ausschüttungsniveau, beträgt dann 10 GE: Wird zum Zeitpunkt 0 ein Betrag von 10 GE ausgeschüttet, so verbleiben 100 GE, die beim angenommenen Zinssatz von 10% künftige jährliche Ausschüttungen von ebenfalls 10 GE erlauben. Mehr als 10 GE können zum Zeitpunkt 0 nicht ausgeschüttet werden, wenn man auch künftig, vom Zeitpunkt 1 ab, eine jährliche Ausschüttung von 10 GE realisieren will; würde zum Zeitpunkt 0 etwa ein Betrag von 20 GE ausgeschüttet, so verblieben zur Wiederanlage 90 GE, die beim angenommenen Zinssatz von 10% künftig jährliche Ausschüttungen von nur 9 GE erlaubten.

Die künftigen Ausschüttungsmöglichkeiten sind unsicher; man weiß nicht, wie sich die einzelnen Ausschüttungsdeterminanten (Umsätze, Löhne etc.) entwickeln werden. Infolgedessen ist auch das *erreichbare* Ausschüttungsniveau unsicher: Das erreichbare Ausschüttungsniveau stellt in Wirklichkeit eine *Bandbreite* (eine Wahrscheinlichkeitsverteilung) von für möglich erachteten Ausschüttungsniveaus dar. (Bei besonders ungünstiger Entwicklung der Ausschüttungsdeterminanten mag das erreichbare Ausschüttungsniveau 0 DM betragen, bei extrem günstiger Entwicklung dagegen 10 Mio. DM; die dazwischen liegenden Ausschüttungsniveaus sind ebenfalls möglich.)

Der bilanziell ermittelte Geschäftsjahrsgewinn ist grundsätzlich eine *einwertige* Größe, also keine Bandbreite. Bedient man sich eines Geschäftsjahrsgewinns, um das erreichbare Ausschüttungsniveau zu bezeichnen, so ist klar, daß damit nicht die Bandbreite möglicher Ausschüttungsniveaus wiedergegeben werden kann: Die Prognosebedeutung des Geschäftsjahrsgewinns beschränkt sich darauf, dasjenige erreichbare Ausschüttungsniveau zu bezeichnen, das sich bei einer regelmäßigen künftigen *Wiederkehr* der diesen Geschäftsjahrsgewinn bestimmenden Größen realisierte; man erhält damit einen nützlichen Ausgangswert zur Bestimmung der Bandbreite möglicher Ausschüttungsniveaus, nicht mehr, aber auch nicht weniger.

3. Plangewinn: Es wäre grundsätzlich möglich, den Geschäftsjahrsgewinn so zu ermitteln, daß er die für die *Zukunft* erwarteten Ausschüttungsdeterminanten *unmittelbar* reflektiert und infolgedessen mit relativ hoher Wahrscheinlichkeit das erreichbare Ausschüttungsniveau bezeichnet. Ein derart konzipierter Gewinn wäre jedoch ein reiner Plangewinn: Er wird nicht von den im (vergangenen) *Geschäftsjahr* aufgetretenen Gewinndeterminanten bestimmt, sondern direkt von den für die Zukunft erwarteten Gewinndeterminanten. Man fragt hier, welche Umsatz- und welche Aufwandshöhe für die künftigen Jahre – im Durchschnitt dieser Jahre – als besonders wahrscheinlich gelten dürfen; der Differenzbetrag von Umsatz und Aufwand ist der Plangewinn. Dieser Plangewinn kann stark abweichen vom Gewinn des letzten Geschäftsjahrs; denn für die Zukunft kann mit ganz anderen Gewinndeterminanten gerechnet werden, als sie im letzten Geschäftsjahr aufgetreten sind.

Der Plangewinn bringt zwar Informationsvorteile (das mit hoher Wahrscheinlichkeit erwartete Ausschüttungsniveau wird erkennbar); aber ein solcher Plangewinn ist ein bloßer *Schätzgewinn,* also besonders stark ermessensbehaftet. Will man das subjektive Ermessen des Bilanzierenden begrenzen, d. h. *objektivieren,* muß man einen vergangenheitsgebundenen Gewinn ermitteln: Zwar zielt auch ein solcher vergangenheitsgebundener Gewinn – in diesem Zusammenhang – auf das erreichbare Ausschüttungsniveau und damit auf die Zukunft, er ist also ebenfalls *Prognosegewinn,* aber die Zukunft wird, objektivierungsbedingt, an der *Vergangenheit* gemessen. Die Prognose stützt sich, im wesentlichen, auf realisierte, belegbare Größen.

4. Ausschüttungsrichtgröße: Die bilanzielle Ermittlung des Ausschüttungsniveaus kann nicht nur zur Anteilsbewertung nützlich sein. Man mag auch auf sie zurückgreifen, um bei der Bestimmung der gegenwärtig zu *realisierenden Ausschüttungen* eine gewisse Richtgröße zu haben: Gegenwärtige Ausschüttungen erfolgen auf Kosten zukünftiger Ausschüttungen; ein gegenwärtiger Ausschüttungsverzicht verspricht künftige, aber unsichere, Mehrausschüttungen. Soll die optimale Gegenwartsausschüttung ermittelt werden, muß, wie mehrfach erwähnt, ein Nutzenvergleich von sicheren Gegenwartsausschüttungen und unsicheren Zukunftsausschüttungen erfolgen. Bilanzen sind mit einem solchen Optimierungskalkül überfordert; die Bedeutung von Bilanzen für die Ausschüttungsbemessung beschränkt sich auf die Ermittlung der beiden Hilfsgrößen „Ausschüttungsniveau" und „Vermögenszuwachs" (vgl. oben, §§ 6 und 7).

Beide bilanziellen Ausschüttungsgrößen, Ausschüttungsniveau und Vermögenszuwachs, sind streng zu unterscheiden; denn sie beruhen auf stark abweichenden Vorstellungen von der *Normausschüttung*. Das Ausschüttungsniveau als Ausschüttungsrichtgröße heranzuziehen bedeutet, die Normausschüttung unmittelbar in Abhängigkeit von den *Ausschüttungserwartungen* zu sehen; den Vermögenszuwachs als Ausschüttungsrichtgröße zu verwenden heißt, die Normausschüttung an dem im Geschäftsjahr gegebenen *Vermögenszufluß* zu orientieren. Das beeinflußt die Höhe der Ausschüttungsrichtgröße; denn zum Zwecke der Bestimmung eines Vermögenszuwachses bilanziert man, wie sogleich zu zeigen sein wird, anders als zum Zwecke der Bestimmung eines Ausschüttungsniveaus.

Es ist jedoch nicht zweifelhaft, daß das Gesetz den Vermögenszuwachs, nicht das Ausschüttungsniveau als Ausschüttungsrichtgröße verwendet sehen will (vgl. oben, § 7). Bilanzierung zum Zwecke der Ermittlung eines Ausschüttungsniveaus hat, jedenfalls primär, eine andere Aufgabe: sie dient der Ausschüttungsprognose und damit der Anteilsbewertung.

B. Adäquater Bilanzinhalt

I. Bilanzierungsprinzipien

1. Wiederbeschaffungsaufwendungen: Der das Ausschüttungsniveau messende Gewinn ist, wie gerade erwähnt, aus Objektivierungsrücksichten vergangenheitsgebunden. Er ist, genauer, *geschäftsjahrsgebunden;* das gilt in dem Sinne, daß er grundsätzlich nur die im betreffenden Geschäftsjahr, nicht die in früheren Geschäftsjahren geltenden *Umsatzmengen* und *Umsatzpreise* sowie *Aufwandsmengen* und *Aufwandspreise* berücksichtigt. Für diese Beschränkung auf die erwähnten Geschäftsjahrsbedingungen lassen sich mehrere Gründe anführen: In gewisser Hinsicht ist die Fortgeltung der Geschäftsjahrsbedingungen *wahrscheinlicher* als die Fortgeltung von in früheren Geschäftsjahren herrschenden Bedingungen; so werden z. B. die im Geschäftsjahr gegebenen Beschaffungspreise für Arbeitskräfte, Maschinen oder Materialien im allgemeinen eher die künftigen Beschaffungspreise bezeichnen als die in weiter zurückliegenden Geschäftsjahren maßgeblichen Beschaffungspreise. Ein entsprechend *homogenisierter* (nur die Geschäftsjahrsbedingungen reflektierender) Geschäftsjahrsgewinn gibt die künftigen Gewinne also grundsätzlich mit größerer Wahrschein-

1. Unter einem Ausschüttungsniveau versteht man eine uniforme Reihe jährlicher Ausschüttungen.

2. Das erreichbare Ausschüttungsniveau kann durch den Plangewinn bezeichnet werden; der Plangewinn ist eine Schätzung des Differenzbetrages der künftig mit besonders hoher Wahrscheinlichkeit im Jahresdurchschnitt anfallenden Erträge und Aufwendungen.

3. Das erreichbare Ausschüttungsniveau kann statt dessen durch den Gewinn des (vergangenen) Geschäftsjahrs wiedergegeben werden; das hat gegenüber der Verwendung eines Plangewinns den Vorteil, daß die Ermittlung in ungleich stärkerem Maße vereinfacht und objektiviert (an Vergangenheitsgrößen gebunden) ist.

4. Wird das erreichbare Ausschüttungsniveau am Geschäftsjahrsgewinn (statt am Plangewinn) gemessen, so bedeutet das: Man bestimmt dasjenige Ausschüttungsniveau, das erreichbar wäre, wenn die im abgelaufenen Geschäftsjahr realisierten mengen- und wertmäßigen Aufwands- und Ertragsdeterminanten künftig, jedenfalls im Durchschnitt der Jahre, mit gleichem Gewicht wiederkehrten.

5. Der Bilanzempfänger, der die im Geschäftsjahr gegebenen mengen- und wertmäßigen Aufwands- und Ertragsdeterminanten (wenigstens ungefähr) kennt und der die Wahrscheinlichkeit einer künftigen Wiederkehr dieser Determinanten (wenigstens ungefähr) zu beurteilen vermag, kann auch die Wahrscheinlichkeit des vom Geschäftsjahrsgewinn verkörperten Ausschüttungsniveaus (wenigstens ungefähr) angeben.

6. Wer ein Unternehmen oder einen Unternehmensanteil erwerben oder veräußern will, muß die Ausschüttungserwartungen beurteilen können; denn bestimmte Ausschüttungserwartungen haben am Markt bestimmte Preise. Die Kenntnis der Ausschüttungserwartungen und deren Preise erschwert Übervorteilungen.

7. Das bilanzielle Ausschüttungsniveau gewährt nur eine Partialinformation über die Ausschüttungserwartungen; bilanziell ist also auch nur ein partieller Schutz von Anteilserwerbern und Anteilsveräußerern erreichbar.

lichkeit wieder als ein Geschäftsjahrsgewinn, in dem sich Einflußgrößen aus weiter zurückliegenden Geschäftsjahren finden.

Die Prognosebedeutung des Geschäftsjahrsgewinns erschöpft sich nicht darin, unmittelbar die (wahrscheinliche) künftige Gewinnhöhe zu bezeichnen. Eher wichtiger ist die *indirekte* Prognosebedeutung des Geschäftsjahrsgewinns: Der Bilanzempfänger, der die wesentlichen gewinnbeeinflussenden Bedingungen des

Geschäftsjahrs kennt, kann Überlegungen zur Fortgeltung dieser Bedingungen und damit zur Fortgeltung des aus ihnen resultierenden Geschäftsjahrsgewinns anstellen; der Bilanzempfänger wird in die Lage versetzt, die *Fortgeltungswahrscheinlichkeit des Geschäftsjahrsgewinns* zu beurteilen. Solche Wahrscheinlichkeitsbeurteilungen werden jedenfalls erschwert, wenn sich im Geschäftsjahrsgewinn Einflußgrößen aus verschiedenen Geschäftsjahren vermengen. Das gilt selbst dann, wenn der Bilanzempfänger erfährt, inwieweit einzelne Aufwendungen und Erträge *geschäftsjahrsfremde* Mengen- oder Preisbedingungen reflektieren; denn im allgemeinen wird der Bilanzempfänger mit diesen, früheren Geschäftsjahren angehörenden Bedingungen nicht in gleicher Weise vertraut sein wie mit den (weniger weit zurückliegenden) Geschäftsjahrsbedingungen.

Dem Prinzip der Geschäftsjahrsbindung entspricht es, anstelle der aus früheren Geschäftsjahren stammenden Anschaffungskosten die im Geschäftsjahr geltenden *Wiederbeschaffungskosten* (fiktiven Anschaffungskosten) anzusetzen. Besonders der Vorratsverbrauch und die Abschreibungen können entsprechende Umrechnungen erfordern. Aus Vereinfachungserwägungen wird man sich mit *pauschalen* Korrekturen behelfen.

Beispiel: Eine Maschine hatte Anschaffungskosten von 100 GE. Ihre Nutzungsdauer beträgt zwei Jahre. Eine lineare Abschreibung erscheint angemessen; beide Nutzungsjahre werden also grundsätzlich mit Abschreibungen in Höhe von 50 GE belastet. Wenn nun aber in der zweiten Nutzungsperiode die für eine derartige (neue) Maschine geltenden Wiederbeschaffungskosten auf 120 GE gestiegen sind, werden in der zweiten Nutzungsperiode 60 GE als Abschreibungen angesetzt.

Das Prinzip der Geschäftsjahrsbindung verlangt eine Abschreibungsbemessung, die auf fiktiven, gegebenenfalls durchschnittlichen Anschaffungskosten des Geschäftsjahrs beruht; Sinn dieser Umrechnung ist es, wie erwähnt, Aufwand und Ertrag (Umsatz) hinsichtlich der Preisbasis zu *homogenisieren*. Der Bilanzempfänger soll erfahren, was er bei in den Geschäftsjahrspreisen *erstarrten* Aufwendungen und Erträgen künftig an Ausschüttungen erwarten dürfte. Sieht man im gerade erwähnten Beispiel von anderen Aufwendungen ab und unterstellt man einen Geschäftsjahrsumsatz von 100 GE, so bedeutet das: Bei Fortgeltung der im Geschäftsjahr herrschenden Aufwands- und Umsatzmengen sowie Aufwands- und Umsatzpreisen ist ein Ausschüttungsniveau in Höhe von 40 GE erreichbar; denn künftig werden unter dieser Annahme Erträge von 100 GE pro Jahr erzielt, und es fallen künftig im Jahresdurchschnitt Maschinenbeschaffungsausgaben (so verstandene Abschreibungen) in Höhe von 60 GE an. Der Differenzbetrag von jährlichen Erträgen (100 GE) und jährlichen Aufwendungen (60 GE) alimentiert die jährlichen Ausschüttungen.

2. Umsatz- und Aufwandsvollerfassung: Aus der Geschäftsjahrsbindung folgt ein strenges Periodisierungsprinzip. Es besagt, daß in der GVR *alle* Aufwendungen und Erträge des Geschäftsjahrs zu stehen haben, aber auch *nur* Aufwendungen und Erträge des Geschäftsjahrs, also keine geschäftsjahrsfremden Aufwendungen und Erträge.

Das Gebot, *alle* Aufwendungen und Erträge zu berücksichtigen, konkretisiert sich zunächst im Prinzip der *vollen Umsatzerfassung:* alle Umsätze, das heißt die Lieferungen und sonstigen Leistungen (im Rechtssinne) des Geschäftsjahrs müssen in der GVR als Ertrag erscheinen.

Im Prinzip der vollen *Aufwandserfassung* drückt sich ein spezielles *Verursachungsprinzip* aus: Es besagt, daß man den gegebenen Geschäftsjahrsumsätzen alle diejenigen Aufwendungen gegenüberzustellen hat, die zur Alimentierung dieser Geschäftsjahrsumsätze erforderlich sind. Dabei geht man, dem Grundsatz der Geschäftsjahrsbindung entsprechend, von einer *Erstarrung* der Geschäftsjahrsbedingungen in dem Sinne aus, daß die Aufwandspreise (Wiederbeschaffungskosten) und Aufwandsmengen, die im Geschäftsjahr gegeben waren, auch für die Zukunft angenommen werden. Der prognoseorientierte Gewinn soll ja, wie mehrfach erwähnt, angeben, welches Ausschüttungsniveau realisierbar wäre, wenn sich Aufwandsmengen und Aufwandspreise sowie Umsatzmengen und Umsatzpreise in künftigen Jahren mindestens im Durchschnitt ständig wiederholten. Dieser *Wiederholungshypothese* ist das hier gemeinte Verursachungsprinzip zugeordnet: Eine ständige Wiederholung der Geschäftsjahrsumsätze bedingt eine ständige Wiederholung von *Aufwendungen* bestimmter Höhe; diese Aufwendungen sind die Voraussetzung der Erzielung entsprechender Umsätze.

Es gibt einfache, offenkundige Fälle der Verletzung des Prinzips der Aufwandsvollerfassung: Wenn eine Maschine, die in früheren Geschäftsjahren bereits voll abgeschrieben wurde, im Geschäftsjahr noch genutzt wird, so fehlen (wegen der bereits erschöpften Abschreibungsmöglichkeiten) in den üblichen GVR die entsprechenden Abschreibungen. In einer der Ausschüttungsprognose dienenden GVR wird man ohne Rücksicht auf den Buchwert der Maschine Abschreibungen ansetzen.

Beispiel: Eine Maschine hatte Anschaffungskosten von 100 GE; man rechnete mit einer Nutzungsdauer von vier Jahren; eine lineare Abschreibungsmethode wurde für zutreffend gehalten, es wurden also jährlich 25 GE abgeschrieben. Die Maschine wird jedoch im fünften Jahr noch voll genutzt; der Ersatz der Anlage erfolgt erst am Ende des fünften Jahres. Auch für die Zukunft wird nun mit der neuen Nutzungsdauer von fünf Jahren gerechnet. Die Wiederbeschaffungskosten der Maschine entsprechen ihren Anschaffungskosten (100 GE). Man wird dann in der GVR des fünften Jahres Abschreibungen in Höhe von 20 GE ansetzen. Diese Abschreibungshöhe spiegelt die Abschreibungsbelastung (Belastung mit durchschnittlichen Anschaffungsausgaben) wider, mit der nach den Bedingungen des Geschäftsjahrs für die Zukunft zu rechnen ist.

Würde man bei prognoseorientierter Gewinnermittlung Abschreibungen unterlassen mit dem Argument, die betreffende Anlage sei bereits voll abgeschrieben, so minderte das die Prognosebedeutung einer solchen Gewinnermittlung erheblich. In *prognoseorientierten* Rechnungen haben Abschreibungen eine andere Aufgabe als die, die Anschaffungskosten auf die Nutzungsdauer der Anlage zu verteilen; infolgedessen besteht in solchen Rechnungen kein Grund, Abschreibungen zu unterlassen, wenn die Anschaffungskosten bereits vollständig verteilt sind (der Buchwert dem Erinnerungswert oder dem Restverkaufswert entspricht).

Subtilere, aber wichtige Fälle unvollständiger Aufwandserfassung liegen vor, wenn im Geschäftsjahr bestimmte Ausgaben *unterlassen* werden, diese Ausgaben aber notwendig sind, um Periodenumsätze in Geschäftsjahrshöhe langfristig *aufrechtzuerhalten*. So mag z. B. ein Flachdach einen jährlichen Instandhaltungsaufwand von X DM erfordern; unterbleibt die Instandhaltung im Geschäftsjahr, müssen gleichwohl in der GVR Instandhaltungsaufwendungen von X DM erscheinen (und in der zugehörigen Bilanz die entsprechenden Rückstellungen). Ähnliches gilt, wenn z. B. Reklame- oder Forschungsausgaben unterlassen wurden; es ist freilich im allgemeinen sehr schwierig, anzugeben, in welcher Höhe derartige Ausgaben erforderlich gewesen wären, um die Geschäftsjahrsumsätze langfristig aufrechtzuerhalten. Unterläßt man aber solche oder gar sämtliche Aufwandsergänzungen, so kann das den Prognosewert des Geschäftsjahrsgewinns stark beeinträchtigen: Der Bilanzadressat, der die Ausgabenunterlassung nicht kennt, wird die umsatzbedingten Aufwendungen unterschätzen.

Beispiel: Im Geschäftsjahr wurden Umsätze von 100 Mio. DM erzielt; der hierfür nötige und in früheren Geschäftsjahren auch übliche Reklameaufwand beträgt 10 Mio. DM. Im Geschäftsjahr wurden die Reklameausgaben auf 2 Mio. DM reduziert; man muß infolgedessen für das nächste Geschäftsjahr – wenn die Reklametätigkeit nicht alsbald intensiviert wird – mit Minderumsätzen rechnen. Die übrigen Aufwendungen im Geschäftsjahr betrugen 90 Mio. DM; die GVR des Geschäftsjahrs weist einen Gewinn von 8 Mio. DM aus. Dieser ergibt sich als Differenzbetrag der Umsätze – 100 Mio. DM – und der gesamten, also auch die Reklameausgaben von 2 Mio. DM umfassenden Aufwendungen von 92 Mio. DM. Ein Geschäftsjahrsgewinn von 8 Mio. DM ist als Prognosegewinn untauglich, weil er eine *Aufwands-Umsatz-Disparität* enthält: der periodengerechte Geschäftsjahrsgewinn beträgt 0 DM; er ergibt sich, wenn man die im Geschäftsjahr *unterlassenen* Reklameausgaben – 8 Mio. DM – zusätzlich als Aufwand ansetzt.

3. Ausschaltung aperiodischer Aufwendungen und Erträge: Das aus der Geschäftsjahrsbindung folgende strenge Periodisierungsprinzip schließt ein, daß der Geschäftsjahrsgewinn nicht durch anderen Geschäftsjahren zugehörige

Aufwendungen oder Erträge beeinflußt sein darf; solche „aperiodischen" Aufwendungen oder Erträge sind auszuschalten. Aperiodische Aufwendungen sind in den üblichen Bilanzen als Aufwandsvorwegnahmen und als Aufwandsnachholungen verbreitet. *Aufwandsvorwegnahmen* liegen vor, wenn den Geschäfts-jahrsumsätzen in der GVR insbesondere mit Rücksicht auf das *Vorsichtsprinzip* Aufwendungen gegenübergestellt werden, die erst künftige Geschäftsjahrsumsätze alimentieren. Das trifft zu, wenn Zugänge unter ihren Anschaffungs- oder Herstellungskosten (oder gar nicht) aktiviert werden, wenn Abwertungen im Sinne des Niederstwertprinzips erfolgen und wenn Abschreibungen oder Rückstellungen überhöht angesetzt werden.

Beispiel: Eine Maschine hatte Anschaffungskosten von 100 GE. Ihre Nutzungsdauer wird auf zwei Jahre geschätzt, und man geht davon aus, daß die Maschine in diesen beiden Jahren eine gleich hohe Leistung erbringt. Ausgaben für Reparaturen oder Wartung fallen nicht an. In einem solchen Fall wird man bei einer prognoseorientierten Gewinnermittlung die Abschreibungen linear berechnen, also jedes der beiden Nutzungsjahre mit Abschreibungen in Höhe von 50 GE belasten. Eine (unzulässige) Aufwandsvorholung wäre gegeben, wenn man ein degressives Abschreibungsverfahren wählte (z. B. das erste Nutzungsjahr mit Abschreibungen in Höhe von 75 GE belastete).

Das Verbot der Aufwandsantizipation widerspricht dem Vorsichtsprinzip: Aufwandsvorwegnahmen können durch das Vorsichtsprinzip geboten sein; das gesetzliche Niederstwertprinzip unterstreicht die Bedeutung, die das Gesetz dem Vorsichtsprinzip einräumt. Doch folgt daraus nur, daß die gesetzliche Bilanz primär an anderen Aufgaben orientiert ist als der Ausschüttungsprognose.

Aufwandsnachholungen sind gegeben, wenn Aufwendungen, die früheren Geschäftsjahren zugehören, aber in früheren Geschäftsjahren unberücksichtigt geblieben sind, im Geschäftsjahr angesetzt werden. Wurden früher etwa zu niedrige Abschreibungen oder Rückstellungen berechnet und wird dieser Fehler im Geschäftsjahr erkannt, so pflegt man Sonderabschreibungen oder Nachdotierungen von Rückstellungen vorzunehmen. Im Rahmen einer prognoseorientierten Gewinnermittlung ist für solche Aufwandsnachholungen kein Platz; denn wiederum würde, wie bei der Aufwandsvorholung, die GVR mit *geschäftsjahrsfremden* Aufwendungen belastet.

Beispiel: Eine Anlage hat Anschaffungskosten in Höhe von 100 GE. Ihre Nutzungsdauer wurde auf fünf Jahre geschätzt. Die lineare Abschreibung war angemessen. Am Ende des vierten Nutzungsjahres stellt sich heraus, daß die Anlage nur eine wirtschaftliche Nutzungsdauer von vier Jahren aufweist und daß man auch künftig für dergleichen Anlagen nur mit einer Nutzungsdauer von vier Jahren rechnen darf. In den üblichen Bilanzen wird man das vierte Nutzungsjahr mit Abschreibungen in Höhe von insgesamt 40 GE belasten. (Das ist der Buchwert, mit dem die Anlage in der Anfangsbilanz des vierten Nutzungsjahres erfaßt war.) Für die prognoseorientierte Gewinnermittlung ist diese

Berechnung falsch; es besteht hier kein Grund zur Abschreibungsnachholung. Allerdings wird man die neue Information über die Nutzungsdauer solcher Anlagen (vier Jahre statt fünf Jahre) verwerten: Für das vierte Nutzungsjahr wird eine Abschreibung in Höhe von 25 GE angesetzt. Dieser Abschreibungsbetrag besagt, in welcher Höhe die künftigen Ausschüttungsmöglichkeiten durch die Verwendung derartiger Anlagen belastet werden: Nach den jetzt vorliegenden Informationen sind für die künftigen Jahresumsätze Abschreibungen, das heißt *durchschnittliche Anschaffungsausgaben,* in Höhe von 25 GE erforderlich.

Das strenge Periodisierungsprinzip schließt auch *aperiodische Erträge* aus. Solche aperiodischen Erträge entstehen aus in früheren Geschäftsjahren überhöht angesetzten Aufwendungen; durch aperiodische Erträge werden *frühere Aufwandsüberschätzungen* berichtigt. So mag etwa eine Maschine, die mit 10 GE bilanziert ist, zu 100 GE veräußert werden; die Maschine wurde früher um 90 GE zu hoch abgeschrieben. In einer an der Gewinnprognose orientierten Rechnung darf dieser überhöhte Aufwand früherer Geschäftsjahre nicht dadurch korrigiert werden, daß man im Geschäftsjahr einen Ertrag in Höhe von 90 GE berücksichtigt. Von solchen geschäftsjahrsfremden Erträgen geht offenkundig die Gefahr von Prognoseverzerrungen aus. Das gleiche gilt etwa für in früheren Geschäftsjahren überhöht gebildete Rückstellungen; auch hier muß die GVR freibleiben von den entsprechenden aperiodischen Erträgen (Rückstellungsauflösungen).

4. Mildes Realisationsprinzip: Die Prognosetauglichkeit des Geschäftsjahrsgewinns wird erhöht, wenn man Erträge erst mit dem Umsatz (der erbrachten Leistung im Rechtssinne) berücksichtigt; die Wertsteigerung eines Aktivums, die vor dem Umsatzakt liegt, bleibt mithin unerfaßt. Zwar handelt es sich auch bei solchen nicht umsatzbedingten Wertsteigerungen um Geschäftsjahrsereignisse; das Prinzip der Geschäftsjahrsbindung stünde einer Ertragsberücksichtigung also nicht entgegen. Man wird aber beachten, daß die in einem Geschäftsjahr gegebenen nicht umsatzbedingten Wertsteigerungen hinsichtlich ihrer künftigen Wiederkehr im allgemeinen anders zu beurteilen sind als die Geschäftsjahrsumsätze; meist ist die *Wahrscheinlichkeit* einer Wiederkehr der Geschäftsjahrsumsätze deutlich *höher* als die Wahrscheinlichkeit einer Wiederkehr von nicht umsatzbedingten Wertsteigerungen. Bei der Ermittlung des prognoseorientierten Geschäftsjahrsgewinns wird man also das *Realisationsprinzip* beachten.

Ein streng interpretiertes Realisationsprinzip kann die Prognoseaufgabe des Geschäftsjahrsgewinns beeinträchtigen: bei langfristiger (sich über mehrere Jahre erstreckender) Fertigung darf der Umsatz, nach dem *strengen* Realisationsprinzip, erst im Jahre der Fertigstellung (das heißt der im Rechtssinne abgeschlossenen Leistung) in der GVR erscheinen. Das kann dazu führen, daß sich in bestimmten Geschäftsjahren Umsatz- und Gewinnballungen ergeben, so daß die einzelnen Geschäftsjahre als Prognosebasis ganz untauglich werden. Bei einer prognoseorientierten Gewinnermittlung wird man in solchen Fällen versuchen, die Umsätze und mit diesen die Gewinne aufzuteilen; man arbeitet mit einem *milden* statt mit dem strengen Realisationsprinzip.

Beispiel: In den Geschäftsjahren 1 und 2 wird eine Brücke gebaut; es entstehen in beiden Geschäftsjahren Aufwendungen von je 40 Mio. DM; am Ende des zweiten Geschäftsjahres wird die Brücke übergeben und ein Umsatzertrag von 100 Mio. DM erzielt. Nach dem strengen Realisationsprinzip entsteht der gesamte Umsatzgewinn (20 Mio. DM) im zweiten Geschäftsjahr. Das ist für Prognosezwecke wenig sinnvoll: Wird für das erste Geschäftsjahr ein Gewinn von 0 DM ermittelt, so resultiert daraus im ersten Geschäftsjahr eine Unterschätzung der künftigen Gewinne; entsprechend werden die künftigen Gewinne im zweiten Geschäftsjahr überschätzt, wenn man für das zweite Geschäftsjahr einen Gewinn von 20 Mio. DM ausweist. Im Rahmen einer prognoseorientierten Gewinnermittlung wird man daher den Gesamtumsatz *aufteilen,* also für jedes Geschäftsjahr einen Umsatz von 50 Mio. DM und folglich einen Gewinn von 10 Mio. DM ermitteln.

Das gerade beschriebene milde Realisationsprinzip widerstreitet dem *Vorsichtsprinzip:* Wenn im Beispiel am Ende des ersten Geschäftsjahrs ein Gewinn von 10 Mio. DM ermittelt wird, so beruht das auf Schätzungen der für das zweite Geschäftsjahr geltenden Aufwands- und Umsatzgrößen. Diese Schätzungen können sich, am Ende des zweiten Geschäftsjahrs, als unzutreffend erweisen; so mögen etwa die Aufwendungen des zweiten Geschäftsjahrs nicht, wie zunächst erwartet, 40 Mio. DM betragen, sondern 60 Mio. DM. Es entsteht dann (bei unverändertem Erlös von 100 Mio. DM) überhaupt kein Gewinn aus dem betreffenden Auftrag. Im Rahmen von Bilanzaufgaben, bei denen das Vorsichtsprinzip dominiert (z. B. bei der oben, § 5, dargestellten Schuldendeckungskontrolle), wird man das Realisationsprinzip deshalb stets im strengen Sinne auslegen. Die *Prognoseaufgabe* der Bilanz kann dagegen durch das Vorsichtsprinzip erheblich beeinträchtigt werden; in Bilanzen mit dieser Ausrichtung wird man auf das Vorsichtsprinzip generell *verzichten*.

5. Regelaufwand und -ertrag: Die Prognosebedeutung einer GVR wird erhöht, wenn man solche Aufwendungen und Erträge ausschaltet, die als für die Zukunft eher *atypisch* gelten müssen. Wiederum ist es sehr schwierig, typische und atypische, also regelmäßige und *unregelmäßige* Aufwendungen und Erträge im Einzelfall zu trennen, aber wiederum gibt es einfache, unproblematische Fälle. So wird man Erträge aus der Veräußerung von *Beteiligungen* und von *Grundstücken* ohne weiteres als nicht zum Regelertrag gehörend klassifizieren können. Zwar handelt es sich insoweit um Umsätze und insofern um (echte) Erträge; aber diesen Umsätzen fehlt die Vermutung der Wiederkehr. Die Wiederholung der aus ihnen fließenden Gewinne (oder Verluste) ist so gesehen weniger wahrscheinlich als die Wiederholung der sich aus den Regelumsätzen ergebenden Gewinnen oder Verlusten.

Im Bereich der Ausschaltung von *unregelmäßigen* Aufwendungen und Erträgen verwischt sich leicht die Grenze zwischen dem geschäftsjahrsgebundenen Prognosegewinn und dem aus der unmittelbaren Zukunftsschätzung resultierenden *Plangewinn;* man gibt zugunsten unmittelbarer Prognose ein Stück Geschäftsjahrsbindung auf. Dennoch bedeutet die Ausschaltung unregelmäßiger Aufwendungen und Erträge nicht etwa die generelle Angleichung von geschäftsjahrsgebundenem Prognosegewinn und reinem Plangewinn. Nur im Ausnahmefall der klar fehlenden Wiederkehrsvermutung wird man Geschäftsjahrsumsätze aus der GVR eliminieren; es wird also nicht etwa generell geprüft, ob die im Geschäftsjahr erzielten Umsätze für die Zukunft als wenig wahrscheinlich gelten müssen.

II. Bilanztyp: Verrechnungspostenbilanz

1. Konflikt mit der Bilanz im Rechtssinne: Wenn man die gerade erörterten, ganz an der Prognoseeignung des Geschäftsjahrsgewinns orientierten Bilanzierungsprinzipien beachtet, ergibt sich eine etwas *ungewöhnliche* Bilanz. Das gilt insbesondere im folgenden Sinne:

(1) Das bilanzrechtliche *Nominalwertprinzip* wird verletzt; an Stelle der Anschaffungskosten werden in der GVR Wiederbeschaffungskosten (des Geschäftsjahrs) angesetzt. Bei gestiegenen Wiederbeschaffungskosten nimmt die Passivseite der Bilanz den entsprechenden Gegenposten auf; bei gegenüber den Anschaffungskosten gefallenen Wiederbeschaffungskosten steht dieser Gegenposten auf der Aktivseite. Die Bilanzierung nach dem Nominalwertprinzip kennt einen solchen, bestimmte *„Wertänderungen am ruhenden Vermögen"* (im Sinne der organischen Bilanztheorie) verkörpernden Bilanzposten nicht.

Beispiel: Ein Händler habe in der Vorperiode Waren für 100 GE erworben. Die Schlußbilanz der Vorperiode zeigt diesen Warenbestand als Aktivum und Eigenkapital gleicher Höhe als Passivum. Die Veräußerung des Warenbestands erfolgt im Geschäftsjahr. Es wird ein Barerlös von 200 GE erzielt; die im Geschäftsjahr geltenden Wiederbeschaffungskosten betragen 125 GE; zu diesen Preisen hat sich der Händler auch wieder, am Bilanzstichtag, durch Barzahlung mit Waren eingedeckt. Die zum Geschäftsjahrsende aufgestellte Bilanz zeigt auf der Aktivseite den Warenbestand (125 GE) und den Zahlungsmittelbestand (75 GE); auf der Passivseite stehen das ursprüngliche Eigenkapital (100 GE), der prognoseorientierte Geschäftsjahrsgewinn (75 GE) und ein prognosebedingter *Verrechnungsposten,* d. h. die Wertänderung am ruhenden Vermögen (25 GE).

(2) Das übliche *Vorsichtsprinzip* wird bei prognoseorientierter Bilanzierung in mehrfacher Weise verletzt: Wenn die GVR keine *Aufwandsvorwegnahmen* ent-

halten darf, kann das nicht ohne Rückwirkungen auf die zugehörige Bilanz bleiben. Abwertungen (z. B. im Rahmen des Niederstwertprinzips) unterbleiben entweder ganz, oder sie werden zwar vorgenommen, aber durch entsprechende *Verrechnungsposten* wieder neutralisiert.

Beispiel: Nach dem Vorsichtsprinzip sei eine Abschreibung von 75 GE geboten; die prognoseorientierte GVR erfordere eine Abschreibung von nur 50 GE. Man kann nun in der Bilanz den betreffenden Anlagegegenstand um 75 GE abschreiben und in der GVR dennoch nur eine Abschreibung von 50 GE ansetzen; man muß dann aber, um den Anforderungen der Doppik (Ausgleich von Soll- und Habenbuchung) zu genügen, in Höhe von 25 GE ein Aktivum bilanzieren. Dieses Aktivum ist nicht als *Vermögensgegenstand* deutbar; es ist ein bloßer (prognosebedingter) Verrechnungsposten.

Das bei prognoseorientierter Bilanzierung geltende *Aufwandsnachholungsverbot* zwingt grundsätzlich zu überhöhten Aktivenbewertungen (bzw. zu Schuldenunterbewertungen). Man kann statt dessen wiederum das betreffende Aktivum abwerten (bzw. Passivum aufwerten) und einen Verrechnungsposten bilanzieren.

Beispiel: Es stellt sich im Geschäftsjahr heraus, daß eine früher gebildete Rückstellung um 100 GE unterdotiert ist. Die nach dem Vorsichtsprinzip erforderliche Nachdotierung darf die prognoseorientierte GVR nicht mit Aufwendungen belasten. Wird in der Bilanz dennoch eine Nachdotierung der Rückstellung vorgenommen, muß die Gegenbuchung statt in der GVR in der Bilanz selbst erfolgen: Es wird in Höhe von 100 GE zugleich ein Aktivum gebildet, das wiederum nur als *Verrechnungsposten,* nicht etwa als Vermögensgegenstand deutbar ist.

(3) Das bilanzrechtliche Verbot *fiktiver Passiven* wird verletzt: Wenn man, um der vollständigen Aufwandserfassung willen, einen bereits voll abgeschriebenen (aber noch genutzten) Anlagegegenstand in der GVR mit Abschreibungen berücksichtigt, so muß die Gegenbuchung hierfür in der Bilanz erfolgen. Es erscheint infolgedessen als Passivum ein bloßer Verrechnungsposten, der weder als Schuld (Fremdkapital) noch als Eigenkapital verstanden werden kann. In gewisser Hinsicht gilt, daß der betreffende Anlagegegenstand mit diesem Posten von der Aktivseite auf die Passivseite wandert.

Die gerade angeführten Fälle zeigen hinreichend, daß die Besonderheiten einer an der Ausschüttungsprognose orientierten GVR zu Bilanzposten eigener Art führen; es handelt sich um Verrechnungsposten, die außerhalb des üblichen Verständnisses einer Bilanz als Gegenüberstellung von *Vermögen und Schulden* liegen: Die Bilanz, die einer an der Ausschüttungsprognose orientierten GVR zugehört, kann nicht als Vermögensbilanz verstanden werden, weder als Zerschlagungsvermögensbilanz noch als Fortführungsvermögensbilanz.

Schmalenbach hat in seinen frühen Arbeiten die dynamische Bilanz als eine mit Verrechnungsposten durchsetzte Bilanz konzipiert; die Grundidee solcher

Verrechnungsposten hat dort ihre Wurzeln.[3] In den späteren Arbeiten hat Schmalenbach diese Überlegungen zurückgedrängt; man darf vermuten, daß die Unvereinbarkeit derartiger Verrechnungsposten mit dem geltenden Bilanzrecht die Ursache war. Die Annäherung an das geltende Bilanzrecht hat Schmalenbach freilich mit erheblichen Aussageverlusten seiner dynamischen Bilanz bezahlt.

2. GVR-Gliederung: Unterläßt man, dem geltenden Bilanzrecht gehorchend, die Bilanzierung von Verrechnungsposten, so heißt das nicht ohne weiteres, daß man auf die Ermittlung eines an der Ausschüttungsprognose orientierten Gewinns verzichten muß. Es lassen sich Kompromißlösungen in Form von *Doppelrechnungen* denken: Man bilanziert so, daß der bilanzrechtlich vorgeschriebene, insbesondere vom Nominalwert- und vom Vorsichtsprinzip geprägte Geschäftsjahrsgewinn ermittelt wird. Die GVR wird jedoch um eine Vorspalte ergänzt: Die Hauptspalte nimmt die bilanzrechtlich gebotenen Aufwendungen und Erträge auf, die Vorspalte dagegen die in einer prognoseorientierten Rechnung erforderlichen Aufwendungen und Erträge.

Die für die GVR bestimmter Unternehmen geltenden *Gliederungsvorschriften* weisen in die gerade skizzierte Richtung. Sie entsprechen freilich den hier dargestellten Prinzipien nur sehr unvollständig: Es gibt keinen Zwang, neben den Anschaffungsaufwendungen die *Wiederbeschaffungsaufwendungen* zu zeigen; Aufwandsvorwegnahmen und Aufwandsnachholungen sind nur zum Teil gesondert auszuweisen; das Prinzip der Aufwandsvollerfassung bleibt unberücksichtigt.

3. Zusatzangaben: Der auf die Verrechnungspostenbilanz gestützte, prognoseorientierte Geschäftsjahrsgewinn gibt die Ausschüttungserwartungen nur unter sehr engen Bedingungen wieder; darauf wurde bereits mehrfach hingewiesen. Will man breiter über die Ausschüttungserwartungen berichten, bedarf es anderer Instrumente. Man wird sich dann vor allem des unten, § 11, zu erörternden *Finanzplans* bedienen, das heißt der periodisch geordneten Gegenüberstellung der künftigen Einnahmen und Ausgaben. Ein im Vergleich zu umfassender Finanzplanung stark vereinfachtes Instrument ist der mehrfach erwähnte *Plangewinn;* dieser wird in einer GVR ermittelt, die die für die Zukunft geschätzten durchschnittlichen jährlichen Aufwendungen und Erträge aufnimmt. Doch haben beide Instrumente, Finanzplanung und Plangewinnerrechnung, die Eigenschaft, in ungleich stärkerem Maße als die Verrechnungspostenbilanz subjektives *Ermessen* zu erfordern. Damit drohen, wenn Dritte zu informieren sind, Ermessensmißbräuche, Prognoseverfälschungen. Man kann sich dann in der Weise behelfen, daß man die auf die Verrechnungspostenbilanz gestützte Gewinnermittlung kombiniert mit Zusatzangaben (insbesondere in Anhang

---

3 Vgl. zu Details Moxter, Gewinnermittlung, insbes. S. 176.

und Lagebericht); die Zusatzangaben informieren in gewissem Umfange über die Bedingungen, unter denen der ausgewiesene Gewinn zustande gekommen ist, und über die Wahrscheinlichkeit einer künftigen Wiederkehr dieser Bedingungen. Je mehr man mit solchen Zusatzangaben den Bereich *objektiver* Größen (zum Beispiel Auftragseingänge, Umsatzentwicklung im neuen Geschäftsjahr) verläßt, je stärker also bloße Schätzgrößen einbezogen werden, um so mehr muß man freilich wiederum Verfälschungen befürchten. Es gibt keine Möglichkeit, die vorhandenen Insiderinformationen über die Ausschüttungserwartungen im Rahmen der Rechnungslegung zufriedenstellend zu erfassen.

1. Der prognoseorientierte Geschäftsjahrsgewinn ist in dem Sinne geschäftsjahrsgebunden, daß er grundsätzlich auf der Basis der im Geschäftsjahr geltenden Umsatzmengen und Umsatzpreise sowie Aufwandsmengen und Aufwandspreise ermittelt wird.

2. Der Bilanzempfänger soll anhand seiner Kenntnis von im Geschäftsjahr geltenden Umsatzmengen und Umsatzpreisen sowie Aufwandsmengen und Aufwandspreisen die Fortgeltungswahrscheinlichkeit des prognoseorientierten Geschäftsjahrsgewinns beurteilen können.

3. Die Geschäftsjahrsbindung erfordert den Ansatz der Aufwendungen zu den im Geschäftsjahr geltenden Wiederbeschaffungskosten (statt der Anschaffungskosten früherer Geschäftsjahre).

4. Die Geschäftsjahrsbindung erfordert ferner das strenge Periodisierungsprinzip: Es besagt zunächst, daß die Geschäftsjahrsumsätze und die für diese erforderlichen Aufwendungen voll zu erfassen sind; das Prinzip der Aufwandsvollerfassung kann Aufwandsergänzungen in Form von Abschreibungen, unterlassenen Reklame- oder Entwicklungsausgaben etc. erfordern.

5. Das strenge Periodisierungsprinzip besagt zweitens, daß aperiodische Aufwendungen (Aufwandsvorholungen und Aufwandsnachholungen) sowie aperiodische Erträge (Aufwandskorrekturen) aus der GVR zu eliminieren sind.

6. Nicht aus der Geschäftsjahrsbindung, wohl aber aus der Prognoseaufgabe folgt, daß an Stelle des strengen Realisationsprinzips das milde Realisationsprinzip anzuwenden ist und daß unregelmäßige Aufwendungen und Erträge (Grundstücksveräußerungen, Beteiligungsveräußerungen u. ä.) aus der GVR zu eliminieren sind.

7. Der prognoseorientierten Gewinnermittlung entspricht eine Verrechnungspostenbilanz; das heißt, daß diese Bilanz, ähnlich wie in der Dynamik, nicht mehr als Vermögensbilanz interpretierbar ist.

8. Will man eine prognoseorientierte GVR, aber eine vermögensorientierte Bilanz erstellen, so muß man von der Bilanzierung von Verrechnungsposten absehen und die Prognoseorientierung der GVR auf dem Wege entsprechender Untergliederungen bzw. Ergänzungen zu erreichen suchen.

§ 10. Bilanzierung zum Zwecke der Leistungsfähigkeitsbeeinflussung

A. Die Bilanzaufgabe „Leistungsfähigkeitsbeeinflussung"

1. Leistungsfähigkeit: Bilanzielle Messung wirtschaftlicher Leistungsfähigkeit interessiert nicht nur für die Besteuerung. Sie ist auch bedeutsam zum Zwecke der Leistungsfähigkeitsbeeinflussung: Aus der Kenntnis der Leistungsfähigkeitsentwicklung können sich wichtige Impulse ergeben für die Dispositionen im Unternehmen, also für die Leistungsfähigkeitsverbesserung.

„Leistungsfähigkeit" meint hier immer wirtschaftliche Leistungsfähigkeit, also Bedürfnisbefriedigungspotenz. Vom Standpunkt des Kaufmanns aus gesehen hat eine Periode „Gewinn" gebracht, wenn sich seine Bedürfnisbefriedigungsmöglichkeiten in dieser Periode verbessert haben. Zu den Bedürfnisbefriedigungsmöglichkeiten des Kaufmanns kann sein Unternehmen in vielfältiger Weise beitragen: Es mag *Ausschüttungen* (Entnahmen) erlauben, die der Kaufmann zur Deckung seiner *Konsumausgaben* verwendet; es mag aber auch unmittelbar, das heißt ohne den Umweg über Ausschüttungen und von diesen alimentierten Konsumausgaben, Bedürfnisse befriedigen, etwa indem es berufliche Entfaltungsmöglichkeiten oder berufliches Prestige bietet. Man begegnet oft Unternehmern, deren betriebliche Dispositionen stärker durch die unmittelbare, *ausschüttungsunabhängige Bedürfnisbefriedigung* geprägt werden als durch das Streben nach Ausschüttungen (Konsumausgaben).

Die Bilanzrechnung wäre überfordert, wenn sie die unternehmensbedingten Bedürfnisbefriedigungsmöglichkeiten des Kaufmanns umfassend bestimmen sollte. Man muß sich insoweit darauf beschränken, die *ausschüttungsabhängigen* Bedürfnisbefriedigungsmöglichkeiten zu messen; es lassen sich, und auch dies nur in Grenzen, die Ausschüttungserwartungen und deren Veränderung bilanziell bestimmen. Leistungsfähigkeitsmessung ist also eng zu verstehen, als Messung der *Ausschüttungspotenz*. Das Geschäftsjahr hat einen Leistungsfähigkeitszuwachs gebracht, wenn die Ausschüttungspotenz gestiegen ist, wenn sich also die Möglichkeiten des Kaufmanns, Konsumausgaben realisieren zu können, verbessert haben.

Es erscheint sehr abstrakt, sehr weit hergeholt, einer Bilanz die Aufgabe zuzuweisen, die Ausschüttungspotenz und damit die Konsumausgabenpotenz des Kaufmanns zu messen: Man könnte zu argumentieren geneigt sein, in einer unmittelbar am Kaufmannsinteresse orientierten Bilanz sei der „Gewinn" zu messen, sonst nichts. Der Kaufmann wolle wissen, ob er im Geschäftsjahr Gewinn oder Verlust erzielt habe und wie sich dieser Geschäftsjahrsgewinn (Geschäftsjahrsverlust) zum Gewinn (Verlust) vorangegangener Geschäftsjahre verhalte, ob also eine positive oder eine negative Unternehmensentwicklung gegeben sei, anders ausgedrückt: Das Interesse des Kaufmanns bestehe in der *Gewinnerzielung;* wolle der Kaufmann mit Hilfe seiner Bilanz feststellen, inwieweit er seine Absichten realisieren konnte, müsse die Bilanz den *Gewinn* messen und nicht irgendeine dubiose „Ausschüttungspotenz".

Man bewegt sich in einem *Zirkel,* wenn man „Gewinnmessung" als Bilanzaufgabe erklärt; denn was diesen „Gewinn" ausmacht, wie man ihn zu definieren und infolgedessen bilanziell zu bestimmen hat, das ist doch gerade das zu lösende Problem. Es gibt viele unterschiedliche und von ihren unterschiedlichen Aufgaben her gesehen auch sinnvolle Gewinnkonzeptionen; jede dieser Gewinnkonzeptionen bedingt einen anderen Bilanzinhalt. Man muß also prüfen, welche Gewinnkonzeption für eine Bilanz paßt, mit deren Hilfe der Kaufmann den Grad seiner *„Zielrealisierung"* kontrollieren will: Erst wenn man weiß, worin diese Kaufmannsziele bestehen, liegen die Gewinnkonzeption und damit der Bilanzinhalt fest. Unterläßt man die Analyse der Kaufmannsziele, dann läuft man Gefahr, einen nicht aufgabenadäquaten Gewinn zu bestimmen, das heißt in einer nicht aufgabenadäquaten Weise zu bilanzieren.

2. Leistungsfähigkeitskontrolle: Der Kaufmann muß die Vergangenheitsentwicklung seiner Ausschüttungspotenz kontrollieren, um die *künftige* Entwicklung seiner Ausschüttungspotenz *beeinflussen* zu können. Es gilt insbesondere, mögliche Fehlentwicklungen rechtzeitig zu erkennen, um sie hemmen zu können. Nicht die Betriebsbesteuerung, sondern die *Betriebssteuerung,* die Betriebslenkung ist mithin der Zweck der Leistungsfähigkeitskontrolle.

Eine sorgfältige Leistungsfähigkeitsbeobachtung liegt nicht nur im Interesse des Kaufmanns selbst bzw. der Gruppe der Unternehmenseigner. Auch Dritte, insbesondere die Gläubiger, müssen Wert darauf legen, daß die Leistungsfähigkeitsentwicklung zutreffend gesehen und rechtzeitig beeinflußt wird. Leistungsfähigkeitskontrolle ist, neben der Schuldendeckungskontrolle, ein unentbehrliches Mittel der *Konkursvorsorge.*

In gewisser Hinsicht schließt die Leistungsfähigkeitskontrolle die Schuldendeckungskontrolle ein: Man kann die Ausschüttungspotenz nicht ermitteln ohne den Seitenblick auf die Schuldendeckungsfähigkeit; denn die Ausschüttungspotenz hängt von den Schuldendeckungsmöglichkeiten ab. Wenn man sich eines (an der Unternehmensfortführung orientierten) Finanzplans bedient, erfolgen Leistungsfähigkeitskontrolle und Schuldendeckungskontrolle ohnehin simultan: Im Finanzplan bilden die Ausschüttungserwartungen den Saldo aller übrigen Zahlungen; die Gesamtschau aller Zahlungen ermöglicht hier die Schuldendeckungskontrolle, und die Leistungsfähigkeitskontrolle geschieht durch periodischen Vergleich der Ausschüttungserwartungen. (Die Ausschüttungserwartungen, die der zu Periodenbeginn aufgestellte Finanzplan ausweist, werden den Ausschüttungserwartungen gegenübergestellt, die der zu Periodenende aufgestellte Finanzplan zeigt.) Wenn man Schuldendeckungskontrolle und Leistungsfähigkeitskontrolle statt am Finanzplan an Bilanzrechnungen orientieren muß, hat man auf zwei verschiedene Instrumente zurückzugreifen: Die Schuldendeckungskontrolle erfolgt (hilfsweise) anhand der Bilanz; die Leistungsfähigkeitskontrolle geschieht dagegen auf der Basis der GVR. Aus dieser mehr technischen Trennung erklärt sich, daß man in Bilanzrechnungen zwischen der Aufgabe der Schuldendeckungskontrolle und der Leistungsfähigkeitskontrolle unterscheidet.

Man mag die Bedeutung einer bilanziellen Leistungsfähigkeitskontrolle eher in der Information *Außenstehender* sehen: Der sein Unternehmen selbst leitende Kaufmann ist nicht auf bilanzielle Hilfsrechnungen angewiesen; er wird sich einen Finanzplan (jedenfalls einen Grobfinanzplan) erstellen. Außenstehenden kann, schon aus Wettbewerbsgründen, aber kaum etwas zugeleitet werden, was den Namen Finanzplan verdient. Auch gewinnt der sein Unternehmen selbst leitende Kaufmann, anders als Außenstehende, aus der täglichen Erfahrung viele Einblicke in Details der Leistungsfähigkeitsentwicklung: Er kennt den Trend der Umsätze, der Löhne etc. Dennoch kann auch für den sein Unternehmen selbst leitenden Kaufmann eine bilanzielle Leistungsfähigkeitskontrolle bedeutsam sein: Die tägliche Detailerfahrung lehrt oft nicht, welches Gesamtergebnis sich aus dem *Zusammenwirken* der Einzelentwicklungen ergibt, insbesondere wenn teils positive, teils negative Einzelentwicklungen auftreten. Auch kann der sehr plakative Effekt einer Bilanz bzw. eines Bilanzgewinns nützliche *Schockwirkungen* auslösen, das heißt Entwicklungstendenzen in ihrem vollen Gewicht ins Bewußtsein führen und so Dispositionen beeinflussen.

Leistungsfähigkeitskontrolle zwecks Leistungsfähigkeitsbeeinflussung hat vor allem Schmalenbach als Bilanzaufgabe betont. Seine oben, § 2, erörterte dynamische Bilanzierung ist hierdurch geprägt.

B. Adäquater Bilanzinhalt

I. Bilanzierungsprinzipien

1. Prognoseorientierung: Leistungsfähigkeit verkörpert sich, wie gerade gezeigt, in den Ausschüttungserwartungen; die zum Zwecke der Leistungsfähigkeitsbeeinflussung zu erstellende Bilanz ist deshalb als Ausschüttungsprognosebilanz zu verstehen. Diese an der Ausschüttungsprognose orientierte Bilanz wurde oben, § 9, bereits erörtert; es genügt hier, an ihre Grundidee und an ihre Grenzen zu erinnern.

Eine prognoseorientierte GVR bezeichnet nicht die wirklichen Ausschüttungserwartungen; denn die wirklichen Ausschüttungserwartungen sind mehrwertig,

1. Leistungsfähigkeitsmessung zum Zwecke der Leistungsfähigkeitsbeeinflussung heißt, die Entwicklung der Bedürfnisbefriedigungsmöglichkeiten des Kaufmanns zu messen.

2. Die Bilanzrechnung gestattet nur die Messung der ausschüttungsabhängigen Bedürfnisbefriedigungsmöglichkeiten, das heißt die Messung der Ausschüttungspotenz.

3. Messung der Ausschüttungspotenz bedeutet, nicht irgendeinen Gewinn zu ermitteln, sondern den Gewinn, der zeigt, ob die Unternehmensentwicklung vom Standpunkt des Kaufmannsinteresses her gesehen positiv oder negativ war.

4. Leistungsfähigkeitsmessung erfolgt in diesem Zusammenhang der Betriebssteuerung (nicht der Betriebsbesteuerung) wegen.

5. Sorgfältige Betriebssteuerung ist ein wichtiges Mittel der Konkursvorsorge.

sie stellen sich dar als eine Bandbreite möglicher Ausschüttungen, die von sehr ungünstigen bis zu sehr günstigen Ausschüttungsgrößen reicht. Die in der GVR ermittelbaren Ausschüttungen sind dagegen *einwertig;* sie geben also nicht das Spektrum möglicher künftiger Ausschüttungsgrößen wieder, sondern nur eine (einzige) mögliche Ausschüttungsreihe, und auch diese nur als Ausschüttungsniveau (uniforme Ausschüttungsreihe).

Die wenig realitätsgerechte Abbildung der Ausschüttungserwartungen in der GVR ist der Preis, den man für Vereinfachung und Objektivierung zahlt: Man bindet die Ausschüttungserwartungen an die im zurückliegenden Geschäftsjahr gegebenen Ausschüttungsdeterminanten, das heißt an die dann aufgetretenen Umsatzmengen und Umsatzpreise sowie Aufwandsmengen und Aufwandspreise. Mit dieser *Geschäftsjahrsbindung* werden die wirklichen Ausschüttungserwartungen reduziert auf die bei künftiger (durchschnittlicher) Wiederkehr der erwähnten Geschäftsjahrsbedingungen gegebenen Ausschüttungserwartungen. Das mag man als eine groteske Verkürzung der wirklichen Ausschüttungserwartungen empfinden; zu berücksichtigen ist, daß es keine bessere Möglichkeit einer *bilanziellen* Bestimmung der Ausschüttungserwartungen gibt. Daß sich Ausschüttungserwartungen durch Berücksichtigung der Vielzahl möglicher künftiger Entwicklungen der Ausschüttungsdeterminanten zuverlässiger erfassen lassen, ist klar; hier kann es nur darum gehen, die bilanzielle Bemessung der Ausschüttungserwartungen so gut zu gestalten, wie das der (sehr enge) technische Rahmen der Bilanzrechnung zuläßt.

Bei aller berechtigten Kritik an einer bilanziellen Bestimmung der Ausschüttungserwartungen wird man außerdem nicht übersehen dürfen, daß zwar durch einfache Extrapolation der Geschäftsjahrsbedingungen die ganze Breite der Ausschüttungserwartungen nicht einzufangen ist, daß aber oft diese ganze Breite der Ausschüttungserwartungen auch bei Verwendung anderer Instrumente ziemlich vage bleibt: Für eine umfassende Projektion der Ausschüttungserwartungen fehlen meist konkretisierte Vorstellungen über die Ausschüttungsdeterminanten und deren künftiges Gewicht. Deshalb ist es selbst bei außerbilanzieller Ermittlung der Ausschüttungserwartungen üblich, zunächst das bei Fortgeltung der Geschäftsjahrsbedingungen gegebene Ausschüttungsniveau zu bestimmen und sich damit einen konkreten Ausgangspunkt der Berechnungen zu verschaffen; auf dieser Basis werden dann, indem man anstele der einzelnen Geschäftsjahrsbedingungen (z. B. des Lohn- und Gehaltsniveaus) die für künftige Geschäftsjahre vermuteten Bedingungen ansetzt, die Ausschüttungserwartungen verbreitert. Das bilanziell ermittelte Ausschüttungsniveau bildet zwar einen stark vereinfachten Indikator der Ausschüttungserwartungen, aber nicht etwa einen nutzlosen Indikator.

Im übrigen erschöpft sich die bilanzielle Kontrolle der Leistungsfähigkeitsentwicklung nicht in einem Gewinnvergleich. Der Bilanzadressat wird vielmehr versuchen, in der gerade erwähnten Weise aus den Gewinngrößen auf die wirklichen Ausschüttungserwartungen zu schließen; erst auf dieser Basis wird er sich an eine Beurteilung der Leistungsfähigkeitsentwicklung heranwagen.

Aus der Geschäftsjahrsbindung folgen die oben (§ 9) bereits dargestellten Einzelprinzipien: Umrechnung der Anschaffungskosten auf Wiederbeschaffungskosten des Geschäftsjahres, strenge Umsatz- und Aufwandsperiodisierung (Aufwandsvollerfassung, Ausschaltung aperiodischer Aufwendungen; Umsatzvollerfassung, Ausschaltung aperiodischer Erträge). Unmittelbar aus der Prognoseaufgabe folgen das milde Realisationsprinzip und die Eliminierung unregelmäßiger Aufwendungen und Erträge aus der GVR.

2. Vergleichbarkeitsprinzip: Leistungsfähigkeitsbeeinflussung erfordert die Kenntnis der *Leistungsfähigkeitsentwicklung*. Mißt man die Leistungsfähigkeit an den Ausschüttungserwartungen, so besagt erst der *Vergleich* der für das Geschäftsjahr gegebenen Ausschüttungserwartungen mit den für zurückliegende Geschäftsjahre geltenden Ausschüttungserwartungen etwas über die Leistungsfähigkeitsentwicklung.

Beispiel: Die zum Zwecke der Leistungsfähigkeitsbeeinflussung aufgemachte Ausschüttungsprognosebilanz weist einen Gewinn in Höhe von 10 Mio. DM aus. Es wäre nun falsch, weil ein Gewinn (statt eines Verlustes) erzielt wurde, auf eine positive Leistungsfähigkeitsentwicklung zu schließen. Wenn im Vorjahr ein Gewinn in Höhe von 15 Mio. DM gegeben war, ist die Leistungsfähigkeitsentwicklung negativ. In der Steuerbilanz z. B. ist das ganz anders: Hier wird aus einem Gewinn stets auf einen Leistungsfähigkeitszuwachs geschlossen; ein Gewinnvergleich findet nicht statt.

Wenn erst der Vergleich der für das Geschäftsjahr ermittelten Ausschüttungserwartungen mit für frühere Geschäftsjahre ermittelten Ausschüttungserwartungen die Leistungsfähigkeitsentwicklung erkennen läßt, so muß auf die *Vergleichbarkeit* der Gewinngrößen geachtet werden. Eine Vergleichbarkeitsbeeinträchtigung ergibt sich, wenn die Bilanzierungsmethoden gewechselt werden: Wurden z. B. im Vorjahr Gemeinkosten aktiviert und unterbleibt die Gemeinkostenaktivierung im Geschäftsjahr, so vermindert sich der Geschäftsjahrsgewinn um diesen Betrag der nichtaktivierten Gemeinkosten. Ein derart beeinflußter, vielleicht bewußt manipulierter Gewinn ist als Indikator der Leistungsfähigkeitsentwicklung untauglich.

Es gibt subtilere Fälle der Vergleichbarkeitsbeeinträchtigung: Der prognoseorientierte Geschäftsjahrsgewinn ist nicht vollständig geschäftsjahrsgebunden (vergangenheitsgebunden); seine Berechnung basiert auch auf Erwartungsgrößen (wie etwa der Nutzungsdauer von Anlagen). Wenn sich solche *Erwartungsgrößen ändern,* liegt hierin ein den Gewinnvergleich oft empfindlich störender Einfluß.

Man veranschauliche sich die aus erwartungsabhängigen Aufwendungen drohende Prognoseverzerrung an folgendem Beispiel: Im Vorjahr waren Umsätze von 15 Mio. DM erzielt worden; die Abschreibungen betrugen 10 Mio. DM; von anderen Aufwendungen wird abgesehen. Der Vorjahrsgewinn belief sich mithin auf 5 Mio. DM. Im Geschäftsjahr sind die Umsätze auf 11 Mio. DM gesunken; doch haben sich auch die Abschreibungen vermindert: von 10 Mio. DM (Vorjahrshöhe) auf 5 Mio. DM; denn man hat erkannt, daß die Nutzungsdauer der betreffenden Anlagen vermutlich erheblich länger ist, als im Vorjahr angenommen wurde. Der Geschäftsjahrsgewinn beträgt mithin 6 Mio. DM; er ist gegenüber dem Vorjahrsgewinn um 1 Mio. DM gestiegen, weil die Abschreibungsminderung den Umsatzrückgang überkompensiert.

Beide Gewinngrößen, Vorjahrsgewinn und Geschäftsjahrsgewinn, geben die jeweiligen Ausschüttungserwartungen zutreffend wieder: Am Vorjahrsende bestand, nach den Vorjahrsannahmen, eine Ausschüttungsprognose von 5 Mio. DM; zum Geschäftsjahresende gelten neue Annahmen, und mit diesen gilt eine Ausschüttungsprognose von 6 Mio. DM. Gemessen an den Umsätzen sowie an den verfügbaren Informationen über die Nutzungsdauer und damit über die Abschreibungen haben sich die Ausschüttungserwartungen verbessert. Die Leistungsfähigkeit ist gestiegen; die Rechnung ist, so gesehen, korrekt.

Unter einem anderen Aspekt erscheint der Leistungsfähigkeitsanstieg zweifelhaft: Der Umsatzrückgang (von 15 Mio. DM auf 11 Mio. DM) deutet auf einen Niedergang des Unternehmens. Diese Niedergangsvermutung wird durch die verminderten Abschreibungen nicht widerlegt; denn die erwartungsabhängige Abschreibungsminderung ist unter Prognosegesichtspunkten von völlig anderer Natur als der Umsatzrückgang: Wenn der Umsatzrückgang künftig anhält, ist der Unternehmenszusammenbruch sicher; die Prognose, daß der Umsatzrückgang auch künftig gegeben sein wird, stützt sich auf den Umsatzrückgang im Geschäftsjahr. Dagegen kann nicht etwa davon ausgegangen werden, daß die Abschreibungsminderung künftig ebenfalls anhalten wird; denn sie beruht auf einer tendenziell einmaligen Erwartungsänderung.

Mit einer gegenüber dem Vorjahr eingetretenen Gewinnänderung verbindet sich eine Prognose eigener Art: Diese Gewinnänderung steht für *künftige Gewinnänderungen;* mit einem Gewinnanstieg verbindet sich die Vorstellung weiterer (künftiger) Gewinnanstiege, keinesfalls einer künftigen Gewinnminderung. Ein Gewinnanstieg zeigt also nicht nur den im Geschäftsjahr gegebenen Leistungsfähigkeitszuwachs an, sondern prognostiziert auch künftige Leistungsfähigkeitszuwächse: der im Geschäftsjahr eingetretene Leistungsfähigkeitszuwachs wird extrapoliert.

Im Beispiel ist der Leistungsfähigkeitszuwachs des Geschäftsjahrs nicht extrapolierbar. Er beruht nicht auf Geschäftsjahrsereignissen, die einer Extrapolation zugänglich sind; ein Gewinnanstieg (von 5 Mio. DM auf 6 Mio. DM) ist nur entstanden, weil Erwartungsänderungen aufgetreten sind. Man muß mithin den Einfluß dieser Erwartungsänderungen ausschalten.

Soweit der Geschäftsjahrsgewinn erwartungsabhängige Aufwendungen (insbesondere Abschreibungen) umfaßt, müssen der Aufwandsberechnung die vorhandenen, gegebenenfalls *neuen* Erwartungen zugrunde gelegt werden (also z. B. neue Annahmen über die Nutzungsdauer). Das ist notwendig, damit der Geschäftsjahrsgewinn, im Rahmen der Ausschüttungsprognosebilanz, seiner *Prognosefunktion* bestmöglich gerecht wird. (Im Beispiel bleibt es mithin bei einem Geschäftsjahrsgewinn in Höhe von 6 Mio. DM, also bei Abschreibungen in Höhe von 5 Mio. DM.) Nicht dieser Geschäftsjahrsgewinn wird korrigiert, sondern der Vorjahrsgewinn: Durch die *Vorjahrsgewinnkorrektur* wird jene Vergleichbarkeit von Geschäftsjahrsgewinn und Vorjahrsgewinn hergestellt, die man braucht, um Gewinnveränderungen auf der Basis von Vergangenheitsereignissen extrapolieren zu können. Die Korrektur besteht darin, daß der Ermittlung des Vorjahrsgewinns die *neuen,* erst im Geschäftsjahr zugegangenen Informationen über erwartungsabhängige Aufwendungen zugrunde gelegt werden.

Im Beispiel wird der Vorjahrsgewinn wie folgt neu berechnet: Dem (unveränderten) Umsatz von 15 Mio. DM stellt man Abschreibungen gegenüber, die auf den neuen Erkenntnissen über die (längere) Nutzungsdauer basieren; sie betragen wie im Geschäftsjahr 5 Mio. DM. Daraus ergibt sich ein (korrigierter) Vorjahrsgewinn in Höhe von 10 Mio. DM. Ein Vorjahrsgewinn von 10 Mio. DM verkörpert zwar nicht mehr die am *Vorjahrsende* gegebenen Ausschüttungserwartungen; diese Aufgabe hatte der unkorrigierte Vorjahrsgewinn erfüllt (dessen Höhe 5 Mio. DM betrug). Der korrigierte Vorjahrsgewinn hat eine andere Aufgabe: Er soll einen Gewinnvergleich ermöglichen, der auf dem Gedanken einer Extrapolation der Gewinnänderung beruht. Im Beispiel zeigt der Vergleich von Geschäftsjahrsgewinn (6 Mio. DM) und korrigiertem (vergleichbarem) Vorjahrsgewinn (10 Mio. DM), daß die Entwicklung der Ausschüttungserwartungen negativ ist.

Schmalenbach wollte Gewinnvergleichbarkeit auf dem Wege der Stetigkeit, also der Beibehaltung der (im Vorjahr angewendeten) Bilanzierungsmethoden, erreichen (vgl. oben, § 2 C 4). Im Beispiel hieße das, den Geschäftsjahrsgewinn auf der Basis der Vorjahresabschreibungen (der alten Nutzungsdauerschätzung) zu berechnen; es ergibt sich dann bei einem Vorjahrsgewinn von 5 Mio. DM ein Geschäftsjahrsgewinn von 1 Mio. DM (11 Mio. DM Erträge minus 10 Mio. DM Abschreibungen). Auch diese Rechnung zeigt die negative Entwicklung der Ausschüttungserwartungen; sie hat indessen den Nachteil, daß der Geschäftsjahrsgewinn seine Prognosefunktion nicht mehr zu erfüllen vermag: Die zu Geschäftsjahrsende gegebenen, aufgrund der Geschäftsjahrsbedingungen geltenden Ausschüttungserwartungen betragen nicht 1 Mio. DM, sondern 6 Mio. DM. Schmalenbach brauchte das nicht zu stören; denn er sah im Gewinn nur den Indikator der Unternehmensentwicklung, vernachlässigte also die Ausschüttungsprognoseaufgabe der Bilanz.

II. Bilanztyp: Verrechnungspostenbilanz mit Vorjahrsgewinnkorrektur

1. Verrechnungspostenbilanz: Bilanzierung zum Zwecke der Leistungsfähigkeitsbeeinflussung ist nicht mit Vermögensbilanzen (Zerschlagungsvermögensbilanzen oder Fortführungsvermögensbilanzen) erreichbar. Vermögensbilanzen haben andere Aufgaben; sie geben die Ausschüttungserwartungen nicht auf die (bilanziell) bestmögliche Art wieder. Zur Bestimmung der Ausschüttungserwartungen bedarf es, wie mehrfach gezeigt, der Aufnahme bloßer Verrechnungsposten in die Bilanz. In dieser Ausschüttungsprognosebilanz tritt die Vermögensermittlungsfunktion völlig zurück.

2. Untauglichkeit der Steuerbilanz: Leistungsfähigkeitsmessung zwecks Leistungsfähigkeitsbeeinflussung sollte nicht mit Hilfe der Steuerbilanz erfolgen. Das mag überraschen; denn auch die Steuerbilanz dient der Leistungsfähigkeitsmessung. Doch ist zu berücksichtigen, daß die steuerliche Leistungsfähigkeitsmessung einen ganz anderen Sinn hat als die Leistungsfähigkeitsbeeinflussung: Mit Hilfe der Steuerbilanz will man Leistungsfähigkeit messen, um einen dem Unternehmen fairerweise entziehbaren, also vom Vorsichtsprinzip geprägten Gewinnbetrag zu bestimmen, und dies durch möglichst einfache, objektivierte Verfahren. Bei der Leistungsfähigkeitsmessung zum Zwecke der Leistungsfähigkeitsbeeinflussung geht es dagegen darum, einen von Vorsichtserwägungen unbeeinflußten Indikator der Leistungsfähigkeitsentwicklung zu erlangen; es bedarf hier keiner Rücksicht auf die Ausschüttbarkeit des ermittelten Gewinnbetrags. Hinzu kommt, daß Vereinfachungs- und Objektivierungserwägungen zwar gewiß nicht ausgeschaltet sind, aber nicht das gleiche Gewicht beanspruchen wie in der Steuerbilanz.

Es gibt freilich auch Gemeinsamkeiten von Steuerbilanz und Ausschüttungsprognosebilanz: Auch in der Steuerbilanz wird der Gewinn im Sinne des Realisationsprinzips als Umsatzgewinn verstanden, und auch in der Steuerbilanz versucht man, in den vom Vorsichtsprinzip gesteckten Grenzen eine möglichst periodengerechte Aufwandszuordnung zu erreichen. Doch ist für die gesetzliche Steuerbilanz undenkbar, daß aperiodische Aufwendungen und Erträge so radikal vernachlässigt werden wie in der Ausschüttungsprognosebilanz: In der Steuerbilanz muß es z. B. zulässig sein, Aufwand nachzuholen (aperiodischen Aufwand anzusetzen, z. B. wenn eine Anlage ihre Nutzungsdauer vorzeitig beendet), und in der Steuerbilanz ist es z. B. auch geboten, aperiodische Erträge zu berücksichtigen (wenn sich früher angesetzte Aufwendungen, z. B. Rückstellungen, nachträglich als zu hoch erweisen).

Die Ausschüttungsprognosebilanz, ergänzt um die beschriebene Vorjahresgewinnkorrektur, ist freilich nicht das *ideale* Mittel zur Leistungsfähigkeitskontrolle und Leistungsfähigkeitsbeeinflussung; denn die Ausschüttungsprognosebilanz erlaubt, wie mehrfach erwähnt, nur eine sehr bedingte Bestimmung der Ausschüttungserwartungen. So gesehen ist die Ausschüttungsprognosebilanz im Vergleich zur Steuerbilanz nur das kleinere Übel und nicht etwa der perfekte Maßstab.

3. Vorgabebilanzen: Mittels Bilanzen läßt sich auf verschiedene Weise eine Leistungsfähigkeitsbeeinflussung erreichen. Statt die im *abgelaufenen* Geschäftsjahr eingetretene Leistungsfähigkeitsentwicklung festzustellen und aus dieser Erkenntnis Konsequenzen zu ziehen, kann man für *künftige* Geschäftsjahre bestimmte Bilanzgrößen, insbesondere bestimmte Gewinne, vorgeben. Der Zweck solcher Vorgabebilanzen besteht aber nicht etwa darin, die wirklich erwartete Bilanz (und mit dieser bilanzabhängige Größen wie die künftigen Gewinne) zu prognostizieren; vielmehr will man auf solche Weise Unternehmensangehörige veranlassen, die Vorgaben möglichst zu realisieren, also entsprechende Leistungen zu erbringen.

Beispiel: Man hält für das künftige Geschäftsjahr einen (wie auch immer im einzelnen definierten) Gewinn in Höhe von 10 Mio. DM für besonders wahrscheinlich. Man erstellt indessen eine Planbilanz, die einen Gewinn von 20 Mio. DM ausweist; hiervon verspricht man sich (in bestimmten Fällen zu Recht) Anstrengungen, den höheren Gewinn zu erreichen.

1. Leistungsfähigkeit konkretisiert sich in den Ausschüttungserwartungen; Leistungsfähigkeitsmessung zwecks Leistungsfähigkeitsbeeinflussung bedingt deshalb einen Vergleich der Ausschüttungserwartungen.

2. Ausschüttungserwartungen werden grundsätzlich durch umfassende, die Mehrwertigkeit der Erwartungen berücksichtigende Finanzplanung bestimmt; muß man hilfsweise auf bilanzielle Ermittlung zurückgreifen, sind Ausschüttungsprognosebilanzen heranzuziehen.

3. Die Leistungsfähigkeitsentwicklung wird bestimmt durch Vergleich der in aufeinanderfolgenden Ausschüttungsprognosebilanzen ermittelten Gewinne; dabei sind die Vorjahrsgewinne hinsichtlich der Erwartungsgrößen mit den Geschäftsjahrsgewinnen zu homogenisieren (Vorjahresgewinnkorrektur).

4. Die Ausschüttungsprognosebilanz ist Verrechnungspostenbilanz; Vermögensbilanzen, auch die der Leistungsfähigkeitsmessung dienenden Steuerbilanzen, sind nicht an der Ermittlung der Ausschüttungserwartungen orientiert und deshalb zur bilanziellen Leistungsfähigkeitskontrolle besonders ungeeignet.

5. Leistungsfähigkeitsbeeinflussung ist auch mittels Vorgabebilanzen möglich; Vorgabebilanzen sind Planbilanzen, die zur Erreichung bestimmter Plangewinne veranlassen sollen.

Drittes Kapitel

Bilanztheorie als Theorie der Bilanz im Rechtssinne

§ 11. Grenzen der rein betriebswirtschaftlichen Bilanz

A. Bilanzaufgaben

1. Rein betriebswirtschaftliche Bilanz: Man hat die „rein betriebswirtschaftliche Bilanz" zu unterscheiden von der „Bilanz im Rechtssinne". Der Inhalt der Bilanz im Rechtssinne bestimmt sich nach gesetzlichen oder gesellschaftsvertraglichen Normen; bei der Erstellung einer rein betriebswirtschaftlichen Bilanz ist der Kaufmann dagegen völlig *frei von rechtlichen Normen*. Eine Bilanz im Rechtssinne aufzumachen bedeutet Gesetzes- oder Vertragsauslegung; die Erstellung einer rein betriebswirtschaftlichen Bilanz erfordert nur, die jeweils relevanten Bilanzaufgaben festzulegen und die diesen Bilanzaufgaben adäquaten Bilanznormen anzuwenden. Für die rein betriebswirtschaftliche Bilanz gilt mithin, anders als für die Bilanz im Rechtssinne, der Grundsatz der *Bilanzierungsfreiheit*. Freiheit heißt aber, auch hier, nicht Willkür: Die Freiheit besteht in der Wahl der Bilanzaufgabe; ist diese Wahl getroffen, dann bestimmt die Logik den Bilanzinhalt.

Die rein betriebswirtschaftliche Bilanz ist grundsätzlich nur für den Kaufmann selbst bestimmt. Das schließt nicht aus, daß sie Dritten – freiwillig – mitgeteilt wird; in diesem Falle muß der Kaufmann jedoch darauf achten, daß eine Verwechslung mit der Bilanz im Rechtssinne ausgeschlossen ist: Wer z. B. eine nicht als solche erkennbare rein betriebswirtschaftliche Bilanz einem Kreditinstitut vorlegt, kann sich des Kreditbetrugs schuldig machen.

2. Mehrdimensionalität: Rein betriebswirtschaftliche Bilanzen lassen sich für unterschiedliche Zwecke erstellen; in Frage kommen grundsätzlich die *Schuldendeckungskontrolle*, die *Ausschüttungsprognose* und die *Leistungsfähigkeitsbeeinflussung*. Die Schuldendeckungskontrolle erfordert einen *vermögensorientier-*

ten Bilanzinhalt, vorzugsweise eine Darstellung des Zerschlagungsvermögens (vgl. oben, § 5); Ausschüttungsprognose und Leistungsfähigkeitsbeeinflussung wird man, wie oben (§§ 9 und 10) gezeigt, an einem Bilanzinhalt orientieren, der auch bloße *Verrechnungsposten* aufweist (Ausschüttungsprognosebilanz). Soll derart verschiedenen Aufgaben in einer (einzigen) Bilanz entsprochen werden, so kann man diese Mehrdimensionalität auf dem Wege der Gliederungstechnik erreichen: Man wird eine Bilanzspalte der Zerschlagungsbilanz (Schuldendeckungskontrolle) widmen und eine Ergänzungsspalte der Ausschüttungsprognosebilanz. Auf keinen Fall wird man sich bei so unterschiedlichen Bilanzaufgaben mit einer *eindimensionalen* Bilanz begnügen; denn das hieße, entweder nur einer (den Bilanzinhalt allein bestimmenden) Bilanzaufgabe gerecht zu werden oder gar keiner Bilanzaufgabe voll zu entsprechen.

Die Grenzen mehrdimensionaler Bilanzen liegen in der Übersichtsgefährdung. Doch wird man für die rein betriebswirtschaftliche Bilanz diese Grenze anders ziehen müssen als für die Bilanz im Rechtssinne; man darf davon ausgehen, daß die Empfänger einer rein betriebswirtschaftlichen Bilanz im allgemeinen einen größeren Sachverstand aufweisen als die Empfänger einer Bilanz im Rechtssinne.

Mehrdimensionale rein betriebswirtschaftliche Bilanzen werden in der Praxis nur selten aufgemacht. Man findet rein betriebswirtschaftliche Bilanzen eher in einer eindimensionalen, sehr primitiven Form; man hält in einer solchen Bilanz gewisse Korrekturen der Bilanz im Rechtssinne fest: Wenn etwa die Bilanz im Rechtssinne gewisse Unterbewertungen der Aktiven aufweist, werden in einer internen, rein betriebswirtschaftlichen Bilanz die Aktiven mit ihren für zutreffend erachteten Werten angesetzt. Doch nicht einmal solche Korrekturbilanzen sind sonderlich verbreitet; sie erfordern einen Aufwand, der, wie sogleich zu zeigen sein wird, im Grunde nicht lohnt.

---

1. Für die rein betriebswirtschaftliche Bilanz gilt, anders als für die Bilanz im Rechtssinne, Bilanzierungsfreiheit, das heißt keine Bindung an Rechtsnormen.

2. Als Aufgaben rein betriebswirtschaftlicher Bilanzen kommen grundsätzlich die Schuldendeckungskontrolle, die Ausschüttungsprognose und die Leistungsfähigkeitskontrolle (Betriebssteuerung) in Betracht.

3. Die genannten Bilanzaufgaben erfordern einen unterschiedlichen Bilanzinhalt; wenn nur eine (einzige) betriebswirtschaftliche Bilanz erstellt werden soll, wird man sich der Mehrspaltentechnik und anderer Gliederungstechniken bedienen.

B. Finanzplanüberlegenheit

1. Aussagegrenzen von Bilanzen: Der Laie pflegt, zu Recht, auf die engen Aussagegrenzen der gesetzlich erzwungenen Bilanz hinzuweisen, aber der Laie pflegt auch, zu Unrecht, eine beträchtliche Aussagefähigkeit rein betriebswirtschaftlicher Bilanzen anzunehmen. Maßgeblich für diese unterschiedliche Einschätzung ist der Gedanke, daß die Bilanz im Rechtssinne, weil für Dritte bestimmt, „manipuliert" sei; in der rein betriebswirtschaftlichen Bilanz bestehe dagegen kein Anlaß für derartige Verfälschungen: Dem Kaufmann könne an einer Täuschung Dritter gelegen sein, nicht dagegen an einer Selbsttäuschung. Was, nicht nur von Laien, meist übersehen wird, ist der Konflikt zwischen der *Komplexität* der bilanziell abzubildenden (wirklich interessierenden) Sachverhalte und dem einfachen Abbildungsinstrument „Bilanz" (bzw. „GVR"). Diese komplexitätsbedingten Aussagegrenzen gelten für jede Bilanz, auch für die rein betriebswirtschaftliche.

Nur für die Schuldendeckungskontrolle, und auch insoweit nur unter der Annahme einer *Unternehmenszerschlagung,* ist die Bilanz ideales Informationsinstrument: Um die bei Unternehmenszerschlagung zu erwartende Schuldendeckungsfähigkeit zu ermitteln, gibt es keine Alternative zur (Zerschlagungs-)Bilanz. Wenn die Schuldendeckungskontrolle dagegen unter der Annahme der *Unternehmensfortführung* erfolgen soll, ist der *Finanzplan* jeder Bilanz entschieden überlegen: Bei dieser Art Schuldendeckungskontrolle müssen die künftigen Einnahmen und Ausgaben, periodisch geordnet, gegenübergestellt werden; das kann in umfassender, zuverlässiger Weise nur mittels eines Finanzplans geschehen. Bilanzen, welcher Art auch immer, enthalten lediglich geringe Teile der künftigen Einnahmen und Ausgaben; auch ist die periodische Zuordnung der Einnahmen und Ausgaben in Bilanzen oft nur mit Vorbehalten möglich. Diese Mängel von Bilanzen schließen zwar nicht aus, daß man sie *hilfsweise,* wenn Finanzpläne fehlen, zur an der Unternehmensfortführung orientierten Schuldendeckungskontrolle verwendet, aber an der krassen Überlegenheit von Finanzplänen ändert sich hierdurch nichts; hierauf wurde oben, § 5, bereits im einzelnen eingegangen.

Finanzpläne sind Bilanzen nicht nur hinsichtlich der an der Unternehmensfortführung orientierten Schuldendeckungskontrolle überlegen. Auch *Ausschüttungsbemessungen* bzw. *Ausschüttungsprognosen* orientiert man, wie mehrfach erwähnt, entschieden zuverlässiger an Finanzplänen. Die Bemessung der gegenwärtig vorzunehmenden Ausschüttung erfordert, den Nutzen von Gegenwartsausschüttungen dem Nutzen von (aus einem gegenwärtigen Ausschüttungsverzicht resultierenden, unsicheren) Zukunftsausschüttungen gegenüberzustellen. Für ein solches Optimierungskalkül ist die Bilanzrechnung ungeeignet; sie kann nur eine Ausschüttungsrichtgröße im Sinne eines Vermögenszuwachses oder eines erreichbaren Ausschüttungsniveaus liefern. Dieses Ausschüttungsniveau bezeichnet die bei Fortgeltung der Geschäftsjahrsbedingungen (Umsatzmengen und Umsatzpreise, Aufwandsmengen und Aufwandspreise) erreichbare jährliche Ausschüttungshöhe; das Ausschüttungsniveau kann deshalb für eine Ausschüttungsprognose nützlich sein. Doch bedeutet Ausschüttungsprognose, also Bestimmung der Ausschüttungserwartungen, mehr als eine Extrapolation der erwähnten Geschäftsjahrsbedingungen; wiederum gilt, daß man eine umfassende, die Mehrwertigkeit der Erwartungen berücksichtigende Finanzplanung der Bilanzrechnung vorzuziehen hat.

Die These von der Finanzplanüberlegenheit gilt auch für Leistungsfähigkeitskontrollen. *Leistungsfähigkeitskontrollen* erfolgen zwar grundsätzlich für das vergangene Geschäftsjahr; man will erfahren, wie sich die Leistungsfähigkeit im abgelaufenen Geschäftsjahr verändert hat. Aber Leistungsfähigkeit besteht in der Kraft, Ausschüttungen (und mit diesen Konsumausgaben) realisieren zu können; Leistungsfähigkeit ist mithin, wegen der Abhängigkeit der Gegenwartsausschüttungen von den Zukunftsausschüttungen, *zukunftsbezogen* zu verstehen; sie kann zuverlässig nur auf der Basis der *Ausschüttungserwartungen* gemessen werden. Die Leistungsfähigkeit ist im zurückliegenden Geschäftsjahr gestiegen, wenn sich die am Geschäftsjahr*ende* gegebenen Ausschüttungserwartungen gegenüber den am Geschäftsjahr*beginn* gegebenen Ausschüttungserwartungen verbessert haben. Infolgedessen gilt wiederum, daß eine zuverlässige Messung nur mittels umfassender Finanzplanung, nicht mittels Ausschüttungsprognosebilanz erfolgen kann (vgl. im einzelnen oben, § 10).

Man versteht Bilanztheorie, auch deren Grenzen, allenfalls partiell, solange man nicht einzusehen vermag, daß Leistungsfähigkeitskontrolle Rückschau und Vorschau zugleich erfordert: *Rückschau* in dem Sinne, daß die im *vergangenen* Geschäftsjahr gegebene Leistungsfähigkeitsveränderung gemessen wird, *Vorschau* deswegen, weil sich wirtschaftliche Leistungsfähigkeit in der Ausschüttungspotenz, das heißt in den *künftigen* Ausschüttungen (Ausschüttungserwartungen) manifestiert.

2. Vereinfachungserfordernis: Umfassende Finanzplanungen sind Bilanzen hinsichtlich der gerade erwähnten „betriebswirtschaftlichen" Bilanzaufgaben grundsätzlich überlegen; doch ist zu berücksichtigen, daß Finanzplanungen auch entschieden *komplexer,* also schwieriger zu erstellen sind als Bilanzen. Die sorgfältige Projektion der Einnahmen und Ausgaben erfordert eine Projektion des Unternehmensprozesses mit allen seinen Interdependenzen und Unsicherheiten: Finanzplanung basiert, soll es sich nicht nur um Scheinplanung handeln, auf der gesamten übrigen Unternehmensplanung (Investitionsplanung, Absatzplanung etc.), und sie beeinflußt zugleich (wegen der Mittelknappheit) diese Planungen. Aber bereits alle wichtigen Einzelpläne bedingen einander (z. B. ist Investitionsplanung ohne Absatzplanung ebenso sinnlos wie Absatzplanung ohne Investitionsplanung). Hinzu kommt, daß sämtliche wichtigen Einzelpläne, der Unsicherheit entsprechend, auf Bandbreiten möglicher Zukunftsentwicklungen abzustellen (mehrwertig aufzumachen) sind, was eine Projektion der Entwicklungsalternativen erfordert.

Im Vergleich zu Finanzplanungen sind Bilanzrechnungen unkompliziert. Zwar ist es auch bei Bilanzrechnungen mit dem bloßen Zählen, Messen oder Wiegen von Stichtagsbeständen grundsätzlich nicht getan; auf diese unproblematische Weise lassen sich nur Bestandsmengen (etwa der Zahlungsmittelbestand) bilanzieren. Die Bilanzrechnung erfordert auch ein *Werten;* aber das schwierigste Wertungsproblem, die Zurechnung von Aufwendungen auf die Periodenumsätze (und der hiervon abhängige Ansatz der entsprechenden Bilanzposten), wird – den Bilanzierenden größtenteils unbewußt – durch einen nur sehr rudimentären Rückgriff auf Zukunftsplanungen gelöst.

Beispiel: Es ist die für eine Maschine anzusetzende Abschreibung zu bestimmen. Das bedingt die Zurechnung der Anschaffungsausgaben der Maschine (und gegebenenfalls von Reparatur- und Wartungsausgaben) auf die während der gesamten *zu erwartenden* Nutzungsdauer *zu erwartenden* Umsätze; die für das abgelaufene Geschäftsjahr vorzunehmende Abschreibung ist mithin nur simultan mit den in künftigen Geschäftsjahren vorzunehmenden Abschreibungen zu bestimmen. Die (optimale) Nutzungsdauer, die (optimalen) künftigen Reparatur- und Wartungsausgaben und die (optimalen) künftigen Umsätze bedingen einander und ergeben sich nicht unabhängig von der Unternehmensplanung; im Grunde brauchte man also für die so einfach erscheinende Abschreibungsberechnung die gleiche komplexe Basis wie für die Finanzplanung. Bilanzrechnungen sollen aber gerade weniger komplexe, tendenziell jedem (Voll-)Kaufmann verständliche Rechnungen sein, infolgedessen behilft man sich mit einfachen Annahmen. Man orientiert sich bei der Nutzungsdauerbestimmung und bei der Veranschlagung der zu erwartenden Reparatur- und Wartungsausgaben an Erfahrungswerten; die künftigen Umsätze werden grundsätzlich nach den Geschäftsjahrsumsätzen bemessen. Das Interdependenzproblem wird durch Negierung ausgeschaltet.

3. Grobfinanzplanung: Eine sinnvolle Finanzplanung muß *umfassend* sein. Vernachlässigte man Teilpläne und mit diesen ganze Gruppen von Einnahmen oder Ausgaben, so wäre weder eine Beurteilung der Schuldendeckungsfähigkeit noch der Ausschüttungserwartungen möglich; das gleiche gilt für Finanzpläne, die den Mehrwertigkeitsgrundsatz (die Unsicherheit) vernachlässigen. Doch eine umfassende Finanzplanung muß *nicht detailliert* erfolgen; man kann sich bei den zugrunde liegenden Plänen (Absatzplan etc.) auf Grobprojektionen beschränken und braucht die Unsicherheit nur in der Form wichtiger Alternativentwicklungen zu berücksichtigen. Eine derart vereinfachte Finanzplanung ist ohne unzumutbare Aufwendungen realisierbar, und sie ist jeder Bilanzrechnung, auch einer noch so differenzierten, hinsichtlich Schuldendeckungskontrolle und Projektion der Ausschüttungserwartungen immer noch überlegen.

Die rein betriebswirtschaftliche Bilanz ist heute nahezu bedeutungslos geworden. Sie wurde von der Finanzplanung abgelöst. Wo man vor einer Finanzplanung, auch einer Grobfinanzplanung, noch zurückscheut, wird man keine rein betriebswirtschaftliche Bilanz aufmachen, sondern die ohnehin zu erstellende Bilanz im Rechtssinne so ergänzen, daß sie als Notbehelf zur Schuldendeckungskontrolle und zur Ausschüttungsprojektion herangezogen werden kann.

In der Betriebswirtschaftslehre wird man besser darauf verzichten, verfeinerte rein betriebswirtschaftliche Bilanzen als „Finanzplanersatz" anzubieten. Finanzplanung ist zu wichtig – auch als Instrument der Konkursvorsorge –, um mit unzureichenden Mitteln betrieben zu werden. Es ist bezeichnend, daß Schmalenbachs Bilanzlehre zu der Zeit einen deutlichen Bruch erfährt, in der er betriebswirtschaftliche Finanzplanungen entwickelte: Zunächst negierte Schmalenbach in seiner dynamischen Bilanz so grundlegende Gesetzesvorschriften wie das Realisationsprinzip und das Niederstwertprinzip; nach der Entwicklung und Propagierung von Finanzplänen reduzierte sich Schmalenbachs Bilanzlehre auf die Bilanz im Rechtssinne.[1]

In einem Punkt bleiben rein betriebswirtschaftliche Bilanzen den Finanzplanungen freilich überlegen: Bilanzen vermitteln einfache, *konzentrierte* Informationen; besonders gilt das für den Geschäftsjahrsgewinn. Zwar bildet der Geschäftsjahrsgewinn, wie gezeigt wurde, eine fragwürdige Basis für die Beurteilung der Leistungsfähigkeitsentwicklung, dennoch werden sich viele Kaufleute von dem klaren Auf oder Ab des Geschäftsjahrsgewinns eher beeindrucken lassen als von den differenzierten Ergebnissen einer finanzplangestützten Leistungsfähigkeitskontrolle.

Auch für die Beurteilung der *Schuldendeckungsfähigkeit* gilt, daß sich viele Kaufleute weniger an Finanzplanungen als an Bilanzrelationen (Liquiditätskennziffern) halten, insbesondere achten sie auf Kennziffernabweichungen gegenüber dem Vorjahr und gegenüber vergleichbaren Unternehmen. Das kann nützliche Zusatzinformationen bringen, aber auch zu einem bedenklichen *Kennziffernfetischismus* entarten: man verdrängt das eigentlich zu Messende, die Relation der pro Periode gegebenen künftigen Einnahmen und Ausgaben (die Liquiditätserwartungen) zugunsten eines verabsolutierten Hilfsmaßstabs.

In der Bevorzugung von Globalinformationen manifestiert sich ein wichtiges Bedürfnis der Praxis: Man will die einfache und deshalb rasch zu erlangende und rasch zu verwertende Information; differenzierte Informationen, solche die sichtbar mit vielen Wenn und Aber bestückt sind, gelten oft nicht als Zeichen von kluger Umsicht, sondern von mangelhafter Einsicht. Man darf indessen

---

1 Vgl. Eugen Schmalenbach: Die Aufstellung von Finanzplänen, Leipzig 1931; zur historischen Entwicklung von Schmalenbachs Bilanzlehre vgl. auch Moxter, Gewinnermittlung, insbes. S. 199 f.

nicht verkennen, daß *Globalgrößen* wie Bilanzgewinne oder bilanzielle Liquidi-tätskennziffern *gefährlich* werden können: Bleiben die Aussagegrenzen dieser Hilfsmaßstäbe unbeachtet, dann mag eine negative Unternehmensentwicklung als eine positive erscheinen, eine Verschlechterung der Schuldendeckungsfähig-keit mag zu spät aufgedeckt werden. Deshalb darf sich der getreue und gewissen-hafte Unternehmensleiter bei der Beurteilung der Finanzlage nicht auf die Ver-wertung derartiger Kennziffern beschränken.

1. Die Aussagegrenzen rein betriebswirtschaftlicher Bilanzen liegen in der Diskrepanz zwischen dem einfachen Abbildungsinstrument (Bilanz bzw. GVR) und dem komplexen Abbildungssachverhalt (Zahlungsfähigkeit, Ausschüttungserwartungen).

2. Finanzpläne sind für Schuldendeckungskontrolle, Ausschüttungspro-gnose und Leistungsfähigkeitskontrolle entschieden aussagefähiger, aber auch entschieden schwieriger zu handhaben.

3. Für rein betriebswirtschaftliche Rechnungen erscheint es sinnvoller, mit vergröberten Finanzplänen als mit differenzierten Bilanzen zu arbei-ten.

§ 12. Grundzüge einer Theorie der Bilanz im Rechtssinne[1]

A. Aufgabenrangordnung

1. Aufgabenüberblick: Die Bilanz im Rechtssinne ist Handelsbilanz (handelsrechtliche Bilanz) oder Steuerbilanz (einkommensteuerrechtliche Bilanz); doch besteht ein Zusammenhang zwischen beiden Bilanzen jedenfalls insofern, als die Steuerbilanz in weiten Bereichen nach *handelsrechtlichen* Vorschriften zu erstellen ist („Maßgeblichkeitsprinzip", § 5 Abs. 1 EStG). Die wesentlichen *Aufgaben* handelsrechtlicher Bilanzen wurden oben (§§ 4 ff.) dargestellt; es handelt sich darum, entweder direkt Ausschüttungen zu beeinflussen (Ausschüttungssperre, Mindestausschüttung) oder Informationen zu gewähren über die Ausschüttungserwartungen, über die Veränderung der Ausschüttungserwartungen (Leistungsfähigkeitsentwicklung), über die Schuldendeckungsfähigkeit und über die vorhandenen Zugriffsobjekte (Dokumentation). Die Aufgabe der Steuerbilanz beschränkt sich darauf, den einkommensteuerlich zu erfassenden Gewinn zu bestimmen (vgl. oben, § 8).

2. Kriterien einer Aufgabenrangordnung: Die Aufgaben handelsrechtlicher Bilanzen sind *konfliktär;* sie führen, isoliert betrachtet, zu sehr unterschiedlichen Bilanzinhalten. Das Gesetz läßt jedoch zweifelsfrei erkennen, daß es nur *eine* (einzige) Handelsbilanz aufgestellt sehen will, nicht etwa mehrere, den unterschiedlichen Bilanzaufgaben entsprechende Handelsbilanzen nebeneinander. Das Gesetz muß infolgedessen auch eine *Rangordnung* unter den Bilanzaufgaben wollen.

Dem Gesetz ist zweitens zweifelsfrei zu entnehmen, daß die Handelsbilanz *keine Verrechnungspostenbilanz* sein darf: Aktiven sind nur als Vermögenskomponenten deutbare Objekte (Wirtschaftsgüter, Vermögensgegenstände, in der Terminologie des Gesetzes auch Rechnungsabgrenzungsposten); bloße Verrechnungsposten bilden keine Aktiven im Rechtssinne. Für die Passivseite gilt Entsprechendes. Die Bilanz im Rechtssinne ist mithin Vermögensbilanz; mindestens die

---

1 Die im folgenden skizzierte Theorie der Bilanz im Rechtssinne basiert vor allem auf den Arbeiten von Beisse, Döllerer und Groh; vgl. insbes. Heinrich Beisse: Zur Bilanzauffassung des Bundesfinanzhofs. In: JbFfSt 1978/79, S. 186–196; ders.: Zum Verhältnis von Bilanzrecht und Betriebswirtschaftslehre. In: StuW, 61. Jg. (1984), S. 1–14; Georg Döllerer: Grundsätze ordnungsmäßiger Bilanzierung, deren Entstehung und Ermittlung. In: BB, 14. Jg. (1959), S. 1217–1221; ders.: Die Maßgeblichkeit der Handelsbilanz für die Steuerbilanz. In: BB, 24. Jg. (1969), S. 501–507; Manfred Groh: Zur Bilanztheorie des BFH. In: StbJb 1979/80, S. 121–139. Vgl. ferner Winfried Mellwig: Bilanzrechtsprechung und Betriebswirtschaftslehre. In: BB, 38. Jg. (1983), S. 1613–1620; Dieter Schneider: Bilanzrechtsprechung und wirtschaftliche Betrachtungsweise. In: BB, 35. Jg. (1980), S. 1225–1232; Adolf Moxter: Wirtschaftliche Gewinnermittlung und Bilanzsteuerrecht. In: StuW, 60. Jg. (1983), S. 300–307.

Vorschriften über den Kreis der Aktiven und Passiven sind nicht an der (Verrechnungsposten erfordernden) Information über die Ausschüttungserwartungen bzw. deren Veränderung (Leistungsfähigkeitskontrolle) orientiert. Diese Bilanzaufgaben treten insoweit zurück.

Aus dem Gesetz ist drittens zweifelsfrei zu schließen, daß es eine *vorsichtige* Vermögensbilanzierung wünscht in dem Sinne, daß sich der Kaufmann bilanziell nicht reich rechnen soll. Es gilt als grundlegende Bewertungsregel für Handelsbilanz und Steuerbilanz das *Niederstwertprinzip;* dieses gebietet eine imparitätische Behandlung von Gewinnen (Wertsteigerungen bei den Aktiven, Wertminderungen beim Fremdkapital) und Verlusten (Wertminderungen bei den Aktiven, Wertsteigerungen beim Fremdkapital): Gewinne dürfen nicht berücksichtigt werden, Verluste müssen berücksichtigt werden. Auf der Passivseite wirkt sich dieses Niederstwertprinzip auch in dem Grundsatz aus, drohende Verluste aus schwebenden Geschäften durch Bildung entsprechender Rückstellungen zu antizipieren: Nur Verluste, nicht etwa Gewinne aus schwebenden Geschäften werden bilanziert. Aus dem gesetzlichen Vorsichtsprinzip folgt, daß das Gesetz hinsichtlich der Vermögensermittlung solche Bilanzaufgaben für vorrangig hält, die eine vorsichtige Bilanzierung erfordern: Ausschüttungssperre und Schuldendeckungskontrolle. Sogar die am gesellschaftsrechtlichen Minderheitenschutz orientierte Gewinnermittlung wird durch das Vorsichtsprinzip beherrscht.

Die vierte dem Gesetz zweifelsfrei zu entnehmende Grundthese ist, daß die Bilanz *objektiviert* erstellt werden soll; der Ermessensspielraum des Bilanzierenden bei der Frage, was überhaupt ein Aktivum oder ein Passivum bildet und wie Aktiven und Passiven zu bewerten sind, wird vom Gesetz eingeschränkt. Man kann das insbesondere aus dem gesetzlichen Aktivierungsverbot für nicht entgeltlich erworbene immaterielle Wirtschaftsgüter des Anlagevermögens und aus dem gesetzlichen Passivierungsverbot für bestimmte Rückstellungen schließen. Daraus folgt, daß das Gesetz der Objektivierung den Vorrang einräumt vor der Vollständigkeit der Bilanz; die Dokumentationsaufgabe wird insoweit eingeschränkt.

Aus dem Gesetz darf man fünftens zweifelsfrei schließen, daß es Bilanz und GVR für *ergänzungsbedürftig* hält: Das Gesetz trennt zwischen Bilanz und GVR einerseits sowie Anhang und Lagebericht andererseits. Bestimmte „Bilanzaufgaben" sind nach dem Gesetz nicht oder jedenfalls nicht primär Aufgaben der Bilanz, sondern Aufgaben von Anhang oder Lagebericht; diese Aufgaben prägen also insbesondere im Falle des Konflikts mit anderen, vom Gesetz primär der Bilanz zugewiesenen Aufgaben nicht den Bilanzinhalt (sondern den Inhalt von Anhang bzw. Lagebericht).

3. Aufgabenteilung: Aus den gerade dargelegten Kriterien läßt sich die grundlegende, vom Gesetz gemeinte Rangordnung unter den Bilanzaufgaben erkennen. Die Bilanz erfüllt, von den reinen Gliederungsvorschriften abgesehen, die Aufgabe, einen Vermögenszuwachs zu ermitteln, der *unter Ausschüttungsgesichtspunkten als überschüssig* gelten darf; hierdurch sind die Vorschriften über Aktivierung, Passivierung und Bewertung primär geprägt. Das Gesetz will insoweit also nicht die Ermittlung eines Vermögenszuwachses, der vielleicht eher stellvertretend stehen könnte für den *wirklichen* Vermögenszuwachs; das Gesetz nimmt hier Einseitigkeit, nämlich *vorsichtige* Bestimmung des Vermögenszuwachses, in Kauf, weil es dem Gesetz bei der Bilanz nicht primär um die Information über den wirklichen Vermögenszuwachs geht, sondern um die Ermittlung eines unbedenklich *ausschüttbaren* Vermögenszuwachses. Anders läßt sich das gesetzliche Vorsichtsprinzip nicht deuten.

Die Bilanz im Rechtssinne drängt Bilanzaufgaben zurück, denen mit der Ermittlung eines unbedenklich ausschüttbaren Vermögenszuwachses nicht entsprochen werden kann; aber diese Bilanzaufgaben werden nicht etwa völlig vernachlässigt: Vorschriften zur *Gliederung* und zum *Anhang* bewirken, daß die Bilanz, zusammen mit GVR und Anhang, hilfsweise zur *Schuldendeckungskontrolle* und zur Beurteilung der *Ausschüttungserwartungen* bzw. deren Veränderung herangezogen werden kann. So sind die Fristigkeiten wichtiger Bilanzposten anzugeben; es sind gewisse Aufwandsvorwegnahmen, Aufwandsnachholungen und aperiodische Erträge herauszustellen. Freilich entspricht das Gesetz bei weitem nicht allen Anforderungen, die an Bilanz, GVR und Anhang unter dem Gesichtspunkt von Schuldendeckungskontrolle und Ausschüttungsprognose zu stellen sind. Die Fristigkeitsangaben sind nur partieller Natur; hinsichtlich der Ausschüttungsprognose gibt es z. B. überhaupt keine Vorschriften, die eine Aufwandsvollerfassung sichern. Man kann daraus schließen: Das Gesetz will ohne Einschränkungen, daß der unter Ausschüttungsgesichtspunkten überschüssige Betrag ermittelt wird; aber das Gesetz will nur mit vielen Einschränkungen die Offenlegung der Schuldendeckungsfähigkeit und der Ausschüttungserwartungen.

Die These, es gelte für Schuldendeckungsfähigkeit und Ausschüttungserwartungen nur eine deutlich eingeschränkte Offenlegungspflicht, mag überraschen: Man könnte einwenden, die ausführlichen Vorschriften über den Anhang müßten schließlich einen guten Sinn haben; Bilanzaufgaben, die in der *Bilanz* vernachlässigt werden, sei im *Anhang* voll zu genügen. Dabei würde zunächst übersehen, daß auch dem Anhang technische Grenzen gesetzt sind; er könnte das zur „Vollinformation" erforderliche umfangreiche Rechenwerk einer Finanzplanung nicht aufnehmen. Noch wichtiger ist, daß für die Informationsempfänger im allgemeinen kein Wettbewerbsverbot gilt; die Informationen, die ein entsprechend detaillierter Anhang gewährte, könnten also zum Nachteil anderer Betroffener verwendet werden. Das zwingt den Gesetzgeber zum Kompromiß. Zwar hat der Gesetzgeber in den vergangenen Jahrzehnten die Informationspflichten immer weiter gezogen; er hat die oben (§ 1 B IV) vorgetragene Warnung Simons vor Überpublizität in den Wind geschlagen. Heute dringt indessen

die Erkenntnis vor, daß sich Wettbewerbsanreize und „Unternehmenstranspa-
renz" gegenseitig ausschließen; das System der Wettbewerbswirtschaft mit allen
seinen entscheidenden Vorzügen wird durch übersteigerte Publizitätspflichten
im Kern zerstört.

---

1. Das Gesetz will mit Hilfe einer (einzigen) Handelsbilanz mehreren, zu
unterschiedlichen Bilanzinhalten führenden Bilanzaufgaben gerecht
werden; das Gesetz muß also eine bestimmte Rangordnung der Bilanzaufgaben wollen.

2. Als zweifelsfrei darf gelten, daß das Gesetz die Verrechnungspostenbilanz nicht will (sondern die Vermögensbilanz).

3. Als zweifelsfrei darf ferner gelten, daß das Gesetz eine vorsichtige,
objektivierte Vermögensbilanzierung will.

4. Vorsichtige, objektivierte Vermögensermittlung will das Gesetz zum
Zwecke der Bestimmung eines Vermögenszuwachses, der, auch steuerlich
gesehen, unbedenklich ausgeschüttet werden kann.

5. Den übrigen Bilanzaufgaben wird vom Gesetz nur partiell entsprochen.

B. Rangordnung der Bilanzierungsprinzipien

1. Prinzip der Vermögensermittlung: Die Bilanz im Rechtssinne ist *Vermögensbilanz*. Diese These darf nicht mißverstanden werden. Sie besagt zunächst, wie
gerade erwähnt, nur, daß bloße *Verrechnungsposten* von der Bilanzierung ausgeschlossen sind; solche Verrechnungsposten sind das Spezifikum von Bilanzen,
mit deren Hilfe kein (wie auch immer geartetes) Vermögen ermittelt werden soll,
also auch kein Vermögenszuwachs, sondern ein Gewinn *anderer* Art. Schmalenbach kannte die Verrechnungsposten in seiner „Dynamischen Bilanz"; in der
modernen Bilanztheorie prägen sie die Ausschüttungsprognosebilanz (vgl.
oben, §§ 2 und 9). Derartige Verrechnungsposten sind nicht als aktive oder
passive Vermögenskomponenten deutbar; in Vermögensbilanzen stehen *nur
Vermögenskomponenten*.

Mit der bilanzrechtlichen Vermögensbilanz ist nicht etwa die Ermittlung des
Effektivvermögens (des potentiellen Preises des ganzen Unternehmens) beabsichtigt. Effektivvermögensermittlungen sind bilanziell gar nicht realisierbar; es
bedarf hierzu einer Projektion der Ertragserwartungen und einer Bestimmung
des für derartige Ertragserwartungen am Markt geltenden Preises (also einer
Ertragsbewertung oder, gleichbedeutend, Gesamtbewertung). Bilanzielle Ver-

mögensermittlung heißt immer Vermögensermittlung durch *Einzelbewertung:* Die einzelnen aktiven und passiven Vermögenskomponenten werden erfaßt, bewertet und zum *Buchwert* des Unternehmens addiert. Das Prinzip bilanzieller Vermögensermittlung schließt also zwingend das Einzelbewertungsprinzip ein.

2. Prinzip umsatzgebundener Vermögensermittlung: In rein ökonomischer Betrachtung bedeutet Vermögensermittlung immer Vorschau; denn der Preis, der für ein Unternehmen gezahlt wird, hängt, wie gerade erwähnt, von den für die Zukunft erwarteten Erträgen ab. Bilanzrechtlich ist das ganz anders. Hier bedeutet Vermögensermittlung grundsätzlich *Rückschau*. Bilanzrechtlich ist (Rein-)Vermögen die Summe aus *ursprünglicher Einlage* in das Unternehmen (dem so verstandenen Ausgangsvermögen) und den kumulierten *jährlichen Vermögensänderungen*. Solche jährlichen Vermögensänderungen ergeben sich nach Maßgabe von weiteren Einlagen, von Ausschüttungen, Gewinnen und Verlusten; beschränkt man sich auf die Betrachtung der Gewinne, so ist Vermögen bilanzrechtlich die Summe der bisher, also in der Vergangenheit, erzielten Gewinne. Gewinne aber entstehen bilanzrechtlich nur nach Maßgabe erzielter Umsätze; Gewinne sind bilanzrechtlich Umsatzüberschüsse. So gesehen ist die bilanzrechtliche Vermögensermittlung umsatzgebunden.

Beispiel: Das Unternehmen U wurde zum Zeitpunkt 0 gegründet. Es ist keine Einlage erfolgt. Bilanzrechtlich gesehen beträgt das Bilanz(rein)vermögen bei Gründung infolgedessen 0 DM. Im ersten Geschäftsjahr wurde ein Gewinn von 0,3 Mio. DM erzielt, im zweiten Geschäftsjahr von 0,2 Mio. DM. Einlagen sowie Ausschüttungen haben in beiden Geschäftsjahren nicht stattgefunden. Das bilanzrechtliche Vermögen beträgt dann am Ende des zweiten Geschäftsjahrs 0,5 Mio. DM; dieses Vermögen ist kumulierter Vermögenszuwachs. Es ist entstanden nach Maßgabe realisierter *Umsätze;* ohne Umsätze gibt es, bei Fehlen von Einlagen, bilanzrechtlich keinen Vermögenszuwachs. Dem Ökonomen ist diese Betrachtung ganz fremd. Für ihn kann im Beispiel bereits bei der Gründung ein (beträchtliches) Vermögen gegeben sein; denn er bemißt das Gründungsvermögen nach den kapitalisierten Ertragserwartungen (statt nach der Einlage). Die Vermögensänderung, die bis zum Zeitpunkt 2 stattgefunden hat, ergibt sich in dieser ökonomischen Betrachtung als Veränderung der kapitalisierten Ertragserwartungen; im Beispiel mag etwa, weil sich die Ertragserwartungen gegenüber dem Gründungszeitpunkt (bei gleichgebliebenem Kapitalisierungssatz) verschlechtert haben, ein ökonomischer Verlust (eine Vermögensminderung) vorliegen. Ertragserwartungen sind Annahmen über *künftige* Umsätze und *künftige* Umsatzüberschüsse; bilanzrechtlich wird das Vermögen statt dessen von *realisierten* Umsätzen und *realisierten* Umsatzüberschüssen geprägt.

Vermögenszuwächse (Gewinne) an die realisierten Umsätze zu binden, entspricht dem *Realisationsprinzip:* Bis zum Umsatzakt wird kein Vermögenszuwachs erzielt, freilich auch keine Vermögensminderung. Das hat wichtige Konsequenzen für den Bilanzinhalt: Es bedeutet zunächst, daß die Aktiven und Passiven zu ihren Anschaffungs- oder Herstellungskosten zu bilanzieren sind. Gleich wichtig ist jedoch, daß hierdurch der Kreis der Aktiven und Passiven erst festgelegt wird: Einnahmen und Ausgaben, die einem bestimmten *Umsatzakt* zugehören, sind mit dem Umsatzakt in der *gleichen GVR* zu berücksichtigen. Liegen diese Einnahmen oder Ausgaben in anderen Jahren als der Umsatzakt, so sind *Umperiodisierungen* erforderlich:

(1) Umsatzzugehörige *Einnahmen,* die *vor* dem Umsatzjahr erzielt wurden, sind durch *Passivierung* auf die GVR des (späteren) Umsatzjahres zu übertragen (zum Beispiel Kundenanzahlungen, passive RAP).

(2) Umsatzzugehörige *Ausgaben,* die *vor* dem Umsatzjahr erfolgten, sind durch *Aktivierung* auf die GVR des (späteren) Umsatzjahres zu übertragen (zum Beispiel Maschinen, Vorräte).

(3) Umsatzzugehörige *Einnahmen,* die erst *nach* dem Umsatzjahr erzielt werden, sind durch *Aktivierung* in die GVR des (gegenwärtigen) Umsatzjahres zu antizipieren (Forderungen aus Warenlieferungen und sonstigen Leistungen).

(4) Umsatzzugehörige *Ausgaben,* die erst *nach* dem Umsatzjahr erfolgen, sind durch *Passivierung* in die GVR des (gegenwärtigen) Umsatzjahres zu antizipieren (zum Beispiel Garantierückstellungen).

Alle vier Umperiodisierungen haben das Ziel, den umsatzbedingten Gewinn und damit den umsatzbedingten Vermögenszuwachs zu ermitteln. Eine umsatzgebundene Gewinn- und Vermögensermittlung ist anders nicht möglich.

Die genannten, aus den vier Umperiodisierungen stammenden Aktiven und Passiven stellen Vermögenskomponenten, nicht etwa bloße Verrechnungsposten dar; es ist also nicht etwa so, daß auf dem Wege über die umsatzabhängige Aktivierung und Passivierung das Prinzip bilanzieller *Vermögensermittlung* aufgehoben wird, im Gegenteil: Erst die erwähnte umsatzabhängige Aktivierung und Passivierung konkretisiert das Prinzip bilanzieller Vermögensermittlung in einer Weise, daß es überhaupt anwendungsfähig wird. Mit dem Prinzip bilanzieller Vermögensermittlung bleibt doch, vom Verrechnungspostenverbot abgesehen, offen, was die an einem Bilanzstichtag zu berücksichtigenden Aktiven und Passiven charakterisiert; diese Charakterisierung wird für alle „kritischen" Aktiven und Passiven durch das Prinzip umsatzgebundener Vermögensermittlung geleistet:

(1) Die Passivierung von Kundenanzahlungen und (passiven) RAP bedeutet lediglich eine *Neutralisierung* der entsprechenden Aktivenzugänge; in Höhe der Aktivenzugänge müssen diese Passiven gebildet werden, um den Ausweis eines (nicht umsatzbedingten) Vermögenszuwachses zu verhindern.

(2) Die Aktivierung der Ausgaben für Maschinen und ähnliche Träger künftiger Umsätze ist eine Selbstverständlichkeit; die *Vermögenskomponente* liegt hier in der Alimentierung künftiger Umsätze.

(3) Selbstverständlich ist auch, künftige Einnahmen für bereits realisierte Umsätze (als Forderungen aus Warenlieferungen und sonstige Leistungen) zu aktivieren; die *Vermögenskomponente* liegt insoweit in dem durch realisierte Umsätze konkretisierten Einnahmeanspruch.

(4) Künftige Ausgaben, die bereits realisierten Umsätzen zuzurechnen sind (zum Beispiel für künftige Garantieleistungen), werden passiviert; denn in dieser Höhe muß, wie im Falle (1), ein Aktivenzuwachs *neutralisiert* werden: Die Geschäftsjahrsumsätze haben zu einem Aktivenzuwachs geführt, soweit auf diesen Geschäftsjahrsumsätzen noch Lasten ruhen, bedarf es in einer umsatzgebundenen Vermögenszuwachsberechnung der Passivierung; anders würden die umsatzgebundenen Vermögenszuwächse zu hoch ermittelt.

Das Prinzip umsatzgebundener Vermögensermittlung verbindet die Bilanzrechnung (GVR) mit der *Einnahmen- und Ausgabenrechnung,* indem es die (umsatzabhängigen) Umperiodisierungen der *Einnahmen in Erträge* und der *Ausgaben in Aufwendungen* regelt. Aus dem Prinzip umsatzgebundener Vermögensermittlung ergeben sich im übrigen auch die (unproblematischen) Bilanzierungsregeln für diejenigen Einnahmen und Ausgaben, die in *gar keiner Periode* zu Erträgen und Aufwendungen werden. Solche Einnahmen und Ausgaben werden bilanziell festgehalten, um zu verhindern, daß sie zu einer Vermögensänderung führen; die entsprechenden Aktivierungs- und Passivierungsprinzipien sind daher denkbar einfach: Wird zum Beispiel ein Darlehen gewährt, so vermindern sich hierdurch die Aktiven (Zahlungsmittelbestände); diese Minderung der Aktiven muß, weil nicht durch den Geschäftsjahresumsatz bedingt, bilanziell ausgeglichen werden durch die gleich hohe Aktivierung des Postens „Darlehen". Die Darlehensgewährung wirkt sich damit nur als Vermögensumschichtung (Aktivenumschichtung) aus, nicht dagegen als Vermögenszuwachs bzw. als Vermögensminderung. Entsprechend muß zum Beispiel eine Darlehensaufnahme passiviert werden: Das Darlehen hat zu einer Erhöhung der Aktiven (Zahlungsmittelbestand) geführt; dieser Aktivenerhöhung tritt eine (gleich große) Passivenerhöhung gegenüber. Bei umsatzgebundener Vermögensermittlung hat die Aktivierung und Passivierung von solchen Einnahmen und Ausgaben, die in gar keiner Periode zu Erträgen oder Aufwendungen führen, mithin eine *reine Neutralisierungsfunktion*.

An dieser Stelle kommt es nur darauf an zu erkennen, daß das Prinzip *umsatzgebundener* Vermögensermittlung das allgemeine bilanzrechtliche Vermögensermittlungsprinzip *konkretisiert:* Aus der Bindung des Vermögenszuwachses an die realisierten Umsätze ergibt sich die bilanzrechtliche Definition der Vermögenskomponenten.

3. Prinzip vorsichtiger Vermögensermittlung: Wenn das Gesetz, wie gerade gezeigt, die Gewinnermittlung und damit die Vermögensermittlung an die Umsätze knüpft, so liegt hierin bereits ein Ausdruck des Vorsichtsprinzips; das gilt in dem mehrfach erwähnten Sinne, daß Wertsteigerungen vorhandener Aktiven (und Wertminderungen vorhandener Passiven) unerfaßt bleiben, solange sie nicht durch einen Umsatzakt „bestätigt" sind (Realisationsprinzip). Das Gesetz kennt jedoch ein *umfassenderes* Vorsichtsprinzip: *Wertminderungen* vorhandener Aktiven (und Wertsteigerungen vorhandener Passiven) sind unabhängig von der Bestätigung durch einen Umsatz zu berücksichtigen; insoweit gilt also ein vom Realisationsprinzip unabhängiges Vorsichtsprinzip.

Das Prinzip *umsatzgebundener* Vermögensermittlung (Realisationsprinzip) definiert die Aktiven und Passiven und besagt außerdem, daß diese Aktiven und Passiven zu ihren Anschaffungs- oder Herstellungskosten zu bewerten sind. Das Prinzip *vorsichtiger* Vermögensermittlung hat die gleiche *Doppelaufgabe:* Es wirkt sich ebenfalls auf den Kreis der Aktiven und Passiven und auf deren Bewertung aus. Allerdings ist das Prinzip *vorsichtiger* Vermögensermittlung dem Prinzip *umsatzgebundener* Vermögensermittlung erkennbar *nachgeordnet:* Der Kreis der Aktiven und Passiven wird grundsätzlich durch das Prinzip umsatzgebundener Vermögensermittlung bestimmt; das Prinzip vorsichtiger Vermögensermittlung zieht man nur heran, wenn das Prinzip umsatzgebundener Vermögensermittlung versagt. Ein solches Versagen tritt auf, wenn Ausgaben zwar grundsätzlich als umsatzalimentierend gelten können, sich aber nicht eindeutig genug bestimmten Umsätzen zurechnen lassen; in diesen Fällen muß nach dem Vorsichtsprinzip die Lösung gewählt werden, die zum niedrigeren Bilanz(rein)-vermögen führt.

Beispiel: Es wurde ein Reklamefeldzug durchgeführt (außergewöhnlich hohe Reklameausgaben mit erhoffter Langzeitwirkung auf die Umsätze). Nach dem Prinzip *umsatzgebundener* Vermögensermittlung wären derartige Reklameausgaben zu aktivieren (damit sie den künftigen Umsätzen, die sie alimentieren, als Aufwendungen zugerechnet werden können). Doch ist die Umsatzwirkung solcher Ausgaben unsicher: Die Konkurrenz mag in irgendeiner Form nachziehen, die Abnehmer mögen sich relativ unbeeindruckt zeigen; der Reklamefeldzug kann also wirkungslos bleiben. Nach dem Prinzip *vorsichtiger* Vermögensermittlung wird man deshalb von der Aktivierung absehen.

Zweifel hinsichtlich der Zurechnung von Ausgaben auf die Umsätze ergeben sich im Regelfall auch bei den *Abschreibungen:* Das Prinzip *umsatzgebundener* Vermögensermittlung erfordert zwar, Anschaffungsausgaben auf die künftigen, durch diese Anschaffungsausgaben alimentierten Umsätze zu verteilen; aber bereits die Nutzungsdauer einer Anlage (die Dauer der Umsatzalimentierung) ist unsicher. Wiederum prägt das Prinzip *vorsichtiger* Vermögensermittlung den Bilanzinhalt; unter den für möglich erachteten Nutzungsdauern ist die kürzere maßgeblich; wenn mit steigenden Reparaturausgaben bzw. mit nachlassender Leistungsfähigkeit der Anlage gerechnet werden muß, sind degressive Abschreibungssätze geboten.

Liegen die Bilanzstichtagswerte von Aktiven unter den Anschaffungskosten, so erfordert das Prinzip vorsichtiger Vermögensermittlung den Ansatz dieser niedrigeren *Bilanzstichtagswerte:* Das Niederstwertprinzip (bei den Passiven: Höchstwertprinzip) ist ein unbestrittener Ausfluß des Vorsichtsprinzips. Zu berücksichtigen ist jedoch, daß sich das Prinzip *vorsichtiger* Vermögensermittlung nicht im Niederstwertprinzip (Höchstwertprinzip) erschöpft; es prägt, wie gerade erwähnt, auch den Kreis der Aktiven und Passiven, die Abschreibungshöhe und die Rückstellungshöhe.

Ausdruck des Niederstwertprinzips ist ferner das Passivum „Rückstellung für drohende Verluste aus schwebenden Geschäften": Schwebende, das heißt beiderseits noch nicht erfüllte Geschäfte werden grundsätzlich nicht bilanziert; erst wenn aus dem schwebenden Geschäft ein *Verlust* droht, besteht Bilanzierungspflicht. Ein Verlust droht, wenn der Wert des anstehenden Aktivums unter dem Wert des anstehenden Passivums liegt; grundsätzlich ergibt sich ein solcher Verlust, wenn seit Vertragsabschluß eine Wertminderung des anstehenden Aktivums (zum Beispiel der bestellten Waren) eingetreten ist. Diese Wertminderung wäre, handelte es sich nicht um ein schwebendes Geschäft (wäre das anstehende Aktivum also bereits bilanziert), gemäß dem Niederstwertprinzip durch Abwertung zu berücksichtigen; bei noch nicht vorhandenen Aktiven, also schwebenden Geschäften, muß statt dessen in entsprechender Höhe ein Passivum „Rückstellung für drohende Verluste aus schwebenden Geschäften" gebildet werden.

4. Prinzip objektivierter Vermögensermittlung: Die Bilanz im Rechtssinne erfordert, anders als die rein betriebswirtschaftliche Bilanz, ausgeprägte Objektivierungen, das heißt Ermessensbeschränkungen. Diese Objektivierung wird teilweise bereits durch die gerade erwähnten Prinzipien erreicht:

(1) Vermögensermittlung auf dem Wege der *Einzelbewertung* (statt der Ertragsbewertung) geschieht aus Objektivierungsrücksichten; die Ertragsbewertung (Effektivvermögensermittlung) erfordert, weil sie auf der Projektion von Ertragserwartungen beruht, einen sehr breiten Ermessensspielraum.

(2) Die Bindung der Gewinnermittlung und damit der Vermögensermittlung an die realisierten *Umsätze* bringt einen wichtigen Objektivierungseffekt; er drückt sich vor allem darin aus, daß man bei der Bilanzbewertung die Anschaffungskosten fortführen kann (statt Bilanzstichtagswerte ermitteln zu müssen, was oft nur mit einem breiten Ermessensspielraum möglich ist).

(3) Auch das Prinzip *vorsichtiger* Gewinnermittlung bringt, in gewisser Hinsicht, einen Objektivierungseffekt: Wenn man vorsichtsbedingt auf die Aktivierung von Ausgaben für Reklamefeldzüge und ähnliches verzichten muß, so schränkt man damit zugleich den Ermessensspielraum des Bilanzierenden ein; es bedarf dann keiner Schätzung, inwieweit ein solcher Reklamefeldzug künftige Ausgaben alimentiert.

Umsatzbindung und Vorsicht führen indessen nur zu einer teilobjektivierten Rechnung; es bedarf *ergänzender* Objektivierungen, um das Mißbrauchspotential der Beteiligten wirksam zu beschränken. Die Bilanz im Rechtssinne kennt solche ergänzenden Objektivierungen insbesondere in Form einer Begrenzung des Kreises der Aktiven und Passiven sowie der steuerlich zulässigen Abschreibungen.

Es hängt vom gesetzlich vorgegebenen Objektivierungsgrad ab, welches *Gewicht* das Prinzip objektivierter Vermögensermittlung hat. In der deutschen Rechtsgeschichte ist grundsätzlich eine zunehmende Objektivierung zu beobachten. Besonders objektivierungsfreudig war das Aktiengesetz von 1965 mit der Beschränkung der Aktivierbarkeit immaterieller Anlagewerte auf die entgeltlich erworbenen und mit der Einführung eines Rückstellungskatalogs.

1. Das ranghöchste bilanzrechtliche Bilanzierungsprinzip ist das Prinzip der Vermögensermittlung; es schließt das Einzelbewertungsprinzip ein, und es schließt die Bilanzierung bloßer Verrechnungsposten aus.

2. Konkretisiert wird das Prinzip der Vermögensermittlung durch das Prinzip umsatzgebundener Vermögensermittlung (Realisationsprinzip); erst aus der Umsatzbindung ergibt sich die bilanzrechtliche Definition der Aktiven und Passiven, ferner deren Bewertung zu den Anschaffungs- oder Herstellungskosten.

3. Das Prinzip umsatzgebundener Vermögensermittlung wird ergänzt durch das Prinzip vorsichtiger Vermögensermittlung; dieses bewirkt eine Einengung des Kreises der Aktiven, eine Erweiterung des Kreises der Passiven, den Ersatz der Anschaffungs- oder Herstellungskosten durch die niedrigeren Bilanzstichtagswerte, ferner für alle unsicheren Bewertungen ein Verbot, sich reich zu rechnen.

4. Das Prinzip objektivierter Vermögensermittlung drückt sich in der Beschränkung auf „greifbare" Aktiven und Passiven aus, außerdem in der Wahl von relativ leicht überprüfbaren Bewertungsmaßstäben.

Sachregister

Bilanzierung nach neuem Recht

Adolf Moxter

Bilanzlehre

Band 2: Einführung in das neue Bilanzrecht

3., vollständig umgearbeitete Auflage
1986, XIV, 156 Seiten
ISBN 3-409-11606-0

Das eingeführte Lehrwerk „Bilanzlehre" von Professor Adolf Moxter erscheint in zwei Bänden. Diese Aufteilung erweist sich als zweckmäßig, um einerseits die Fülle des Stoffes abzudecken und andererseits die verschiedenen Themenkreise jeweils auf dem neuesten Stand wiederzugeben.

In Band II, der sich gleichermaßen an Praktiker wie an Studierende wendet, werden die grundlegend neuen Bilanzierungsvorschriften des Bilanzrichtlinien-Gesetzes in leicht faßlicher Weise dargestellt. Überall wo Verständigungsschwierigkeiten drohen, werden die Gesetzesnormen an Beispielfällen erläutert. Die Beschreibung ist so umfassend wie nötig, aber auch so knapp wie möglich.

Inhaltlich umfaßt das Werk im ersten Abschnitt die Vorschriften für alle Kaufleute (Buchführung, Inventar, Aufbewahrungspflichten / Jahresabschluß) und im zweiten Abschnitt die ergänzenden Vorschriften für Kapitalgesellschaften (Einzelabschluß und Lagebericht / Konzernabschluß und Konzernlagebericht / Offenbarungs- und Prüfungsvorschriften).

Eine durch Verläßlichkeit im Detail und durch sehr gute Lesbarkeit herausragende Einführung in das neue Bilanzrecht, verfaßt von einem erfahrenen Autor.

Betriebswirtschaftlicher Verlag Dr. Th. Gabler GmbH, Postfach 15 46, 6200 Wiesbaden 1